ケースブック
日本の企業家
近代産業発展の立役者たち

宇田川　勝 [編]

有斐閣

はしがき

　本書は，法政大学イノベーション・マネジメント研究センターの研究プロジェクトである企業家史研究会の「日本の企業家活動シリーズ」の第5作ケース集である。

　本ケース集では考察時期を第二次世界大戦以前に定め，非製造事業分野のテーマとケースを多く取り上げることにした。その理由の1つは，これまでのケース集は主導製造業とそこでの企業家活動の考察が主体で，非製造事業分野の分析が手薄であったことの反省である。明治維新以後の日本の経営発展は，広範囲な産業分野で同時並行的かつ相互補完的な企業家活動の所産によって達成された。その意味で，非製造事業分野のテーマとケースにもっと「光」を当てる必要があると考えたのである。第2の理由としては，現在，日本経済はバブル崩壊後の閉塞状況を打破し，産業構造と企業経営の転機を図るために，新産業の創出と経営革新が求められているからである。この困難な課題にチャレンジする上で，明治維新以後の厳しい国際環境を乗り越え，激動する社会経済状況を克服して欧米諸国以外で最初の産業革命を実現し，第二次世界大戦後の経済再建と高度経済成長の礎を築いた戦前期の革新的な企業家活動から学ぶことは多いと思われる。とくに今後，日本経済復活のけん引車的役割を期待されている，サービス関連産業の先駆けでもある戦前期の非製造事業分野のテーマとケースについての考察は重要であると考える。

　企業家史研究会では，これまで50テーマと100名のケースを取り上げることを目標としてきた。第5作にあたる今回のケース集の刊行によって，56テーマと112名のケース（父子の場合は1名とカウント）を執筆したことになり，その目標をクリアできた。私たちはそのことを素直に喜び，メンバー各自のこれからの教育・研究活動の糧にしたいと思っている。

　若者，とくに大学生の「理論離れ」「歴史離れ」「向学心の低下」の進行が指摘されて久しい。私たちが企業家史研究会を組織し，日本経営史（テーマ）と企業家史（ケース）のコラボレーションを図る仕事を継続してきたのも，多種

多様なテーマとケースを積み重ねることで「理論」に対する親近感を高め，現在・未来の企業経営問題を考える上で，先人企業家の構想力，創造力から学ぶべきことが多々あることと，彼ら先人の旺盛な起業精神と革新的活動を通して若者に「志」「夢」の大切さを追体験してもらいたいからである。

　この第5ケース集も，これまでの企業家史研究会の著作と同様に多くの読者を得て，私たちの意図が多少なりとも理解され，日本経営史と企業家史の学習と研究に貢献することができるならば，望外の喜びである。

　企業家史研究会は1997年に発足して以来，日本経営史上の主要テーマとそれを具体的に体現した企業家活動のケースの発掘・研究に取り組んでいる。今回の第5作ケース集も，テーマに即して二人の代表的な企業家を取り上げ，両者の企業家活動の対比を通して，テーマとケースのコラボレーションの視角から日本の経営史と企業家史の考察を行う，というこれまでの執筆スタイルを踏襲している。

　実は，「日本の企業家活動シリーズ」は第4作目の『ケース・スタディー日本の企業家群像』の刊行をもって終了する予定であった。その理由は第4作目の作成中に，これまでの研究成果に基づいて法政大学イノベーション・マネジメント研究センターと同エクステンション・カレッジの共催による公開講座「日本の企業家史（戦前論）」「同戦後論」の計24回を2007年度と2008年度に実施しなければならなくなり，公開講座の開講とケース集作成の両立は難しいと判断したためである。

　公開講座は幸い多くの受講者を集め，その成果を宇田川勝・生島淳編『企業家に学ぶ日本経営史』として出版することができた。そして，この公開講座の開講をきっかけに2010年度から2013年度にかけて「企業家活動でたどる日本の産業（事業）史シリーズ」の連続公開講座が新たに企画された。

　企業家史研究会は筆者の学部・大学院の受講生，法政大学非常勤講師・研究員，同学位取得者からなるメンバーで構成され，若干の出入りはあるものの，10名前後で運営されている。上記の「日本の企業家史」の公開講座は研究会メンバーが分担して講義を担当した。しかし，「企業家活動でたどる日本の産業（事業）史シリーズ」の場合，すべての講義を研究会メンバーでまかなうことはできず，外部の専門家に講師を依頼しなければならなかった。これまでメ

ンバー全員参加型で研究会を運営してきた私たちにとって,「失業者」が出ることは由々しき問題であった。そこで, 協議の末, メンバーの負担は重くなるが, 公開講座の開講と平行して,「日本の企業家シリーズ」を継続することにした。そして, 5年の歳月をかけて完成したのが今回の第5作ケース集である。

なお, 本ケース集も日本経営史の学習に役立つように, テーマとケースをほぼ年代順に配置した。

最後に, 私たちの企業家史研究会の活動を発足時から全面的に支援していただいている法政大学イノベーション・マネジメント研究センター（前・産業情報センター）のスタッフの皆さんと, 今回の第5作ケース集を含めて3冊の著作を刊行していただいた有斐閣, 研究会の成果を書籍として世に出していただいた文眞堂, 白桃書房に対して, 書名と発行年度を下に明記して, 深く感謝申し上げる次第である。

2013年1月

企業家史研究会代表

宇田川　勝

〈これまでに企業家史研究会が刊行した著作〉
- 法政大学産業情報センター・宇田川勝編『ケースブック　日本の企業家活動』有斐閣, 1999年。
- 法政大学産業情報センター・宇田川勝編『ケース・スタディー　日本の企業家史』文眞堂, 2002年。
- 法政大学イノベーション・マネジメント研究センター・宇田川勝編『ケース・スタディー　戦後日本の企業家活動』文眞堂, 2004年。
- 法政大学イノベーション・マネジメント研究センター・宇田川勝編『ケース・スタディー　日本の企業家群像』文眞堂, 2008年。
- 宇田川勝・生島淳編『企業家に学ぶ日本経営史』有斐閣, 2011年。
- 法政大学イノベーション・マネジメント研究センター・宇田川勝監修, 宇田川勝・四宮正親編『企業家活動でたどる日本の自動車産業史』白桃書房, 2012年。
- 法政大学イノベーション・マネジメント研究センター・宇田川勝監修, 長谷川直哉・宇田川勝編『企業家活動でたどる日本の金融事業史』白桃書房, 2013年。

【執筆者紹介】（執筆順，☆は編者）

☆宇田川　勝（うだがわ まさる）　　　　　　　　　　　　担当：CASE 1
　　法政大学経営学部教授

　山崎　泰央（やまざき やすお）　　　　　　　　　　　　担当：CASE 2
　　石巻専修大学経営学部准教授

　四宮　正親（しのみや まさちか）　　　　　　　　　　　担当：CASE 3
　　関東学院大学経済学部教授

　濱田　信夫（はまだ のぶお）　　　　　　　　　　　　　担当：CASE 4
　　九州ルーテル学院大学人文学部教授

　長谷川　直哉（はせがわ なおや）　　　　　　　　　　　担当：CASE 5
　　法政大学人間環境学部教授

　生島　淳（しょうじま あつし）　　　　　　　　　　　　担当：CASE 6
　　高知工科大学マネジメント学部講師

　上岡　一史（かみおか かずふみ）　　　　　　　　　　　担当：CASE 7
　　東海学園大学経営学部准教授

　太田　雅彦（おおた まさひこ）　　　　　　　　　　　　担当：CASE 8
　　Azure Partners 代表

　島津　淳子（しまづ あつこ）　　　　　　　　　　　　　担当：CASE 9
　　法政大学大学院経営学研究科博士後期課程

　堀　峰生（ほり みねお）　　　　　　　　　　　　　　　担当：CASE 10
　　一橋大学大学院商学研究科博士後期課程

◻ 目　次

CASE 1　地方財閥の代表的形成者 ——————————— 1
　　　——貝島太助・太市（貝島財閥）と
　　　　　安川敬一郎・松本健次郎（安川・松本財閥）

　はじめに　2

貝島太助・太市——貝島財閥の形成者 ………………………… 3
　1　炭鉱業経営 ………… 4
　2　貝島家の多角経営とその帰結 ………… 7
　　(1) 一族一事業原則の実行　7
　　(2) コンツェルン体制の確立　10
　　(3) 多角経営体制の縮小　12

安川敬一郎・松本健次郎——安川・松本財閥の形成者 …………… 15
　1　炭鉱業経営 ………… 16
　　(1) 安川・松本家の炭鉱業経営　16
　　(2) 経営関係の一体化　18
　2　安川・松本家の多角経営と経営理念 ………… 19
　　(1) 多角経営の推進　19
　　(2) 多角経営の成果　22
　　(3) 同族組織とトップ・マネジメントの関係　24

　おわりに　25

CASE 2　紡績業の発展を支えた技術者企業家 ——————— 27
　　　——山辺丈夫（大阪紡績）と菊池恭三（大日本紡績）

　はじめに　28

山辺丈夫——紡績技術者の先駆者 ………………………………… 29
　1　紡績技術者になるまで ………… 30
　　(1) 英国留学まで　30
　　(2) 英国における技術習得　31
　2　大阪紡績の設立 ………… 32
　　(1) 1万錘紡績工場の計画　32
　　(2) 大阪紡績の設立　32

ｖ

3　大阪紡績の経営 ………… 34
　　　（1）　初期の成長　34
　　　（2）　不況下での革新　35
　　　（3）　業績の回復と低迷　36
　　4　東洋紡績の誕生 ………… 38

菊池恭三──3社兼任の紡績技術者 …………………………………………… 39
　　1　紡績技術者になるまで ………… 40
　　　（1）　英国留学まで　40
　　　（2）　英国における技術習得　40
　　2　3社兼務の技術者時代 ………… 41
　　　（1）　平野紡績の設立　41
　　　（2）　尼崎紡績会社からの招致　42
　　　（3）　摂津紡績からの招致　43
　　　（4）　3社兼任の技術責任者　45
　　3　2社兼任の専門経営者時代 ………… 45
　　　（1）　平野紡績との訣別　45
　　　（2）　尼崎・摂津紡績の役員就任　45
　　　（3）　新技術の導入　46
　　4　大日本紡績の設立 ………… 47
　おわりに　49

CASE 3　電気通信機ビジネスの発展を促した企業家 ── 51
　　　──沖牙太郎（沖電気）と岩垂邦彦（日本電気）

　はじめに　52

沖牙太郎──「国産の沖」をめざして …………………………………………… 53
　　1　沖牙太郎の修行と独立 ………… 54
　　　（1）　沖牙太郎のキャリア　54
　　　（2）　明工舎の創設──通信機ビジネスの独立自営　54
　　2　沖電気への改称とWE社との提携交渉 ………… 55
　　　（1）　沖電気への改称　55
　　　（2）　WE社との提携交渉とその破綻　56
　　3　技術蓄積とその限界 ………… 58
　　　（1）　外国製品の模造と国産化　58
　　　（2）　技術提携による発展　59
　　　（3）　連合請負制度の解消　61

岩垂邦彦──外資提携を軸として ……………………………………………… 63
  1 代理店業務と日本電気合資会社の設立 ………… 64
    (1) 岩垂邦彦のキャリア　64
    (2) 日本電気合資会社の設立　64
  2 日本電気株式会社の設立と技術導入 ………… 65
    (1) 日本電気株式会社の設立　65
    (2) 日本電気における技術蓄積　66
  3 組受取り制度の解体 ………… 68
    (1) 組受取り制度の弊害　68
    (2) 制度改革と単価請負制度の実施　69
  おわりに　71

CASE 4　日本の新聞産業の発展と企業家活動 ──── 73
────村山龍平（朝日新聞）と本山彦一（毎日新聞）

  はじめに　74

村山龍平──『朝日新聞』の経営と全国紙への成長 ……………………… 75
  1 新聞企業家・村山龍平の誕生 ………… 76
    (1) 新聞企業家への道程　76
    (2) 村山・上野の共同経営　77
    (3) 初期の改革　77
  2 朝日新聞社の企業成長 ………… 78
    (1) 『東京朝日新聞』の創刊と全国展開　78
    (2) 大量発行体制の整備と販売競争　79
  3 経営危機の克服と全国紙への飛躍 ………… 81
    (1) 朝日新聞社を巡る経営課題　81
    (2) 白虹事件と朝日新聞社の「全面降伏」　82
    (3) 経営改革と全国紙への飛躍　84
  4 村山龍平の企業家活動の特徴 ………… 85

本山彦一──"新聞商品主義"で『大阪毎日新聞』を
　　　　　　発展させた新聞企業家 ………… 87
  1 新聞企業家・本山彦一の誕生 ………… 88
    (1) 新聞企業家への道程　88
    (2) 藤田組支配人から新聞経営へ　89
  2 大阪毎日新聞社の再建と企業成長 ………… 90
    (1) 大阪毎日新聞社相談役への就任と初期改革　90

        (2)　原敬との協力による新聞経営　91
　　3　全国紙への成長と経営課題……………93
        (1)　戦争報道と新聞経営　93
        (2)　東京日日新聞合併による東京進出　93
        (3)　新聞商品主義の提唱　95
　　4　本山彦一の企業家活動の特徴…………97
　　おわりに　99

CASE 5　日本型CSRの源流となった企業家 ——— 101
——大原孫三郎（倉敷紡績）と金原明善

　　はじめに　102

大原孫三郎——労働理想主義の実現に挑んだCSRの先駆者 …………103
　　1　若き日の挫折と更生……………104
        (1)　生い立ち　104
        (2)　石井十次との邂逅　105
        (3)　社会的活動の萌芽　105
　　2　企業家としての活躍……………106
        (1)　倉敷紡績の社内改革　106
        (2)　積極経営への転換　108
        (3)　レーヨンの開発——倉敷絹織の設立　108
        (4)　銀行業　109
        (5)　電力事業　110
　　3　社会問題への挑戦…………111
        (1)　石井十次の事業承継　111
        (2)　大原社会問題研究所　111
        (3)　労働科学研究所　112
        (4)　倉紡中央病院　112
        (5)　大原美術館　113
　　4　大原孫三郎の経営思想——労働理想主義…………113

金原明善——ソーシャル・ビジネスの先駆者 ……………………116
　　1　青年期…………117
　　2　ソーシャル・ビジネスの展開…………118
        (1)　治水事業　118
        (2)　植林事業　122
        (3)　疎水事業　123
        (4)　出獄人保護事業　123

3　企業家としての足跡 ……… 124
　　　（1）運　輸　業　124
　　　（2）製　材　業　125
　　　（3）銀　行　業　125
　　4　金原明善の経営思想 ……… 126
　おわりに　128

CASE 6　百貨店創成期を導いた企業家 ——— 131
　　　　　——日比翁助（三越）と二代小菅丹治（伊勢丹）

　はじめに　132

日比翁助——三越中興の祖 ……………………………… 133

　　1　三井家と三井呉服店 ……… 134
　　　（1）三越の創業　134
　　　（2）三井呉服店の設立　135
　　2　日比翁助の経営改革 ……… 136
　　　（1）慶應義塾に学ぶ　136
　　　（2）三井銀行に入行　137
　　　（3）三越呉服店専務取締役に就任　138
　　　（4）ハロッズに学ぶ　139
　　　（5）百貨店経営の新機軸　140
　　3　「今日は帝劇，明日は三越」 ……… 141

二代小菅丹治——伊勢丹中興の祖 ……………………………… 143

　　1　初代小菅丹治と伊勢丹の創業 ……… 144
　　2　二代小菅丹治の経営改革 ……… 145
　　　（1）生い立ちと修養時代　145
　　　（2）伊勢丹呉服店に入店　146
　　　（3）二代小菅丹治を襲名　147
　　　（4）百貨店化への模索　149
　　　（5）新宿進出と本格的百貨店の確立　150
　　3　「新宿の伊勢丹」へ ……… 151
　おわりに　153

CASE 7　船成金の出現と企業家活動──────155
　　　──内田信也（内田汽船）と山下亀三郎（山下汽船）

　　はじめに　156

内田信也──船成金から大臣へ················157
　　1　サラリーマンから船舶ブローカーに········158
　　2　第一次世界大戦景気と船成金・内田信也········159
　　　(1)　大戦景気と60割配当　159
　　　(2)　須磨御殿,「神戸の内田だ」　162
　　3　1920年恐慌に際する内田の見事な手じまいと政界進出······163
　　　(1)　手じまい　163
　　　(2)　政界進出　165

山下亀三郎──船成金から海運王へ················166
　　1　「沈みつ浮きつ」の前半生··········167
　　　(1)　船をもつ　167
　　　(2)　事業の多角化と失敗，そして再度の事業拡大　168
　　2　第一次世界大戦と海運事業の急拡大········169
　　　(1)　船成金・山下亀三郎　169
　　　(2)　組織の整備と他事業への進出　173
　　　(3)　別荘と大宴会　173
　　3　1920年恐慌と20年代の発展··········174
　　　(1)　強気の傭船政策で危機打開　174
　　　(2)　1920年代の多角化と山下汽船の危機　175

　　おわりに　177

CASE 8　都市型サービス産業の開拓者──────179
　　　──五島慶太（東急電鉄）と堤康次郎（西武鉄道）

　　はじめに　180

五島慶太──企業買収と沿線開発················181
　　1　青年期の五島慶太··········182
　　　(1)　官僚からのスタート　182
　　　(2)　鉄道事業との出会い　183
　　2　「鉄道王」への道のり··········184
　　　(1)　武蔵電気鉄道と荏原電気鉄道　184
　　　(2)　学校誘致による沿線のイメージアップ　186

    （3）買収・合併による拡大戦略　186
    （4）"大東急"グループの形成　188
  3　第二次世界大戦後の多角化………… 189
    （1）公職追放と"大東急"の解体　189
    （2）百貨店，ホテル事業の拡大　190
    （3）「多摩田園都市計画」と田園都市線　191

堤康次郎──土地開発と輸送・流通・観光事業……………………… 192
  1　青年期の堤康次郎………… 193
    （1）農業からのスタート　193
    （2）異色の大学生活　193
    （3）ジャーナリスト兼実業家として　194
  2　不動産開発と鉄道事業………… 195
    （1）軽井沢と箱根の別荘開発　195
    （2）「文化村」や「学園都市」の開発　196
    （3）鉄道事業への本格進出　197
  3　政治家「堤康次郎」と戦中・戦後の企業家活動………… 199
    （1）衆議院議員「堤康次郎」としての一面　199
    （2）戦中・戦後の事業展開　200
    （3）堤康次郎の事業承継とその後　201
  おわりに　204

CASE 9　水産講習所出身の清廉経営の実践者 ─── 207
──高碕達之助（東洋製罐）と中島董一郎（キユーピー）

はじめに　208

**高碕達之助──製缶専業企業の確立により缶詰業界の
　　　　　　　発展に貢献**……………………………………… 209
  **1　「人類の幸福に寄与する事業に全精力を注ぐ」
　　　との事業観を形成**………… 210
    （1）水産業にかけることを決意した中学時代　210
    （2）水産講習所に入所し，学業と実業の結び付きを実感　210
    （3）日本水産業の先導者・伊谷以知二郎からの影響　211
    （4）缶詰製造会社に勤務し，起業のヒントを得る　211
    （5）先進の缶詰製造のノウハウを究めた外遊時代　213
    （6）高碕の事業観の一端を形づくったフーバーとの出会い　214
  2　製缶専門会社の起業と企業家活動………… 214
    （1）東洋製罐を設立　214

(2)　困難を極めた製缶業への理解　215
　　　(3)　各地に生産拠点を設立し事業拡大　216
　　　(4)　ブリキの自給をめざし東洋鋼鈑株式会社を設立　217
　　　(5)　戦時下の合併統合と満州行き　218
　　　(6)　米国より技術導入を行って復興を果たす　219
　　　(7)　政界進出と漁民を救った最後の仕事　219
　　3　高碕の事業観 ………… 220

中島董一郎──マヨネーズを日本の食文化に育て上げた功労者 …… 222
　　1　缶詰事業との関わりの中で起業の芽をつかむ ………… 223
　　　(1)　幼少時，母から精神的な心がけを学ぶ　223
　　　(2)　水産講習所における恩師との出会い　224
　　　(3)　若菜商店で缶詰事業のノウハウを習得　224
　　　(4)　起業の芽を摑んだ欧米遊学　225
　　2　缶詰仲次業を起業し鮭缶詰市場拡大に寄与 ………… 225
　　　(1)　中島商店を立ち上げ，鮭缶詰の輸出で信頼を築く　225
　　　(2)　鮭缶詰の国内外市場開拓で手腕発揮　226
　　　(3)　打検検査会社・開進組を創設　227
　　　(4)　マヨネーズの製造・販売を開始　227
　　　(5)　マヨネーズ市場におけるトップシェアを確立　228
　　3　中島の事業観 ………… 230

　　おわりに　232

CASE 10　財閥銀行の歴史的大型合併に関わった銀行家 ── 235
　　　　──万代順四郎（三井銀行）と加藤武男（三菱銀行）

　　はじめに　236

万代順四郎──財閥銀行から生まれた庶民的銀行家 ……………… 237
　　1　生 い 立 ち ………… 238
　　2　銀行業務における万代の足跡 ………… 239
　　　(1)　入行から英国出張まで　239
　　　(2)　名古屋支店長時代　241
　　　(3)　大阪支店長時代　242
　　　(4)　役 員 時 代　244
　　3　帝国銀行の成立──三井銀行・第一銀行の対等合併 ………… 246
　　　(1)　政府当局の合同政策　246

(2) 三井銀行・第一銀行の対等合併の経緯　246
        (3) 三井・第一の合併は政府当局主導によるものか　247
        (4) 帝国銀行のその後　249
    4　万代順四郎の銀行観……… 250

加藤武男——三菱伝統のサウンド・バンカー …………………………… 251
    1　生い立ち——三菱合資会社銀行部入社まで……… 252
    2　銀行業務における加藤の足跡——三菱銀行発足まで……… 252
        (1) 三菱合資会社銀行部の設立から三菱銀行の発足へ　252
        (2) 三菱合資会社銀行部における加藤武男の足跡　253
    3　三菱銀行の発足と常務・会長としての加藤の活躍……… 256
    4　三菱銀行による第百銀行の吸収合併……… 257
        (1) 太平洋戦争の勃発から政府による金融統制の強化へ　257
        (2) 店舗の増設および預金増強の方針　257
        (3) 第百銀行吸収合併の経緯　258
        (4) 三菱・第百の合併成果　259
    5　加藤武男の銀行観……… 261

　おわりに　263

【写真出所一覧】

CASE 1
　貝島太助・太市：宮若市石炭記念館所蔵
　安川敬一郎・松本健次郎：『社史　明治鉱業株式会社』1957 年

CASE 2
　山辺丈夫：東洋紡株式会社提供
　菊池恭三：『菊池恭三翁傳』1948 年

CASE 3
　沖牙太郎：『進取の精神――沖電気 120 年のあゆみ』2001 年
　岩垂邦彦：日本電気株式会社提供

CASE 4
　村山龍平：朝日新聞社提供
　本山彦一：毎日新聞社提供

CASE 5
　大原孫三郎：『倉敷紡績百年史』1988 年
　金原明善：明善記念館所蔵

CASE 6
　日比翁助：『日比翁の憶ひ出』三越営業所，1932 年（豊泉益三編）
　二代小菅丹治：『伊勢丹百年史』1990 年

CASE 7
　内田信也：『風雲児内田信也』1935 年
　山下亀三郎：『社史――合併より十五年』（沿革編）1980 年（山下新日本汽船株式会社）

CASE 8
　五島慶太：『東京急行電鉄 50 年史』1973 年
　堤康次郎：朝日新聞社提供

CASE 9
　高碕達之助：『東洋製罐 50 年の歩み』1967 年
　中島董一郎：『中島董一郎譜　戦後編』1995 年

CASE 10
　万代順四郎：『三井銀行八十年史』1957 年
　加藤武男：『三菱銀行史』1954 年

CASE 1

地方財閥の代表的形成者

貝島太助・太市（貝島財閥）と
安川敬一郎・松本健次郎（安川・松本財閥）

❏ はじめに

　発展途上国が先進国にキャッチアップするための工業化を成功裏に達成するためには，多くの産業分野で先進国企業との競争に屈しない経営規模を構築し，近代設備を有する企業群を創立しなければならなかった。しかし，通常，発展途上国の経営諸資源は限られており，それらを有効に調達して，組織管理する精神力と行動力を備えた企業家性能をもつ人材は極端に不足していた。その結果，そうした企業家性能を有する人びと，あるいは彼らに率いられた家族・同族は自らの家産事業から稼ぎ出した収益を他事業分野に次々と投資して多角的家業集団を形成し，それらの国の有力経営主体になる場合が少なくなかった。

　日本においても，激動の幕末・明治維新期にビジネスチャンスを見出した起業精神に富み，リスクテーカー能力をもつ企業家や経営者が登場し，自家あるいは主家の家産を活用して多角的事業分野に進出して，家業集団の形成を企図した。その代表的な成功者が，三井，三菱，住友などに代表される財閥であった。

　財閥は，「富豪家族・同族の封鎖的所有・支配下に成立した大企業を中核とする多角的事業経営体」と定義される。財閥の中には，大都市に本社を置き，日本全体あるいは世界市場で事業を展開した三井，三菱，住友などの大財閥だけでなく，特定の地域で事業活動を行う財閥も多数存在した。彼らの大半は地場産業を資本蓄積基盤とし，そこから得た収益を他事業分野に投資して多角的経営体を形成することで，それぞれの地域経済をリードする存在となっていった。

　財閥経営史研究者の森川英正教授は，東京・大阪・横浜・神戸の中央四大都市以外の地域に本社をもち，1930（昭和5）年時点で見た資産規模と多角事業範囲の観点から代表的な地方財閥として16の財閥を選定している（森川[1985]）。

　本ケースは，その16財閥の中から九州・筑豊地域の炭鉱事業を家業としてスタートさせ，その収益を多角的事業分野に投資して北九州経済界において確固たる地位を築いた貝島財閥形成者の貝島太助・太市父子と安川・松本財閥形成者の安川敬一郎・松本健次郎父子の企業家活動を比較・考察することを目的にしている。

貝島太助・太市
貝島財閥の形成者

貝島太助　略年譜

1845（弘化2）年	0歳	筑前国鞍手郡直方（現福岡県直方市）に誕生
1852（嘉永5）年	7歳	父に伴われて坑内で働く
1885（明治18）年	40歳	大之浦炭礦を開業，4度目の独立
1891（明治24）年	46歳	井上馨と出会い，毛利公爵家から融資を得る 三井物産に一手販売権を委託
1895（明治28）年	50歳	毛利公爵家からの債務を返済
1898（明治31）年	53歳	貝島鉱業合名会社を設立
1909（明治42）年	64歳	貝島鉱業合名会社を株式会社に改組 貝島家家憲を制定
1915（大正4）年	70歳	貝島家顧問井上馨死去
1916（大正5）年	71歳	死去

貝島太助

貝島太市

貝島太市　略年譜

1881（明治14）年	0歳	福岡県遠賀郡（現福岡県北九州市）に貝島太助の四男として誕生（貝島家では長男が夭折したため，次男栄三郎を長男とし，以下，順位を繰り上げて表示している）
1902（明治35）年	21歳	東京高等商業学校に入学
1904（明治37）年	23歳	鮎川フシと結婚
1907（明治40）年	26歳	三兄健次と欧米へ遊学（1909年に帰国）
1919（大正8）年	38歳	貝島合名，貝島商業を設立して社長に就任
1920（大正9）年	39歳	三井物産に委託する販売契約を解消し，自社販売方式を開始
1923（大正12）年	43歳	貝島木材防腐株式会社を経営
1924（大正13）年	44歳	貝島合名会社代表業務執行役員に就任
1925（大正14）年	45歳	貝島乾溜・林業・石灰工業を設立
1927（昭和2）年	47歳	貝島一族会，久原鉱業の債務整理のため1400万円の資産を提供
1931（昭和6）年	50歳	貝島鉱業，貝島商業，大辻岩屋炭礦の3社を合併して貝島炭礦株式会社を設立し，社長に就任，貝島乾溜，貝島石灰工業2社を合併して貝島化学工業設立
1935（昭和10）年	54歳	筑豊石炭鉱業組合総長就任
1947（昭和22）年	66歳	日本石炭鉱業会会長就任
1950（昭和25）年	69歳	貝島合名会社解散
1951（昭和26）年	70歳	貝島一族会を貝島親和会と改称し，家憲を廃止
1966（昭和41）年	85歳	死去

CASE 1　地方財閥の代表的形成者

1 炭鉱業経営

　貝島太助は，1845（弘化2）年に筑前国鞍手郡直方(のおがた)（現在の福岡県直方市）で氷四郎・タネの長男として生まれた。貝島家はその日の食事にも事欠く暮らしで，太助も7歳の頃より父と一緒に坑内作業に従事した。また，そのかたわら家計を助けるために，太助は野菜の行商，寺奉公，下関への出稼ぎを行うなど，苦しく悲惨な生活を続けた。1862（文久2）年に父が死去すると，太助は一家の生活の糧を炭鉱業に求め，弟たちとともに筑前・豊前の小炭鉱の鉱夫として働き，その手腕によって棟梁として頭角を現していった。そして，1875（明治8）年に炭鉱主として独立するが，つねに資金難に悩まされ，炭鉱経営は一進一退を繰り返した。そうした太助の一大転機は，1885年に大之浦炭礦を取得したことにあった。太助としては4度目の独立であり，すでに40歳となっていた。

　1889年に大之浦炭礦の開発と，当時，農商務省が零細坑主による乱掘阻止と大規模経営体の育成を目的に進めていた「撰定鉱区制」の指定を受けるため，太助は弟六太郎，嘉蔵と4人の腹心とともに資本金5万円の栄鉱社を設立した。栄鉱社は翌1890年恐慌による炭価の暴落で経営難に陥り，17人の債権者から約8万3000円の高利資金を借り入れなければならなかった。

　だが，太助は1891年に三井財閥が買収した金田炭礦の視察に来ていた明治の元勲・井上馨と偶然出会う機会があり，彼の支援を得ることで経営苦境を脱出することができた。井上は太助のこれまでの炭鉱事業にかける情熱と豪気で温情豊かな性格を評価し，毛利公爵家からの資金供与を仲介してくれたからである。ただし，この資金供与は，「公爵家ト一個人トノ金銭貸借関係ヲ生スルカ如キハ之ヲ慎ムヘキモノナリト表面三井家（三井物産）ヨリ貸与」する形式でなされた（宇田川［1989］）。そのため，貝島家は「採掘石炭全部の一手販売権を債務存続期間，三井物産に委託」しなければならなかった（貝島炭鉱［1989］）。そして同時に，融資の条件として鉱区を担保として提出するため，共同経営体であった栄鉱社を解散して，ひとまず全鉱区を太助の名義とした。

　貝島家の毛利家からの借入額は1892年6月までに13万円に達した。その結果，貝島家の所有鉱区はすべて三井物産副社長の木村正幹名義に書き換えられ

た。しかし，日清戦争の勃発による炭価高騰によって1896年6月までに貝島家は毛利家からの「負債の全部を消却し，以て其の鉱区に対する名義並びに実権を恢復」した（畠山［1984］）。そして，1897年に筑豊炭田の有力鉱区・大辻炭礦を買い入れ，翌98年には貝島太助，六太郎，嘉蔵兄弟と太助の四男太市を出資社員とする資本金200万円の貝島鉱業合名会社を設立し，同時に創業以来のパートナーで同社への出資権を放棄した6人の腹心を含む従業員に総額10万4000円の特別賞与金を支払った。

貝島鉱業の設立によって，貝島一族による経営体制は整った。しかし，一手販売権は，毛利家に対する債務返済後も三井物産によって掌握され続けた。三井物産は日清戦争後の石炭の海外輸出と国内需要の拡大を背景に，1897年に石炭部を設置して本格的な社外炭取扱い方針を打ち出し，出炭量が多く，品質優良で輸出向きに最適な貝島炭，とくに大之浦炭の確保を重要視していたからである。

その代わりに，三井物産は一手販売権取得の代償として売上高の80％の前貸金融を貝島家に保証していた。この保証はいまだ資金基盤が十分に確立していなかった1890年代後半の貝島家にとっても魅力的であった。事実，炭鉱業界が不振を極めていた日露戦争勃発直前の1903年6月時点で貝島鉱業と貝島太助個人の三井物産・銀行からの借入金は144万円に達していた。この額は三井物産が一手販売権を掌握している炭鉱業者の中で最大であった。ただし，三井物産と貝島太助との間に締結した一手販売約定は輸送費と販売経費を貝島側で負担し，そのうえ，売上代金の2.5％を手数料として支払うことになっており，三井物産側にとって一方的に有利な内容であった。しかも三井物産・銀行からの巨額借入の結果，貝島鉱業の所有鉱区はすべて三井物産に担保として押さえられ，貝島鉱業は必要経費を除いた「剰余金ハ挙ゲテ三井物産ニ残存」しなければならなかった（同上）。

このように，「明治30年代は20年代に代わって，三井が貝島を支配していたのであり」（同上），貝島家にとって，三井物産・銀行からの資金的独立と物産から営業権を奪回し，直接販売を実施することが悲願であった。

ところで，三井物産・銀行からの資金依存脱却の機会は早く訪れた。日露戦争とその直後の炭価高騰によって，1905年から09年の5年間に貝島鉱業は合計331万円の利益を計上し，08年までに同社は三井物産・銀行からの借入金

図1 貝島家系図

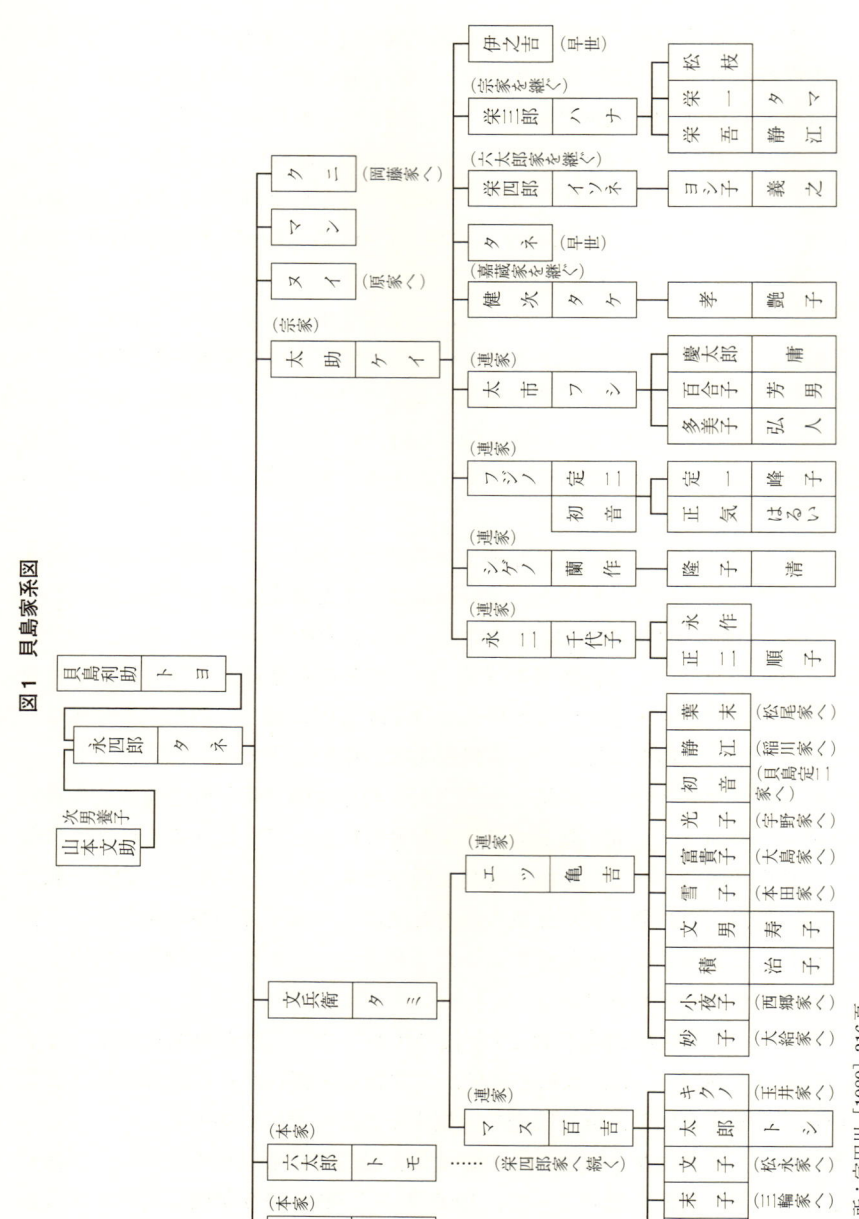

出所：宇田川 [1989] 316頁。

を完済したのみならず，逆に三井銀行の大口預金者となったからである。また1908年には全国主要炭鉱会社出炭高においても，貝島鉱業は三井合名，北海道炭鑛汽船，三菱合資に次いで第4位となり，全国出炭高の9.2％を占める大炭鉱業者に発展したのである（畠中［2010］）。

こうして，経営基盤を確かなものにすると，1909年に貝島家は井上馨の指示に従って，「貝島家一族の財産の基礎を強固にし，以て永遠に其の維持発展を図」ることを目的とする「貝島家家憲」を制定し，その直後，貝島鉱業合名会社を資本金250万円の株式会社に改組した（宇田川［1989］）。そして，家憲の目的を達成するために，貝島一族を宗家一家，本家二家，連家六家に分け，それぞれの持分とその相続方法を明確にするとともに，この九家による家産・家業の共同所有と共同経営の原則を定めた（図1参照）。

貝島家の家憲は，井上馨が顧問を務める三井家の家憲（1900年制定）をモデルとして制定されたが，前者の家憲は後者のそれと比べて家政および事業経営において顧問に絶大な権限を付与しており，顧問の井上は「其終身間貝島家顧問タルコトヲ嘱託サレ」，そのうえ，「貝島家ニ密接ナ縁故ヲ有スル有識ノ士ヲ後任者ニ推薦スルコト」ができた（同上）。また，1896年の井上馨の還暦の祝宴席上で，井上は自分の姪の娘，鮎川フシ（鮎川義介の実妹）と太助の四男太市との縁組みを約束し，二人は1904年に結婚した。これにより，貝島家は井上家の縁戚につながり，後述するように，井上馨と貝島太助の死去後，太市は連家でありながら貝島一族のリーダーとなり，義兄鮎川義介の支援を受けて同家の経営改革を実施することになる。

2　貝島家の多角経営とその帰結

(1)　一族一事業原則の実行

「貝島家の大恩人」といわれた井上馨は1915（大正4）年9月，翌16年11月には創業者の貝島太助が相次いで死去した。井上の死後，貝島家の顧問には井上家の養嗣子勝之助が就任した。ただし勝之助は外交官で当時イギリス特命全権大使としてロンドンに赴任していたので，井上，貝島両家の親戚で筑豊炭田に隣接する戸畑で戸畑鋳物を経営していた鮎川義介に貝島家顧問代理を委嘱した。鮎川は顧問代理に就任する条件として，1917年1月に下記の4点を提示

し，貝島一族は「顧問及び顧問代理の命令忠告に対しては，何事に依らず違背することなく，承服実行する」誓約書を鮎川に提出した（宇田川［1989］317-318頁）。

「（一）言行不一致のないこと。
（二）家憲は時勢の推移に応じて適宜改定を加うることを承服すること。
（三）飲酒の弊を匡正（きょうせい）すること。
（四）血族結婚を禁止すること。」

鮎川が顧問代理に就任した当時，貝島鉱業は第一次世界大戦景気を謳歌し，巨額の利益を計上していた。ただその一方で，不祥事も多発し，1917年12月に大之浦・桐野第二坑で死者369名のガス爆発事故を引き起し，翌18年8月には折からの米騒動のあおりを受けて各炭鉱で鉱夫暴動が発生した。また，1917年9月に発覚した「北九州官吏汚職事件」にも貝島一族が関与していた。

鮎川の調査によれば，これらの事故・事件の根本原因は一族九家で石炭採掘事業のみを営み，その経営体質・手法が旧態依然たるにあった。1918年当時，貝島鉱業の帝国大学と高等専門学校卒業の職員は三井鉱山，三菱鉱業に比べてきわめて過少であった。これは，「企業の要職が専ら同族によって占められていたため，三井，三菱のような大手筋に比べて人材登用の道が閉ざされていることの」結果であった（鮎川［1981］）。そのため，貝島鉱業では「有為ナル社員特ニ専門ノ智識ヲ有スル学校出ニシテ相当経験ヲ積ミタルモノノ退社」が続くという事態を招いていた。そのうえ，「三井，三菱平均ニ対シ貝島ハ重死傷率過多ナルコト，然ルニ負傷者ノ登簿率約三割少ナキコト，此ノ事実ハ近来貝島ノ鉱夫取扱方ガ他ノ大鉱主ニ比シ頗ル疎悪ニシテ小鉱主ノ態度ナラズヤト鉱務署側ノ言明セル所以也」ともいわれていた（宇田川［1989］）。

鮎川は炭鉱事故や不祥事の再発を防ぐため，井上勝之助顧問の同意を得ると，後述する一族内の「改革派」と協力して，①事業経営と家計・家政の分離，②経営多角化による石炭採掘専業体制の打破，③人材の登用，の3点を骨子とする貝島家改革案を作成し，それを順次実施していった。

1919年10月，貝島家は貝島合名会社（資本金1000万円）と貝島商業株式会社（資本金1000万円，払込金250万円）の2社を設立した。貝島合名は上記の②の経営多角化後の「貝島一族の共同事業を統括するための」機関とした。その結果，それまで「一族会」が行っていた貝島家の事業活動に関する「評議及

議決ヲ為ス」権限は法人格をもつ貝島合名に移行し，一族会自体は貝島一族の家計・家政のみを担当することになった。そして同時に，鮎川は一族九家で石炭採掘事業に集中する体制を打破するため，下記の「一族一事業原則」に基づく一家一事業経営方針を打ち出した（同上，321-322頁）。

「(一) 万已ムヲ得サル場合ノ外一事業一人制ヲ原則トスルコト（合名会社ハ別問題）

(二) 事業選定方法ハ本人ノ趣味，思慮ニヨリテハ詮衝セシメ顧問ノ合意ヲ得テ決定スベキコト

(三) 出資ハ家憲ノ精神ニ遵カヒ一族共同ノ出資即チ合名会社ノ負担トシ単独出資ヲ禁スルモ本人ノ希望ニヨリテハ合名会社ノ持チ分ヲ最低六割トシ四割迄ヲ本人ノ単独出資トスルコトヲ得，但シ如何ナル場合ト雖モ四割ヲ超過スルコトヲ得ズ」

貝島商業はこの「一族一事業原則」を率先実行するために，貝島太助の死後，貝島家のリーダーとなった太市の主宰する会社として設立された。また，貝島商業の設立は貝島家の悲願である三井物産からの営業権奪回による自社販売方式の実施を企図したものであった。

三井物産は日露戦争後の石炭不況に遭遇すると，1912（明治45）年1月，三井鉱山，貝島鉱業，麻生商店の3社と「プール制」販売協定を結んだ。しかし，この「プール制」販売は優良炭を多く産出する貝島鉱業にとって不利であった。そこで，貝島鉱業は1913（大正2）年に商務部を設置し，さらに17年には「プール制」販売から離脱してそれを解散に追い込むと，「若松に出張所を設けて石炭自売の準備に着手」した（貝島炭鉱 [1989]）。しかし，この時点では，貝島鉱業は三井物産から営業権を完全に奪回することができず，自社炭の17％以内の自由販売を認められたにすぎなかった。だが，三井物産にとって，部分的ではあれ自由販売を認めたことは大きな後退であり，しかも貝島商業から自由販売の割合の拡大を求められることが十分に予想された。それゆえ，三井物産はそうした事態を阻止することを意図して，1920年3月恐慌が発生すると，いまだ販売体制の整わない貝島商業の虚をついて，「是迄の契約を破棄し採掘炭全部を上げて三井物産に取扱せしむるか然らざれば全部貝島にて取扱ふかの二途あるのみ」と迫り，「之が回答を七月五日迄」にするよう通告した（同上）。

しかし，三井物産による最後通告ともいうべき，この二者択一要求も貝島家の自主販売計画を阻止することはできず，逆にその計画実施を早める結果となった。貝島家はこの要求を逆手にとって，1920年8月，「明治24年以来三井物産に委託せる石炭販売契約を解き自主販売」を貝島商業を通じて開始してしまったからである（同上）。この点について，貝島太市は，のちに「父は……泌々と販売独立自営の必要を感ぜられ（たが），残念ながら行き掛り上，自分一代はどうにもならぬが，お前の代になったら必ず販売の独立をやれと言われました。その後，父は逝去し，この言葉こそ，わが社事業運営上の遺言となったしだいであります」（高野［1967］）と述懐している。

(2) コンツェルン体制の確立

　第一次世界大戦後，炭鉱業界は不況期に突入するが，貝島家の事業経営は貝島商業による販路拡大努力もあって安定し，一族一業を原則とする多角的事業進出を可能とした。その過程を簡単にスケッチしておけば，1919（大正8）年1月，貝島合名は林業部を設置して鹿児島県薩摩郡上東郷村高治川地に約1000町歩の山林を所有した。そして，1924年2月，林業部を資本金100万円の貝島林業株式会社として分離独立させ，植林ならびに伐木，製材，製炭に関する事業を開始した。

　次いで1920年4月，貝島合名は石灰部を新設し，大分県津久見村下青江志手山で石灰石の採取事業に着手した。この石灰部は，1924年2月，貝島石灰工業株式会社として独立し，採取石灰石の大半を久原房之助が経営する久原鉱業佐賀関製錬所に供給した。また，1921年2月，貝島鉱業は大辻，岩屋両炭礦を分離して，新たに大辻岩屋炭礦株式会社を設立した。さらに1921年10月，貝島合名は日本傷害保険火災海上保険会社株式の大半を買収し，社名を中央火災傷害保険と改称して傍系会社とした。そして，1923年9月，貝島合名は福岡県遠賀郡戸畑町にあった九州木材防腐株式会社株式を譲り受け，同社を貝島木材防腐と改称のうえ，直営した。この間，貝島合名は貝島健次を責任者として臨時調査部を設立して日本最初の低温石炭乾溜の研究を開始し，欧米における同事業を視察調査したのち，貝島石灰工業，貝島林業と同時に，1925年2月，貝島乾溜株式会社を設立した。

　こうして，貝島家の経営する事業会社は大正末年までに図2のようになり，

図2 貝島家の傘下企業と経営陣（1926年上期末時点）

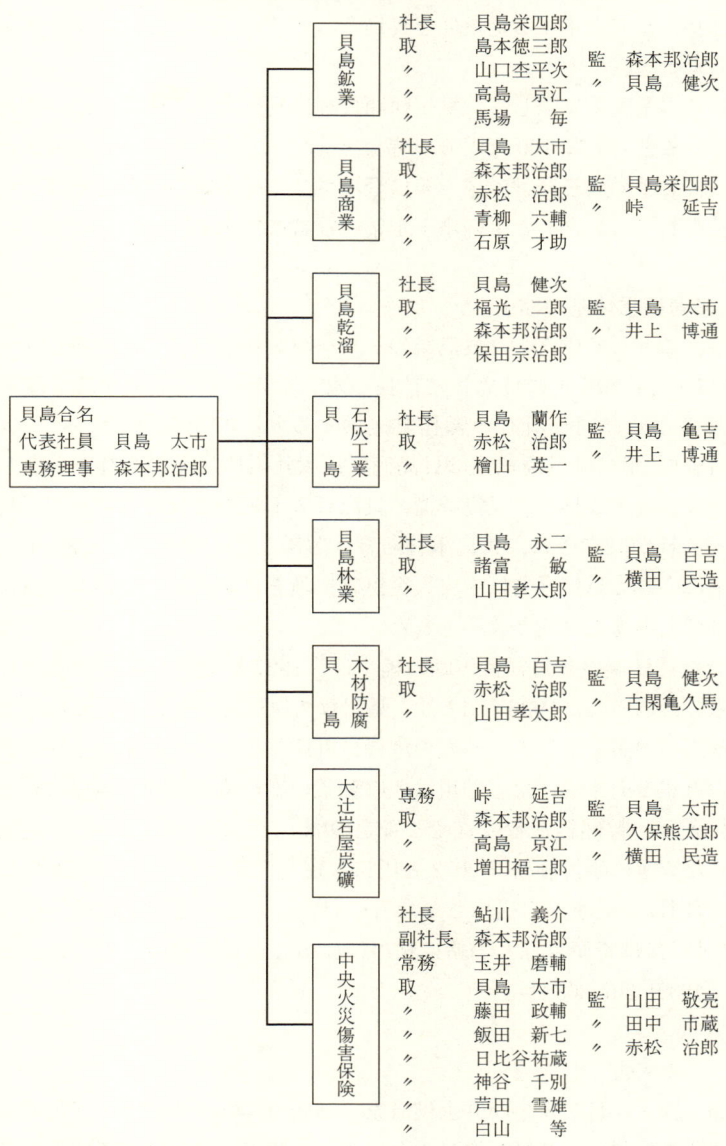

注：取＝取締役，監＝監査役
出所：宇田川［1989］326頁。

一族九家で石炭採掘事業に専念するという同家の家憲は大きく修正され，各家当主が社長として主宰する企業群を貝島合名が統括管理するコンツェルン体制を確立した。

　これらの事業改革に際して，鮎川顧問代理は貝島太助の弟六太郎，嘉蔵や創業以来の縁故者に総額 100 万円の一時金を支払って引退させるとともに，彼らに代わって若手同族を経営の第一線に登場させ，高学歴の専門経営者を登用あるいは招聘して貝島合名とその傘下企業の経営に参画させた。

(3) 多角経営体制の縮小

　しかし，こうして成立した貝島家の一族一事業体制は長くは続かなかった。まず 1926（大正 15）年に貝島林業社長の永二が死去し，後述する久原鉱業の債務整理のために同社所有の森林を提供すると，27 年に解散した。次いで 1931（昭和 6）年には貝島鉱業は貝島商業，大辻岩屋炭礦の 2 社を合併して貝島炭礦株式会社と改称し，貝島乾溜，貝島石灰工業の 2 社を合併して貝島化学工業株式会社が設立され，貝島木材防腐は解散した。そして，1937 年には鮎川の要請に応じて貝島合名は中央火災傷害保険を日産コンツェルンに譲渡し，同社は日産火災海上保険と改称された。

　こうした貝島家の多角経営体制の縮小は，1927 年 2 月の鮎川顧問代理の辞任の結果でもあった。1926 年 12 月，鮎川は久原房之助と彼の盟友田中義一政友会総裁らの要請を受けて，破産の危機に直面していた久原家の中核企業・久原鉱業の再建を引き受けた。鮎川は久原鉱業の累積債務処理を極秘に行うために，親族各家，幹部経営者に資産と資金の醵出（きょしゅつ）を求めた。このとき親族から提供された資産は帳簿価格で 2072 万円にも達した。そして，その 70％にあたる 1400 万円は貝島家から提出されたものであった。下記の文書は，1927 年 2 月 28 日付で提供資産目録と一緒に鮎川に提出した貝島家の「差入書」である（宇田川［1989］307-308 頁）。

　　　　　差入書
　　貝島一族ノ今日アル事ハ井上侯爵家ノ御庇護ニ負フ所浅カラズ侯爵家ヲ永久ニ顧問ニ推戴シテ其御指導ヲ受ケ候コトハ従来一族一同ノ希望致シ候処ニ御座候然スルニ今回侯爵閣下ヨリ御辞退ノ御申出ヲ相受候事ハ一同ノ誠ニ悲

痛ノ念ニ堪ヘザル処ニ御座候然シナガラ強キテ従前通リ顧問トシテ御留任相願候事ハ却テ侯爵家ニ御迷惑ヲ煩ハス事ニ相成候故此際顧問御辞退ノ御申出ニ従ヒ奉リ又何人様ニ御願ヒ申候テモ多大ノ御迷惑相掛ケ候事ハ一族ノ甚ダ心苦シキ次第ニ御座候向後ハ顧問ヲ嘱託セザルコトニ致シ度ク候今回久原会社整理問題ニ付テハ貝島一族ノ出来得ル丈ノ犠牲ヲ払フ可ク刷紙記載ノ通リ貝島現在事業ニ関係ナキ資産ヲ挙ケテ久原鉱業会社整理資源ノ内ニ提供候其ノ処置ニ就テハ一切貴下ニ御委セ申上候間可然御取計被成下度候尚久原骨董ヲ貝島ニ譲渡被下候旨御仰有之候得共熟議ノ結果是レハ辞退申上候間以上不悪御賢察賜度奉願上候

　　　昭和二年二月二十八日

　この巨額な貝島家の資産提供は，同家一族が経営権のオートノミーを確立するために鮎川顧問代理に贈った一種の「手切金」であった。上述した貝島家の改革は顧問代理の鮎川の指示を貝島一族が受け入れたことによって実現した。ただし，「貝島一族が唯々諾々と」鮎川の指示に従ったわけではなかった（森川 [1985]）。貝島一族内部には，鮎川の指示を受け入れて同家の家政および事業経営の改革・近代化をめざす「改革派」と，改革や近代化の早急な実施を嫌う「保守派」が存在した。「改革派」の中心人物は貝島健次と太市であり，とくに太市がリーダーであった。長兄栄三郎は 1913（大正 2）年に死去しており，彼の長男で貝島宗家を継いだ栄一は事業経営にはまったく関心がなかった。また，叔父の六太郎家の養嗣子となった次兄の栄四郎は栄三郎とともに家憲制定に深く関与していたこともあって，家憲の規定に抵触する改革には積極的ではなく，貝島鉱業の社長でありながら 1919 年 8 月から翌 20 年 6 月まで欧米視察に出かけており，改革の出発点となった貝島合名と貝島商業の設立時には不在であった。

　しかし，鮎川自身が「よくもこんなことができたかと自分ながら不思議にたえない」とする（鮎川 [1981]），貝島家の改革と近代化策に対しては，当然，一族内の「保守派」を中心に反発が高まっていった。そして，「鮎川によって経営陣から棚上げされたり，権限を狭められた」人びとの不満はつのり，やがて彼らは鮎川の排斥の機会を狙い始めた（永末 [1977]）。その機会は，1926（昭和元）年末に久原鉱業の債務整理を委託された鮎川が，同社監査役でもあ

った貝島太市を通じて貝島家に支援を依頼したときにやってきた。貝島家は栄四郎が会長を務める一族会を開いて，鮎川の要請を受け入れ，貝島合名の資本金の 35 ％ に相当する 1400 万円もの資産を提出した。ただし，その提出に際しては，貝島家の事業リーダーであり，貝島合名の代表社員の太市といえども，宗家（栄一），本家（六太郎，栄四郎）の意向を十分配慮しなければならなかった。この両家は反鮎川の立場をとっていた。一族会での議論の内容を資料で確かめることはできないが，久原鉱業債務整理のための巨額資産提出は，明らかに鮎川の顧問代理辞任を付帯条件として貝島一族が鮎川に贈った「手切金」であった。その結果，上記の「差入書」で見たように井上勝之助は貝島家顧問を辞退し，鮎川も 1927 年 2 月，顧問代理を辞任した。

　こうして，鮎川の排斥とともに，貝島一族は 1891（明治 24）年 9 月，井上馨を介して毛利公爵家から融資を得て以来続いた毛利家，三井物産・銀行，そして鮎川による監督下から脱出し，事業経営におけるオートノミーを完全に回復した。オートノミー回復後，貝島家は昭和初期の経済不況脱出を最優先に考えて，多角的経営体制を見直し，貝島合名の直営会社を貝島炭礦と貝島化学工業の 2 社に縮小した。そして以後，貝島家は本業の炭鉱事業に集中する方向に転じていき，鮎川が登用・招聘した専門経営者の多くは貝島家の事業経営から離れ，日産コンツェルン系企業の役員に就任した。

　最後に，1931 年 6 月，貝島栄四郎は貝島合名の社員会会長に就任するが，同社の実権は代表社員の太市が掌握しており，健次も執行役員であった。オートノミー回復後の貝島家の事業経営は太市と健次によって担われていたのである。ただし，貝島家の事業経営方針の転換が両者の合意によって行われたのか，あるいは一族内の「保守派」の圧力によるものであったのかは，現在のところ不明である。たがいずれの場合であったとしても，昭和初期の貝島家の経営方針の転換とその結果である専門経営者の退社は，その後の同家の事業範囲を限定し，その発展を制約したことは間違いない。

安川敬一郎・松本健次郎

安川・松本財閥の形成者

安川敬一郎

松本健次郎

安川敬一郎　略年譜

1849（嘉永2）年	0歳	福岡県西村の福岡藩士徳永家に誕生
1864（元治元）年	15歳	福岡藩士安川岡右衛門の養子となる
1866（慶応2）年	17歳	安川家の家督を継ぐ
1871（明治4）年	22歳	長兄徳永織人，福岡県太政官札贋造事件に連座して刑死
1874（明治7）年	25歳	次兄幾島徳，佐賀の乱で戦死
		慶應義塾を中退し，炭鉱業に従事
1877（明治10）年	28歳	安川商店開設
1887（明治20）年	38歳	大城炭坑の起業に着手
1896（明治29）年	47歳	明治炭坑株式会社創立
1899（明治32）年	50歳	高雄炭坑を官営八幡製鉄所に売却
		安川商店と松本商店が合併して安川松本商店となる
1901（明治34）年	52歳	赤池，明治両炭坑の全所有権を取得
1906（明治39）年	57歳	鉄道国有法公布によって巨額の国債交付を受ける
1908（明治41）年	59歳	明治紡績合資会社設立
		明治，赤池，豊国の三炭坑を合併して明治鉱業株式合資会社設立
1915（大正4）年	66歳	合資会社安川電機製作所設立
1917（大正6）年	68歳	九州製鋼株式会社設立
1920（大正9）年	71歳	男爵の爵位を受ける
1924（大正13）年	75歳	貴族院議員となる
1934（昭和9）年	85歳	死去

松本健次郎　略年譜

1870（明治3）年	0歳	福岡県福岡市に安川敬一郎の次男として誕生
1887（明治20）年	17歳	県立福岡中学校卒業後，安川商店神戸支店に見習勤務
1890（明治23）年	20歳	叔父の松本潜家に入籍
1891（明治24）年	21歳	アメリカ・ペンシルベニア大学財政経済学科入学，翌92年に帰国し，安川商店門司支店で石炭販売業務に専念
1899（明治32）年	29歳	松本家の家督を継ぐ
1909（明治42）年	39歳	明治専門学校初代校長に就任
1918（大正7）年	48歳	黒崎窯業株式会社社長に就任
1919（大正8）年	49歳	筑豊石炭鉱業組合総長に就任
		明治鉱業株式合資会社を株式会社に改組し，社長に就任
1933（昭和8）年	63歳	石炭工業連合会会長に就任
1935（昭和10）年	65歳	安川松本合名会社を創立し，社長に就任
1941（昭和16）年	71歳	石炭統制会長に就任
		貴族院議員となる
1943（昭和18）年	73歳	東条内閣顧問に就任
1946（昭和21）年	76歳	財界追放を受ける，51年に解除
1963（昭和38）年	93歳	死去

1 炭鉱業経営

(1) 安川・松本家の炭鉱業経営

 福岡藩士・徳永貞七には四人の男子がいた。長男の織人以外は，同藩士松本，幾島，安川家の養子となり，それぞれの家督を継いだ。この四兄弟のうち，徳永織人は1871（明治4）年に発覚した福岡藩の太政官札贋造事件に連座して刑死した。また，三男・幾島徳(めぐむ)は1874年の佐賀の乱に官軍小隊長として出征し，戦死した。当時，四男・安川敬一郎は兄たちの援助を受けて慶應義塾で勉学中であったが，徳が戦死すると即座に帰郷し，廃藩置県後，四兄弟家の生計を維持するために次男の松本潜(ひそむ)と徳が共同経営していた炭鉱事業に参加した（図3）。

 炭鉱業経営に必要な創業資金は四家に交付された金禄公債と博多の商人・堺惣平からの融資によって賄われた。堺は松本家の先々代で福岡藩の石炭統制販売制度を考案した松本平内の知己であった。ただし，創業資金は十分ではなく，潜，敬一郎兄弟の炭鉱業経営は絶えず資金繰りに苦慮していた。しかし，多くの筑豊炭鉱業者が行っている販売を石炭商に委託して，前借り金融を受けるなどの手段はとらず，1877年に遠賀川河口の筑豊炭の積出地の芦屋に安川商店を設立し，石炭販売を直営した。この石炭自販方式は松本平内の石炭統制販売制度から学んだもので，以後，安川・松本家の炭鉱業経営の基本方針として堅持された。

 安川・松本家の炭鉱業経営は，1880年に起業した高雄炭坑が良質の粘結炭を産出したことによって発展のきっかけをつかんだ。そして，1887年に大城炭坑を買収し，さらに翌88年には「撰定鉱区制」に対処するため旧福岡藩士で筑豊の有力炭鉱業者・平岡浩太郎と共同で赤池炭坑の開発に着手した。安川・松本家は高雄の開坑にあたって安川商店と取引していた神戸の石炭商岡田又兵衛，大島兵吉と合資契約を結んで2万円を出資させ，赤池の開発に際しては三菱社の鉱山技師長谷川芳之助の斡旋で高雄，大城両坑の産出炭を三菱社に売却する条件で3万円の融資を得た。この間，安川商店は採炭事業部門の拡大に相応して，1885年に石炭販売の中心地の神戸に支店を設置し，翌86年には本店を若松に移転するとともに，大阪にも支店を開設し，88年には香港，上海，シンガポールなどへの直輸出を目的とする門司支店を開業するなど，販売

図3 安川敬一郎兄弟の家系図

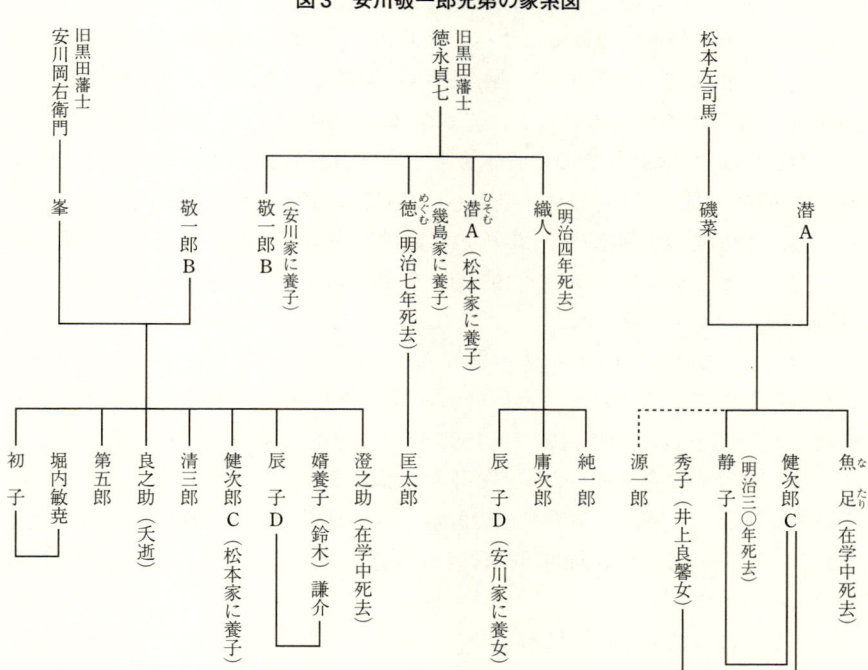

出所：森川［1985］227頁。

ルートの拡充に努めた。

　1890年恐慌による炭価下落は安川・松本家の炭鉱業経営にも大きな打撃を与え，93年には破産の危機に直面した。しかし，アメリカのペンシルベニア大学に留学中の安川敬一郎の次男で松本潜の養嗣子となっていた健次郎が急きょ帰国して販売業務の第一線に立ち，彼のリーダーシップの下で外国商との直接取引，石炭積込荷役の迅速化，石炭取引に伴う悪習の打破などの施策を矢継ぎ早に実施し，安川・松本家は危機を脱出することができた。なお，1894年時点で安川商店の石炭輸出高は13万4000トンであり，日本の石炭輸出高の7.8％を占めていた（中村［2010］）。

　安川・松本家の炭鉱業経営は，日清戦争期の炭価上昇を経て，ようやく安定した。そして，日清戦争直後，安川敬一郎は大城炭坑の設備拡充と隣接する木

浦岐坑の買収をはじめとする鉱区拡大を計画した。しかし，それらに必要な巨額資金を安川・松本家だけではすべては賄えず，当時，敬一郎は筑豊炭田への進出機会を狙っていた松本重太郎，田中市兵衛らの大阪財界人を勧誘して，1896 年に彼らとの共同出資による資本金 30 万円の明治炭坑株式会社を設立した。明治炭坑は 1898 年までに資本金を 70 万円に増資し，明治第一坑（旧大城炭坑），同第二坑（旧木浦岐坑）を中心に 5 鉱区，123 万坪の炭田を経営した。しかし，大阪側の出資者は，「炭坑の利益は出来るだけ配当金として大阪へ持って行くことを望んで」（清宮 [1952]），内部留保金による事業拡大をめざす安川敬一郎と絶えず対立した。

その結果，松本，田中らの大阪財界人は 1897 年 5 月に明治第一坑で坑内火災が発生したこともあって，共同経営の継続を断念し，1901 年にその出資分譲渡を安川に申し入れた。また，1897 年には赤池炭坑の共同経営者平岡浩太郎からも自分の出資分 40 万円を安川・松本家で買い取ってもらいたいという要請を受けた。当時，日清戦争後の経済不況の進行によって炭価の下落が続いており，安川・松本家も両共同経営者の出資分引き受けに必要な資金調達は容易ではなかった。

しかし，ここでも安川・松本家が石炭自販方式を採用したことと，安川敬一郎が幅広い人脈を有していたことが，事態解決の糸口となった。安川は，当初，日本生命保険，百三十銀行，三井，三菱，住友財閥系金融機関から，所要資金を借り出す予定であったが，彼らとの交渉がすべて不調に終わると，最後の手段として旧知の日本銀行正副総裁山本達雄と高橋是清に直接交渉した。その結果，日銀門司支店の保証の下に，1 回ごとに 15 万円を限度として安川松本商店（1899 年に安川商店を改称）が振り出した短期商業手形を取引銀行である百十，三井，帝国商業の 3 行で割り引くという，新たな資金調達の道を開くことに成功したのである。

(2)　経営関係の一体化

1899（明治 32）年 5 月，安川・松本家は創業以来の高雄炭坑を官営八幡製鉄所に 130 万円で売却した。そして，売却後，同坑を「愛児のように心を傾けて」経営してきた松本潜は引退し（清宮 [1952]），安川，松本家の経営は潜，敬一郎兄弟から敬一郎，健次郎父子によって担われることになり，両家の経営関係

はいっそう強まった。

　こうして、明治、赤池両坑を単独で運営することになった安川・松本家は、やがて日露戦争の勃発を契機とする石炭需要の拡大によって巨額の収益を獲得した。それに加えて、1906（明治39）年の鉄道国有法公布によって九州鉄道と山陽鉄道の大株主であった安川・松本家は、その所有株と引き換えに約270万円の国債を交付された。九州、山陽両鉄道の国有化による巨額の国債取得も安川・松本家が一貫して追求した石炭直売方式の結果であった。安川・松本家は石炭の積み出し、輸送設備の近代化を図るため筑豊炭鉱業者の中で率先して、1889年に筑豊興業鉄道、翌90年に若松築港会社の設立に参画し、安川敬一郎は両社の大株主兼役員となった。1897年に筑豊鉄道と改称された前者は九州鉄道に合併されるが、その後も安川・松本家は九州鉄道の大株主であり、敬一郎も取締役に就任していた。そして、政財界に広範囲な人的ネットワークを築いていた敬一郎は鉄道国有法の公布が近いことを察知し、山陽鉄道株式を多量に購入していた。これらの鉄道株式は上記の金融機関からの資金借入の際に担保としても活用された。

　こうして、金融基盤を強固にした安川・松本家は、1907年に安川敬一郎の盟友平岡浩太郎の死去後、彼が所有していた豊国炭坑を200万円で買い取ると、08年1月、明治、赤池、豊国の主力三坑の経営を統括するため、資本金500万円の明治鉱業株式合資会社を設立した。資本金500万円のうち450万円は無限責任社員安川敬一郎、松本健次郎、安川清三郎（敬一郎の三男）が出資した。そして、残りの50万円、5000株を安川父子とその一族、旧経営者、社員が引き受け、初代社長には安川敬一郎が就任した。

2　安川・松本家の多角経営と経営理念

(1)　多角経営の推進

　安川・松本家の多角的事業経営の開始時期は早かった。両家は1908（明治41）年に明治鉱業を設立して石炭業経営の基盤を確立し、さらに1906年の鉄道国有法公布によって巨額の国債を交付されると、経営の多角化を積極的に進め、安川・松本財閥の形成を企図した。その多角経営の結果を先に一覧しておけば、表1のようになる。

表1　1930年当時の安川・松本財閥の事業概観

会社（学校）名	払込資本金 （万円）	本社所在地	設立時期	社　長
（家業）				
明治鉱業	1,500	福岡県戸畑	1908年 1月	安川清三郎
明治紡績（資）	300	同　上	1908年 8月	松本健次郎
九州製鋼	500	福岡県八幡	1917年 9月	松本健次郎（会長）
黒崎窯業	60	同　上	1919年10月	松本健次郎
安川電機製作所	300	同　上	1919年12月	安川清三郎
（嘉穂鉱業）	270	福岡県戸畑	1926年12月	松本健次郎
（出資先）				
若松築港	225	福岡県若松	1892年 7月	松本健次郎
大阪織物	300	大阪府堺	1906年 9月	菅谷元治（会長）
（幸袋工作所）	70	福岡県幸袋	1918年11月	伊藤伝右衛門 （松本健次郎取締役）
（帝国火災保険）	250	東　京　市	1912年 4月	川崎肇 （松本健次郎取締役）
（学校）				
明治専門学校	―	福岡県戸畑	1907年 6月 （寄付行為認可）	―

出所：森川［1985］226頁より作成。

　安川敬一郎が多角経営の先導役として目をつけたのは，基幹産業の1つである紡績業である。1906年の大阪府大和川に紡織工場を経営する大阪織物合資会社設立に参画し，08年には九州・戸畑に3万錘の規模をもつ資本金100万円の明治紡績合資会社を創業した。次いで第一次世界大戦による好景気が到来すると，1915（大正4）年7月，資本金25万円の合資会社安川電機製作所を設立した。そして，1919年に新たに株式会社安川電機製作所を設置し，翌20年には上記の合資会社を合併して資本金を150万円とした。さらに1917年に，日本と中国の合弁会社である漢冶萍（かんやひょうコンス）公司の生産する銑鉄を原料とする九州製鋼株式会社を資本金150万円で，翌18年には九州製鋼の平炉用珪石（けいせき）煉瓦生産を目的とする黒崎窯業株式会社を資本金100万円で，それぞれ設立した。このほか，安川・松本家は1907年に単独で明治専門学校を創立した。

　安川・松本家が進出した多角経営分野はいずれも工業部門に属しており，とくに資本集約的な重工業分野である電機，製鋼事業を家業会社として設立したことは注目に値する。そして，もう1つの特徴は，安川・松本家の多角経営が安川敬一郎の独自の経営理念とそれに賛同した子どもの潜，安三郎の協力の下

に実施されたという事実である。

　安川敬一郎にとって，炭鉱業経営は彼「本来の志望」ではなく，廃藩置県後の徳永四兄弟の「家政の維持と子弟も養育するの資を充てむが為の窮策に過ぎ」なかった（安川［1935］）。しかし，この窮策たる炭鉱事業は日本の命運を賭けて戦った日清・日露両戦争の勝利という，「偶然の天恵不慮の僥倖」によって予想外の発展を遂げ，安川・松本家に巨額の収益をもたらした。また，安川によれば，上記の鉄道国有化に伴う莫大な株式譲渡益の取得も「偶然の天恵」の結果に他ならなかった。そこで，安川は安川・松本家が入手した巨額の収益は天から与えられた恵であるから，それを活用して天恵に報いなければならないと主張した。この「天恵論」が安川の経営理念の基本であった（同上）。

　安川の「天恵論」は彼の意識の中ではつねに国家の恩恵と重なり合っており，天恵に報いるということは国家公益に奉仕することを意味した。この「国家公益奉仕論」が安川の第二の理念であった。安川は国家公益に奉仕する方策として，安川・松本家の家産を投下して国家社会が必要とする新事業を開拓し，その事業経営を子孫の手に委ねることを意図していた。多くの困難が予想される新事業をあえて選んで子孫に与え，それによって彼らの心身を鍛練しようと考えたのである。この「子孫鍛練論」が安川の第三の理念であった。

　たとえば，安川は明治専門学校の設立と紡績事業への進出について，次のように語っている。

　　「日露戦争後，即ち明治三十九年に於て余が資産は当時の事業なりし炭坑経営資産としては意外の過剰を生ずるに至れり。是に於て余は本業以外の動産全部を投じて我国最良の需要に応ずるべく科学的専門教育機関の設立を決行せり。明治専門学校は是なり。是れ一つにはわが事業を既倒に救ひし天恵を報恩するの微衷に出でしもの，二には資力に余裕を存するは後進者怠慢の原因たるべきを虞れたるに因る。余が子孫中幸に教育に趣味を有する者あらば，一身を傾倒して明治専門学校の指導経営に任ずべし。（中略）子孫の為に事業を設け，其心志を労し，其修養を全からしむが為に余は別に紡績工場（明治紡績）を新設し，又大和川織物工場（大阪織物）を開始せり」（同上，783-784頁，ただしカッコ内は引用者）。

　第一次世界大戦中の炭鉱事業の高収益を活用して設立された安川・松本家の安川電機製作所，九州製鋼，黒崎窯業の3社の設立も，安川の上記の理念に基

づくものであったのである。

(2) 多角経営の成果

では，「理念先行型」と評される安川・松本家の多角的事業経営の成果はいかがなものであったろうか。結論を先回りしていえば，事業経営の観点から見る限り，それらは惨憺(さんたん)たる結果をもたらし，安川・松本家の事業経営の発展を大きく制約する要因となった。とくに九州製鋼と安川電機製作所の2社が与えた打撃は大きかった。上述のように，九州製鋼は日本政府も出資している中国の漢冶萍公司大冶鉱山製錬所が生産する銑鉄を活用する目的で設立された。だが，大冶鉱山製錬所は技術上のトラブルが重なり，銑鉄を九州製鋼に円滑に供給することができず，結局，1927（昭和2）年までに同社は「約参千万円を空費し……今尚約壱千万円の債務を帯びている」状態に陥り（安川［1935］），そのため，安川・松本家は28年に九州製鋼の経営を官営八幡製鉄所に委託し，さらに34年の官民製鉄業合同策による日本製鉄の設立に際して，同社を参加させ，製鉄事業から手を引かざるをえなかった。また，電気機械の国産化を企図して設立された安川電機製作所も，1914（大正3）年の創業時から31年に至るまでの17年間，毎期，赤字経営を続け，安川・松本家の事業経営の足を大きく引っ張る要因となった。

それに加えて，山川健次郎東京帝国大学前総長を総裁に迎え，約333万円の巨費を投じて設立された明治専門学校も，理想的な工業技術者育成教育を目的としたこともあって，開校後，安川・松本家に予想外の財政的負担をもたらし，結局，1920年には同校を政府の所管に移行させざるをえなかった。

このように，安川・松本家の教育を含む多彩な事業分野への進出は予期した成果をあげることができなかった。ただし，困難な事業を子孫に与えることで，彼らの心身を鍛えるという安川敬一郎の意図は，九州製鋼の場合のように，「高い授業料」を支払わなければならなかったが，それなりの成果をあげたともいえる。とくに経営を軌道に乗せるまでに五男の安川第五郎に悪戦苦闘を強いた安川電機製作所の場合は，そのことがいえよう。第五郎はその一端を次のように語っている。

「父は炭鉱を経営していた。親会社として子会社の安川電機を盛立てようと，大いに協力してくれて，機械の欠点をあれこれと指摘してくれたから，

順次改良を重ねて，炭鉱向きの機械を造ることができた。今日の安川電機の土台はこうした父の力が大きく働いている。

　同じ電機関係の会社でも，日立製作所などは第一次欧州大戦のブームを機会に第一歩の発展をしている。次は大正一二年の震災の時に発展した。大震災で東京の芝浦に工場を持つ東芝が大打撃を受けた。東京にある会社，工場は電気のみならず，いずれの方でもほとんど全滅であった。幸い日立は茨城県にあったので，その盲点をついて大躍進を遂げた。

　われわれの方は，そこへいくと，第一次欧州戦争の最中に工場をはじめたのだから，日立製作所の発展などとはとても比較にならぬ。(中略)日立では早くから有能な人材を養ってきているが，こちらは学校でたての無経験なものが一緒になって，ああでもない，こうでもないとあらゆる失敗を重ね，苦労の連続で損をしてきた。そして，ようやく改良された機械ができるようになったら，世には不景気の嵐が吹きまくっていたのである。特にひどかったのは，昭和五，六年ごろだった。私は悪くするともうこの会社はつぶれるかもしれぬと思った。何をやってもうまくいかない。配当どころの騒ぎではない。赤字の連続である。普通の会社なら，とっくに買収されるか解散させるかするところだ。しかし，幸いに私のところは同族組織であり，私のためにこしらえた事業であるから，ものになるかならないか，試験台として続くかぎりやれというのである」(安川［1980］209-210頁)。

安川電機製作所は，1931年当時，世界恐慌の襲来を受けてまさに存続の危機に直面した。そのとき，第五郎はモーター関係の製品だけを残して，全製品の生産を中止し，それまで断固拒否してきた従業員の解雇に踏み切った。安川はそのときの心境を「そのことが今日までの私の生涯中，いちばん苦難の絶頂であった。私は涙を飲んで訳を話した。それを言渡すときの苦しさはいま思い出してもぞっとする」(同上)と，のちに述懐している。

　こうした会社経営の困難と試練が安川第五郎を鍛え，彼はそれを克服することで企業経営者として大成することができた。安川・松本家の事業経営の中で，今日まで「安川」の冠をつけた会社として残っているのは安川電機製作所のみである。

　第一次世界大戦後，安川・松本家の事業活動は，九州製鋼の大失敗，安川電機製作所の経営不振が大きな足かせになり，そのうえ，戦後の長期不況の中で

主力の炭鉱事業の業績悪化も加わって停滞を余儀なくされ，新たな事業分野に進出することはなかった。

（3） 同族組織とトップ・マネジメントの関係

最後に，安川・松本家の同族組織について述べれば，両家は協力して炭鉱事業を経営した。1899（明治32）年に高雄炭坑を官営八幡製鉄所に売却し，同炭坑の経営を担当していた松本潜が引退するまでは，両家はそれぞれ安川商店，松本商店の名義で事業経営を行うこともあった。また，潜は事業経営のかたわら，嘉摩，穂波両郡の郡長も務めた。しかし，潜の引退後，松本家の家督を安川敬一郎の次男健次郎が継ぐと，両家の一体化は急速に進んだ。そして，1899年に安川商店と松本商店が合併して安川松本商店が成立すると，外部出資者の持ち分を順次買い取り，主力会社の明治鉱業を安川・松本家の完全な家業会社とした。そして以後，安川松本商店は日露戦争時の石炭ブームと鉄道国有法の公布によって，巨額の資金を獲得すると，非石炭事業分野に積極的な進出を図り，安川・松本財閥の形成を企図した。

その際，特徴的なことは，事業経営の意思決定は当主安川敬一郎の独裁ではなく，「松本健次郎（次男），安川清三郎（三男）という二人の息子と協議しながら事業を選択し，そのうえで専門家の助言と技術的なサポートを受けつつ，その事業計画を実行に移していった。その過程では，あくまで安川・松本父子によって構成されるトップ・マネジメント内部での合意が重要であり，敬一郎は常に健次郎，清三郎の了解を得ながら意思決定を行っていった」（中村[2010]）。そしてこの間，事業経営面では，安川・松本家は徳永家，幾野家との関係を希薄にしていった。

こうしたシンプルな同族組織とトップ・マネジメント間の良好な意思決定プロセスが確立していたために，安川・松本家は地方財閥として異例の重化学工業部門への進出を可能にした。安川松本商店は安川敬一郎が死去した１年後の1935（昭和10）年12月，遅ればせながら資本金2000万円の合資会社に改組され，名実ともに安川・松本家は法人格をもった持株会社を頂点とする財閥コンツェルン体制を構築したのであった。

❏ おわりに

　貝島家と安川・松本家は炭鉱業を機軸に多角的事業体制を形成し，有力な地方財閥となった。ただし，両家の企業家活動には大きな差異があった。

　まず第1に，炭鉱業経営と資金調達方式について，貝島家の場合，第一の難関であった「撰定鉱区制」をクリアするため，親族，経営幹部および地元の石炭商，高利貸業者から資金を調達した。しかし，彼らからの資金調達では1890（明治23）年の恐慌を乗り切ることができず，貝島家は井上馨の仲介で三井物産に採炭の一手販売権を委託する条件で毛利公爵家から融資を受けざるをえなかった。さらに貝島家は，明治30年代前半の鉱区拡張期には三井物産・銀行の資金に全面的に依存した。その結果，貝島家の炭鉱事業は拡大を続けることができたが，その反面，日露戦争による炭価高騰に際会するまで，三井物産・銀行の管理下に置かれ，営業権も第一次世界大戦終結時まで三井物産に掌握された。

　他方，安川・松本家は創業以来一貫して自家販売方式を堅持した。この方式は同家に金融面での困難を強いたが，炭鉱業経営のフリーハンドを可能にした。安川・松本家は資金調達先を固定せず，事業経営のフリーハンドと安川敬一郎の幅広い人脈を活用して多方面から所要資金を調達した。また，安川・松本家は鉱区の買収・開発にあたって，資金不足を補うため他者との共同出資方式を採用し，のちに前者の出資分を買い取って，自家の単独経営とした。また，自家販売方式との関連で，輸送手段である筑豊興業鉄道（のちに九州鉄道に合併），山陽鉄道などの株式を大量に保有し，鉄道国有法施行時に巨額の国債の交付を受けることができた。

　第2に，多角的事業経営の面では安川・松本家が先行した。同家の多角化活動は，安川敬一郎の炭鉱事業から生ずる利益を活用して国家公益に寄与する事業を起こしたいという経営ナショナリズムと，それらの事業経営を通して子孫の心身を鍛練するという明確な理念に基づいていた。その結果，明治末年から大正期にかけて，明治専門学校を創立したほか，紡績，電機，製鋼，窯業などの近代産業ないし重工業分野をあえて選んで家業会社を設立した。一方，貝島家は第一次世界大戦後，鮎川義介顧問代理の指導の下に石炭採掘専業体制の打破をめざして一家一事業制に基づく多角化政策を推進し，大正末年までに貝島

合名を頂点とするコンツェルン体制を確立した。ただし、貝島家が進出した事業分野は傍系の保険事業を例外とすれば、石炭乾溜、石灰工業、木材防腐、林業などの炭鉱関連事業にかたよっていた。

　第3に、同族組織についていえば、貝島家は九家体制をとっており、これに対して安川・松本家は二家のみであった。そして、貝島家の場合は同族の対立を回避し、その融和を図るために井上馨の指示によって厳格な家憲を制定したが、それが一面で貝島家の自由な事業経営の制約要因となっていた。他方、安川・松本家の場合は、二家といっても、安川敬一郎とその子どもによる親子経営体であり、同族間の対立はなく、事業経営の進め方もスムーズに行うことができた。

★参 考 文 献
- テーマについて
  隅谷三喜男［1968］『日本石炭産業分析』岩波書店。
  永末十四雄［1977］『筑豊讃歌』日本放送出版協会。
  森川英正［1985］『地方財閥』日本経済新聞社。
  宇田川勝［1990］「『筑豊御三家』の事業展開に関する覚書」中川敬一郎編『企業経営の歴史的研究』岩波書店。
- 貝島太助・太市について
  畠山秀樹［1984］「筑豊炭鑛企業家の形成と発展(1)」『大分大学経済論集』第36巻第3号。
  宇田川勝［1989］「貝島財閥経営史の一側面」『福岡県史 近代研究編各論（一）』福岡県。
  宇田川勝［1990］「貝島家の石炭業経営と井上馨」『経営志林』第26巻第4号。
  畠中茂朗［2010］『貝島炭礦の盛衰と経営戦略』花書院。
  高野孤鹿編［1967］『貝島太市翁追悼録』貝島太市翁追悼録刊行会。
  鮎川義介［1981］「私の履歴書」『私の履歴書　経済人9』日本経済新聞社。
  貝島炭鉱株式会社編［1989］「貝島会社年表草案」『石炭研究資料叢書』第10輯, 九州大学石炭研究資料センター。
- 安川敬一郎・松本健次郎について
  合力理可夫［1989］「安川・松本家における経営多角化」『第一経大論集』第19巻第3号。
  佐藤正志［1993］「安川敬一郎の経営理念——労資協調思想の一端」『九共経済論集』第17号。
  中村尚史［2010］「『地方財閥』の誕生——福岡県筑豊地方安川, 松本家の事例」同著『地方からの産業革命——日本における企業勃興の原動力』名古屋大学出版会。
  安川敬一郎［1935］『無松餘韻』松本健次郎発行。
  清宮一郎編［1952］『松本健次郎懐旧談』鱒書房。
  安川第五郎［1980］「私の履歴書」『私の履歴書　経済人3』日本経済新聞社。
  明治鉱業株式会社編・刊［1957］『社史　明治鉱業株式会社』。

CASE 2

紡績業の発展を支えた技術者企業家

山辺丈夫(大阪紡績)と菊池恭三(大日本紡績)

❑ はじめに

　日本の産業革命期において紡績業は突出した成長を遂げ，大企業時代を先導した。それまで，わが国における綿紡績は，綿産地の農家の副業による手紡によって生産されていた。しかし，明治期の開国によって，品質面で劣っている国産品に代わり，欧米から低価格・高品質な綿糸の輸入攻勢に遭遇した。明治初期の綿糸の輸入額をみると，1868（明治元）年の1240千円から，77年には6694千円まで増加している。この間，わが国の輸入総額に占める綿製品の輸入額は3～4割を占めるまでになっていた。このような巨額の綿糸輸入額に危機感を抱いた明治政府は，輸入防遏（ぼうあつ）を目的として近代的な機械紡績を奨励した。

　ところで，わが国最初の洋式紡績工場は，1867（慶応3）年に竣工した薩摩藩営の鹿児島紡績所である。また民間資本による紡績工場は，1872（明治5）年に鹿島萬平が創業した鹿島紡績所が嚆矢（こうし）となる。このように幕末から明治初期にかけて，政府の奨励策以前に，近代紡績への試みがなされていたことがわかる。

　しかし，政府による近代紡績への挑戦は，規模の過小さから事業的に成功するケースは少なかった。このような先例に学んだ渋沢栄一は，海外製品に対抗しつつ，近代紡績業を事業として成功させるために，1万錘規模以上の工場を建設する必要を感じていた。この構想は大阪紡績として実現する。同社は政府からの援助を受けることなく，完全な民間資本によって設立された株式会社だった。渋沢は事業を成功させるためには工場の規模や資金だけでなく，技術や経営の指導者に適切な人材を確保すべきと考えていた。

　当時のわが国紡績業は，紡績先進国である英国から技術者を招聘していた。しかし，派遣技術者の不足や日本人職工とのコミュニケーションといった問題があり，技術移転が進まなかった。そこで，渋沢は日本人技術者を育成するために，山辺丈夫（やまのべたけお）を英国に留学させ，帰国後，大阪紡績の工務支配人に据えた。後に続く紡績会社も，山辺の留学に習い，学卒者を先進国の英国に派遣し，自前の技術者を養成していった。本ケースでは，山辺丈夫と大日本紡績（現ユニチカ）の菊池恭三（きょうぞう）を事例に，技術者として役割を果たしながら，規模拡大に伴って専門経営者化していく過程を検討していく。

山辺 丈夫
紡績技術者の先駆者

山辺丈夫　略年譜

年	年齢	事項
1851（嘉永4）年	0歳	石見国津和野藩士，清水格亮の次男として誕生
1854（安政元）年	3歳	山辺家養子となる
1877（明治10）年	26歳	旧藩主亀井家嫡子・茲明の英国留学に随行して渡英，ロンドン大学に入学
1879（明治12）年	28歳	渋沢栄一からの依頼で紡績技術者に転身キングス・カレッジで学びながら，紡績工場で技術実習を行う
1880（明治13）年	29歳	英国より帰国し，大阪紡績の設立準備に当たる
1882（明治15）年	31歳	大阪紡績設立，工務支配人となる
1883（明治16）年	32歳	第1工場落成，昼夜2交替制の生産が始まる
1892（明治25）年	41歳	第1，第2工場全焼
1895（明治28）年	44歳	取締役に就任する
1898（明治31）年	47歳	取締役社長に就任する
1906（明治39）年	55歳	金巾製織を合併
1914（大正3）年	63歳	大阪紡績と三重紡績が合併，東洋紡績設立，初代社長となる
1916（大正5）年	65歳	東洋紡績社長退任，相談役となる
1920（大正9）年	69歳	死去

CASE **2**　紡績業の発展を支えた技術者企業家

1 紡績技術者になるまで

(1) 英国留学まで

　山辺丈夫は1851 (嘉永4) 年に石見国津和野藩士, 清水格亮の次男として生まれた。3歳のときに同藩士・山辺善蔵の養子となった。藩主の命により, 藩校・養老館に学び, 15歳で山辺家の家督を嗣いだ。1867 (慶応3) 年幕末の動乱期, 藩では軍法操練が始まり, 丈夫は第二番隊騎士嚮導を命ぜられ, 山陰道の遊軍隊へ編入された。1868 (明治元) 年には, 京都御所警護のため藩より派遣され, 有栖川宮の親兵となった。丈夫は, 政府軍の軍人として任務に就いてきたが, 明治維新後は学問で身を立てることを志し, 京都から戻ったのち自費で文学館に学んだ。

　1870年, 丈夫は藩費で東京へ遊学, 津和野出身の国学者である福羽美静の培達義塾に入り, その後, 同郷の啓蒙家・西周の私塾・育英舎に学んだ。1871年の廃藩置県により, 藩費が断たれた丈夫は, 家族を東京に呼び寄せ, しばらくは横浜の宣教師ジョン・バラより英語を習っている。1873年東京を離れ, 大阪府の船場小学校教員として自活しながら, 慶應義塾大阪分舎に通った。翌年, 製蠟業開業を理由に秩禄奉還を願い出て, 家禄6カ年分を得て, 再び育英舎で学問修養に励んだ。

　1877年, 丈夫は旧藩主亀井家養嗣子・茲明の英国留学に随行して渡英した。丈夫は茲明が育英舎に入学した際に教育係となったことが縁で, 随行員に選ばれたのである。英国到着後, 丈夫は保険事業を学ぶために, ロンドン大学ロイヤル・アカデミーに入学した。そこで限界効用理論で有名なW. S. ジェヴォンズの謦咳に接し, 経済学の修養を深めていった。

　1879年4月, 三井物産ロンドン支店の笹瀬元明を介して, 渋沢栄一から, 新設の大阪紡績の技師として招きたいとの依頼が舞い込んだ。渋沢に丈夫を紹介したのは, 育英舎で同窓だった津田束であった。当時, 第一銀行に勤めていた津田は, 渋沢に「此の男なら紡績に志すべき性質を持って居ります」(石川[1923]) と推薦したのである。周到な渋沢は, 津田から勧誘の手紙を出させるとともに, 実父の清水格亮にも会い, 丈夫の説得を依頼している。渋沢からだけでなく, 実父や親友の手紙を前に, 丈夫は1カ月あまり熟考したのち, これ

を承諾した。丈夫は経済の学究から，日本人最初の紡績技術者へと転身したのである。

(2) 英国における技術習得

1879（明治12）年，丈夫は紡績技術を習得するため，ロンドン大学からキングス・カレッジに転じ，そこで機械工学と機関学を学んだ。さらに紡績技術を習得するためには，製造の現場で働かなくてはわからないと考え，最先端地であるマンチェスターに向かった。同都市のあったランカシャー地方は，英国で興った産業革命の中心地であり，綿業の先進工業地域であった。

同地で丈夫は見習職工として働きながら技術研究をするため，受け入れてくれる紡績工場を探した。しかし，極東の留学生をこころよく受け入れてくれる工場は，なかなか見つからない。マンチェスターのグランディ市長に工場の紹介を求めて面会したが，冷淡に断られている。また，エッギン・ボットムという工場主に年100ポンドで実習を持ちかけるが，これも破談となった。丈夫は地元新聞に紡績工場で働きたい旨の広告を掲載するなど，涙ぐましい努力を続けた。

8月上旬に活動を始めてから3週間あまり経て，ようやくブラックバーン市の紡績企業主 W. E. ブラッグスと出会い，希望が叶えられることになった。丈夫はブラッグスの経営するローズヒル工場で実習の許可を得たのだった。早速ブラックバーンに下宿を移し，9月1日から毎日8時間，一職工として労働に従事した。そして，1880年5月10日にブラックバーンを去るまでの，わずか8カ月あまりの期間で，紡績技術にとどまらず綿製品に関するあらゆる知識を貪欲に吸収していった。丈夫はローズヒル工場の実習だけにとどまらず，オルダムにある紡績機器製造のプラット社をたびたび訪問し，機械について学び，さらに，綿業関連会社を精力的に訪問していた。

この間，丈夫はブラッグスに対して，2回に分けて150ポンドの謝礼を渡している。この資金は渋沢が研究費として送金した1500円から支払われた。渋沢が「清水の舞台から飛び降りる」つもりで出したという大金で，後に大阪紡績の創業費に組み入れられている。

2　大阪紡績の設立

(1)　1万錘紡績工場の計画

　幕末開港以降，わが国は外国製品の輸入攻勢に遭遇し，正貨の流出が著しかった。中でも，低廉で高品質な外国産の綿関連製品は，前述のとおり輸入総額の3～4割を占めるまでになっていた。そこで，1878（明治11）年以降，明治政府は輸入防遏の観点から，綿糸の国産化を推進した。つまり，①官営の模範工場の設置，②政府輸入精紡機の民間への払下げ，③民間輸入紡機代金の立替，といった3つの政策を遂行した。中でも，政府から紡機の払下げを受けた紡績所は，その規模から「2000錘紡績」と呼ばれていた。しかし，これら政策によって設立された紡績工場は，どれも小規模な設備であり，さらに適当な技術者がいないため，事業として成功したものは少なかった。

　その頃，第一銀行の頭取であった渋沢栄一は，同行で扱っていた荷為替の観察から，綿製品の著しい輸入増加に危機感をもっていた。そこで，渋沢は品質・コスト面で海外製品に対抗するために，1万錘を超える大規模な洋式紡績企業の設立構想をもつにいたった。渋沢はこの構想を資金面で支えるために，合本組織，つまり株式会社を設立することを考えた。そこで，大倉喜八郎に計画を相談するとともに，華族資本や東京の綿業商人を糾合し，設立資本を手当てした。さらに同時期，大阪で大規模紡績工場の計画を進めていた藤田伝三郎，松本重太郎も，渋沢の説得によって合流することとなった。

　資金面での心配はなくなったものの，次の課題として，技術や経営の面で運営にあたる人材を探さなければならなかった。外国人技師を招くことも検討したが，「西洋人を聘して，種々の滑稽を演じ，ついに失敗を取った例もある，どうしても其の中堅となるべき人物は，日本人でなくてはならぬ」（石川［1923］）と渋沢は考えていた。そのようなときに，津田から丈夫の紹介を受けたのである。

(2)　大阪紡績の設立

　1880（明治13）年7月，英国から帰国した丈夫は，大阪紡績の技術責任者として創立事務へ参画することになった。翌年5月，渋沢は丈夫の仕事を支える

表1　明治初年綿製品輸入表

年　　次	繰綿（千円）	綿糸（千円）	綿布（千円）	合計（千円）	対輸入総額(%)
1868（明治元）	422	1,240	2,659	4,320	39.3
69	1,088	3,418	2,777	7,283	34.3
70	628	4,522	3,102	8,252	24.1
71	207	3,520	5,721	9,448	42.2
72	86	5,335	5,214	10,635	39.4
73	264	3,400	6,521	10,185	34.2
74	1,091	3,573	5,705	10,370	42.9
75	109	3,346	4,629	8,084	31.6
76	664	4,156	5,593	10,412	39.7
77	399	6,694	4,724	11,818	32.0
78	106	5,326	5,543	10,974	38.1

注：千円未満は四捨五入されているため，合計が合わないことがある。
出所：三瓶［1941］36頁。

ため，大川英太郎，岡村勝正，門田顕敏，佐々木豊吉の4人を紡績見習生として採用している。彼ら見習生は丈夫が英国で購入し，翻訳をした「紡績技術書」を読みながら，各地の紡績所を見学し，技術習得を行った。

　会社設立にあたって，丈夫の最初の仕事は，工場の立地場所の選定だった。当初，機械の動力には水力を使う計画だった。丈夫は立地場所を求めて各地の河川を調査したが，安定した水量が得られる場所はなかった。結局，1881年末までに，水力を原動力にすることはやめ，蒸気機関を使うことに変更された。工場用地の選定は白紙に戻ったが，藤田と松本の尽力によって，大阪府西成郡三軒家村の官有地の貸下げが決まった。

　1882年，資本金28万円をもって大阪紡績は設立された。取締役頭取（初代社長）には藤田伝三郎，取締役には松本重太郎，他1名が就任した。渋沢は相談役となり，丈夫は工務支配人となった。工場には丈夫が英国で選定した，プラット社製のミュール精紡機15台（1万500錘）が設置され，これらの動力はボールトン・ハーグリーブス社製の蒸気機関によって賄われた。機械の設置はプラット社より派遣された技師のニードルと，4人の紡績見習生の手によって行われた。丈夫は技術責任者として多忙を極め，実際の据付作業では見回りや監督だけで，ほとんど関わっていなかったという（阿部・中村［2010］）。

　新工場の開業式は全機械の設置を待って，1884年6月15日に行われた。しかし，工場の操業は1883年7月5日の工場落成とともに，設置された機器を

使ってすでに始まっていた。しかも，8月からは昼夜2交替制で生産を始めている。

夜業の照明には650基もの石油ランプを使っていた。そのため紡機から発生する綿塵によって，常に発火の危険があった。そこで，米国のエジソン電気会社に発電機を発注し，1886年9月に夜業用の電灯が点された。これが民間自家発電の草分けとなった。電灯設置の話題は瞬く間に広がり，住民から見学の申し入れが相次いだ。大阪紡績は3日間だけ公開日を設けたが，この間に5〜6万人もの見学者がきたという。

このように大阪紡績が開業式を待たず昼夜2交替で操業を始めた理由は，株主への配慮があった。同社は1880年10月に資本金25万円で会社設立を発起し，株式の募集を始めていた。政府の保護により設立された紡績工場の成績不振が明らかとなる中で，新会社の操業まで3年間も待っていた株主のためにも，早急に利益を出す必要があったのである。

3　大阪紡績の経営

(1)　初期の成長

大阪紡績は松方デフレ下という厳しい経済環境にありながら，創業当初からめざましい成績を上げた。その成功要因として，①大規模生産のメリット，②昼夜2交替制の導入，③外国綿の利用，④製品戦略の適切さの4点が挙げられる（宮本 [1999]）。大阪紡績は，当初から1万500錘という大規模な設備を備え，低廉な労働力を使って24時間稼働させることによって，コスト低減と生産性の向上を可能とした。

また，原料面では低廉な中国・インド産の棉花を利用した。従来の紡績所は政府の保護政策もあり，原料に国産の棉花を使用していた。しかし，機械による大規模生産を進めるには，国産棉花の生産量が少ないうえに，繊維の長さなどの点で英国製の紡機となじまなかった。一方で外国綿は低廉なうえに豊富に手に入った。丈夫は1888（明治21）年頃から中国綿やインド綿を輸入し，国産品と混綿して使い，適正な品質とコストを実現した。

さらに製品戦略では，輸入綿糸と競合する細糸市場を敬遠し，太糸に生産を集中した。英国から輸入される細糸は，品質面で優れており，当時の技術水準

では対抗できなかった。そこで，国内の在来綿織物の原糸となる20番手前後の太糸に生産を集中した。この戦略は的中し，輸入糸を太糸市場から駆逐した。

好調な業績に乗じて規模の拡大も進められた。1886（明治19）年，2万820錘の第2工場が稼働し，89年には3万錘の第3工場が完成した。しかも，この工場の紡機は，新鋭のリング紡績機を導入している。大阪紡績は1884年の開業から89年にいたる5年間に，売上高と紡機数で約6倍，配当は88年上期に36％と好業績を記録している。この間，1887年に社長は藤田伝三郎から松本重太郎へと代わったが，丈夫はいまだ工務支配人という，使用人の地位にとどまっていた。

(2) 不況下での革新

大阪紡績のめざましい成長は，1890（明治23）年不況を境に停滞した。糸価の暴落によって，利益が前年度の半分以下にまで低下したためだった。さらに，1892年，第2工場のミュール機が突然発火し，火の手は第1工場まで広がった。この火災によって，第1，第2工場は全焼し，紡機3万1320錘を失っただけでなく，96人もの従業員が犠牲になった。

不況と火災から大阪紡績が受けた打撃は大きかった。丈夫はこの苦境を挽回するため，以下のような経営革新を行った。つまり，①大阪織布を買収し，紡織兼営を始めた，②中国・朝鮮に綿糸の輸出を開始した，③火災からの復旧にあたり，紡機を最新鋭のリング機に転換したのである。

①紡織兼営

日本の綿織物業は，綿糸生産に比べて近代化が遅れていた。丈夫は英国滞在中に日本人武官から，将来，日本の軍需品独立のために，綿糸ばかりではなく綿布の生産にも力を入れてほしいといわれていた。そこで大阪紡績の経営が軌道に乗ったことから，丈夫は渋沢，藤田，松本に働きかけ，自らも発起人に加わり，1887年に大阪織布を設立した。同年，丈夫は第3工場のリング精紡機発注のために渡英するが，このとき力織機333台をプラット社に発注している。大阪紡績は力織機を備え，広巾の綿織物の生産を開始した。同社は1890年に大阪紡績に買収され，兼営織布部門となった。

②海外への輸出

1890年の不況によって，国内では糸価が低迷していた。これを脱するため，

丈夫は海外への販路拡張を考えた。この年，上海と朝鮮に試験的な輸出を行い，これが，わが国最初の綿糸輸出の事例となった。朝鮮には綿布も一緒に送ったが，評判は芳しくなかった。しかし，綿糸の評価は高く，輸出の足がかりとなった。これを契機に，取引は拡大し，1898（明治31）年には大阪紡績の生産量の半分が，アジア向けに輸出されるまでになった。

③リング機への転換

1892年の火災によって全焼した第1，第2工場の復旧において，丈夫は紡機をミュール機から最新のリング機へと全面転換した。1890年頃には，国内の紡績会社ではリング機への転換が進んでいた。次のケースで取り上げるが，この時期に開業し，菊池恭三が関わった平野，摂津，尼崎の3紡績会社も，最初から全面的にリング機を採用している。リング機の取扱いは，ミュール機ほど熟練を要しないうえに，太糸を紡ぐのに適していた。不熟練労働による長時間生産による，太糸生産を特徴にしていた大阪紡績では，リング機が適当であった。丈夫は火災を奇貨として，紡機の転換を行ったのである。

(3) 業績の回復と低迷

これらの改革を進めたことによって，大阪紡績は1895（明治28）年に34万6000円の利益を上げ，業績は回復したようにみえた。ところが，1900年には日清戦争の反動不況によって，大阪紡績の業績は再び低落した。この年，開業以来，初めて83万6000円の赤字を記録し，無配に転じた。この間，丈夫は1895年に取締役，98年には社長に就任しており，技術面だけでなく，経営面でもリーダーシップをとる立場にあった。しかし，「事業が順境にして，利益が多く，配当の潤沢なる時は，誰でも欣々としてその重役を謳歌する者だが，財界一般が不景気の為めに，糸価が下落し，利益金の減少したる時には，兎角物議の生じやすい者である」（石川［1923］）とあるように，業績や配当が悪化した途端に，前社長の松本や大株主からの批判にさらされることとなった。たとえ社長になっても，丈夫は株主から使用人としか見られていなかったのである。

業績低迷に責任を感じた丈夫は，飛鳥山の渋沢の元を訪れ，辞任を願い出たこともあった。このとき渋沢は東京商工会議所に向かう馬車の中で，丈夫を激励し，これを思いとどまらせている。

表2 大阪紡績の業績

(単位:千円)

年　度	売上高	利　益	配当率 上期(%)	配当率 下期(%)	設備 紡機	設備 織機	備　考
1883（明治16）	51	11		6	10,500		7月開業
84	249	87	18	18			4月全運転
85	311	41	10	12			
86	506	120	8.5	16	31,320		上期第2工場運転
87	885	348	26	34			1月頭取（2代社長）松本重太郎
88	1,044	377	36	30			
89	1,373	317	27	20	61,320		12月第3工場完成
90	1,800	151	13	8		333	10月大阪織布買収
91	27	144	9	10			
92	2,043	293	15	9	30,00		第1,第2工場全焼
93	1,606	195	10	12		335	
94	2,563	233	15	9	55,536	579	9月復旧工事
95	2,823	346	15	18	56,424		1月丈夫,取締役就任
96	2,940	278	15	15			
97	2,956	196	15	7			
98	3,305	102	7	4			1月丈夫,第3代社長に就任
99	3,734	208	10	15	55,344	700	
1900	3,978	△84	0	5			
01	4,114	142	5	5		1,200	
02	5,497	51	5	0			
03	5,690	144	0	5		1,232	
04	7,241	561	5	9		1,200	
05	7,935	664	20	25		1,754	
06	10,071	869	20	20	102,616	2,920	6月金巾製織合併
07	12,312	1,107	20	20	117,456	2,928	4月白石紡績買収
08	13,644	591	12	12		3,146	
09	14,531	747	12	12	134,976	4,146	上期四貫島工場拡張
10	18,293	582	12	10		4,610	下期川之石織布工場
11	20,841	480	10	10			
12	20,544	810	10	12		4,614	
13（大正2）	26,249	1,317	14	14	150,176	4,538	10月川之石第2工場
18（6月まで）	16,689	911	—		158,976	4,796	上期三軒家工場　6月三重紡績と合併

出所:大津寄[1993]195頁より作成。

4 東洋紡績の誕生

　1898（明治31）年，不況の打開策として，北浜銀行頭取の岩下清周が紡績合同論を発表したことにより，企業合同の気運が高まった。いち早く，合併による規模拡大を推進したのは，武藤山治率いる鐘淵紡績であった。1900年代に入ると，大阪紡績は鐘淵紡績や三重紡績などの後発企業に，企業規模や業績で後れをとるようになった。

　丈夫は大阪紡績の業績停滞を打開するべく，1906年に金巾製織，1907年に白石紡績と立て続けに合併を行った。業界の企業合同の流れに後れをとったが，規模の利益の獲得をめざしたのである。その後，1892年の火災以降，抑制してきた設備投資も再開し，1913（大正2）年までに工場拡張や新工場を建設し，規模の拡大を進めた。

　1914年，三重紡績と大阪紡績は合併し，東洋紡績が創立した。丈夫は初代社長となった。合併相手の三重紡績は，「2000錘紡績」として設立された三重紡績所を前身としている。同紡績所の経営者・伊藤伝七が，三重県令・石井邦猷の仲介により，渋沢の援助を得たことから，三重紡績は設立されている。さらに渋沢の指導で，技術者に工部大学卒の斎藤恒三を迎え，彼を英国留学させて紡績技術の修得を行っている。このように，三重紡績は，渋沢の強力な支援によって創業している点で，大阪紡績とも共通点があった。さらに両社は製品戦略面でも太糸中心，紡織兼営と類似していたことから，渋沢の仲介によって合併が実現した。

　東洋紡績の成立した1914年は，欧州で第一次世界大戦が勃発している。その数年前から，日本の紡績業界は操業短縮を繰り返していたが，大戦の影響を受けて市況は混乱していた。しかし，そのような環境下にあっても，東洋紡績は創立直後の下期で16％配当を行うなど，良好な成績を記録した。その後，大戦の進行に伴って，わが国の綿業はアジア市場への輸出を増やしていった。そのような業績好調の最中にあった1916年に，丈夫は相談役へと退き，経営の第一線から身を引いたのだった。

菊池 恭三
3社兼任の紡績技術者

菊池恭三　略年譜

1859（安政6）年	0歳	伊予国西宇和郡川上村の庄屋，菊池泰成の三男として誕生
1871（明治4）年	12歳	吉田藩士郡奉行・鈴木勝吉の養子となる　同藩の学問所・文武館に入学
1879（明治12）年	20歳	工部大学校機械工学科に入学
1885（明治18）年	26歳	海軍省横須賀造船所計画部に勤務
1887（明治20）年	28歳	海軍省を辞職，大蔵省大阪造幣局に勤務　英国留学を条件に紡績技術者として平野紡績へ入社
1888（明治21）年	29歳	マンチェスター・テクニカル・スクールで学びながら，紡績工場で実習を行う　英国より帰国後，平野紡績の支配人兼工務部長に就任
1889（明治22）年	30歳	尼崎紡績技師長に就任
1890（明治23）年	31歳	摂津紡績技師長に就任し，3社の技術責任者を兼務する
1901（明治34）年	42歳	尼崎紡績社長に就任
1902（明治35）年	43歳	摂津紡績が平野紡績を吸収合併
1915（大正4）年	56歳	摂津紡績社長に就任
1918（大正7）年	59歳	尼崎紡績と摂津紡績が合併し大日本紡績設立，初代社長となる
1924（大正13）年	65歳	三十四銀行頭取に就任
1933（昭和8）年	74歳	三十四，山口，鴻池，3銀行の合併により三和銀行設立，取締役に就任
1942（昭和17）年	83歳	死去

CASE **2**　紡績業の発展を支えた技術者企業家

1　紡績技術者になるまで

(1)　英国留学まで

菊池恭三は1859（安政6）年に伊予国西宇和郡川上村の庄屋，菊池泰成の三男として生まれた。1871（明治4）年，吉田藩士郡奉行・鈴木勝吉の養子となり，同藩の学問所・文武館に入学した。時代は明治となり，藩校でも翻訳書や福沢諭吉の著書など開明的な書籍が教材に使われるようになっていた。学問に目覚めた恭三は，大阪・東京への遊学を養家に願い出る。しかし，養父母はこれを拒絶し，縁談を急ぐことで彼の向学心を挫こうとした。やむなく恭三は養家を逃亡したのだった。

実家に戻った恭三は，父親の許しを得て，念願の大阪遊学を実現した。1876年，恭三は弟の泰薫とともに大阪英語学校（後の第三高等学校）に入学した。その後，上京した恭三は，日本の殖産興業の発展のため，弟と造船業を創業することを考えていた。そこで機械工学を修めるために，1879年工部大学校機械工学科に入学した。翌年，泰薫も造船工学科に入学し，その夢に一歩近づいた。

1885年，工部大学を卒業し，工学士の学位を得た恭三は，海軍省直轄の横須賀造船所計画部に就職した。しかし，2年後の職制改革によって，それまで文官だった技師も武官待遇となり，大尉相当官の内示が下った。恭三は，終身官として束縛されることを嫌い，大蔵省大阪造幣局に転じた。

造幣局に着任して間もなく，工部大学校同期生の吉村長策が訪ねてきた。聞けば，吉村の親戚が新設される平野紡績の発起人となり，頼まれて適当な技術者を探しているという。そこで「君が一番適任だと白羽の矢を立てて来たんだ，君一つ，紡績の技術面を担当してくれないか」（新田 [1948]）と勧誘を受けたのだった。ちょうど造船業創業の夢は，資本調達の目途がつかず諦めかけていたところだった。殖産興業を考えるのであれば，紡績業の振興も重要なことには変わりない。恭三は英国留学を条件にこの申し出を受け入れた。

(2)　英国における技術習得

1887（明治20）年，恭三は平野紡績に入社し，紡績技術の修得と紡機購入の

命を受けて渡英した。ロンドン到着後，恭三は三井物産ロンドン支店に立ち寄った。平野紡績は，同社に機器購入の仲介と恭三の渡英資金の立替を依頼していた。恭三が到着の挨拶を終えると，支店長の渡邊専治郎は1通の電報を手渡してきた。差出人は平野紡績社長・末吉勘四郎だった。読めば，会社で内紛が起きたので機械発注を待ってほしいとの内容だった。株主からの資本金の払い込み不足によって，会社が存続の危機にあるということだった。

恭三はしばし不安の日々を過ごしたが，年が明けた1888年1月，末吉から問題が解決したとの電報を受け取った。末吉は大阪商船副社長・金沢仁兵衛に出資を仰ぐとともに，彼を社長に迎えることによって，この難事を乗り切っていた。これを受けて恭三はマンチェスターに移動し，紡績工場で実習をしながら，夜学のマンチェスター・テクニカル・スクールに通った。実習先はプラット社からの紹介で，ミドルトンのウードという人物の経営する工場であった。実習における恭三の上達ぶりは英国人が目をみはるものがあったという。もちろん機械工学を専攻した学卒技術者という優位性もあったが，その陰で「密かに硬貨を女工のポケットに入れて肝心要の要点を教えてもらう」（新田 [1948] 117頁）という努力もあった。昼夜を分かたぬ修練の結果，わずか8カ月あまりで紡績技術の習得を終え，恭三は帰国の途についた。

また，会社より命じられた紡機購入では，恭三は当時主流のミュール機と新鋭のリング機を比較した結果，未熟練者でも取扱いがしやすいリング機を買い付けている。このとき平野紡績が三井物産大阪支店と取り決めていた取引条件は，割引10％，手数料3.5％というものであった。しかし，恭三はロンドン支店の渡邊と交渉し，大阪紡績と同等の割引12.5％，手数料2.5％の取引条件を引き出している。

2　3社兼務の技術者時代

(1) 平野紡績の設立

1887（明治20）年頃から，大阪紡績の成功を受けて紡績業の設立ブームが起きていた。わが国の総錘数は1886年から89年までに，6万5000錘から27万7000錘まで増加していた。とくに大阪の周辺地域は，在来綿業の中心地だったこともあり，東洋のマンチェスターと呼ばれるほど紡績業の集積が見られた。

表3　1890年前後における本邦綿糸紡績業発展

年度	会社数	払込資本金(千円)	錘数(千錘)	織布台数(台)	労働者数(人)	綿糸輸入(千円)	綿糸輸出(千円)
1887（明治20）	19	—	70	70	—	8,265	—
88	24	—	113	200	—	13,672	—
89	28	7,499	115	400	—	12,593	—
90	30	8,737	277	400	—	9,988	2
91	36	8,477	353	620	19,067	5,632	8
92	39	11,223	385	670	20,370	7,253	8

出所：三瓶［1941］75頁。

　このような紡績ブームの始まりとなった1887年，平野紡績は社長の末吉勘四郎をはじめ，地域綿業の有力者10人を発起人として創立されている。同社の立地する平野地域は，河内木綿の産地であるとともに集散地であった。輸入棉花を海外から自由に輸入できない当時にあっては，国産棉花の入手が紡績業の制約条件となっていたのである。平野紡績の設立にあたっては，監督官庁の大阪府から技術者の確保という保留条件が出されていたが，恭三の入社によって，会社設立の条件が満たされたのである。

　1888年11月，帰国した恭三は，2代目社長の金沢から支配人兼工務部長に任命された。社長とはいえ金沢は兼任の非常勤であり，出勤は月に1回程度だった。そのため，自分に代わって日常の経営実務のできる人材を必要としていた。金沢は恭三に「経営の才有りと見込んで」（新田［1948］），技術と経営の両面について責任をもたせたのだった。

　平野紡績の工場は恭三が帰国するまでに，大阪砲兵工廠の技師によってほぼ完成していた。英国のプラット社から購入した4992錘のリング機もすでに到着しており，プラット社から派遣されたドランスフィルドという職工によって，据え付けも始まっていた。恭三は，据え付け作業を監督しながら，工場建設の統轄を行った。1889年5月，第1工場は本格操業にいたった。同社は大阪紡績を見習って，1万錘以上の大規模操業を計画していた。そして，1890年までに6528錘の設備増強を行い，1万1520錘の規模を達成したのである。

(2)　尼崎紡績会社からの招致

　尼崎紡績は，1889（明治22）年に尼崎の有力者と大阪の銀行家の合作で創立

された。尼崎は坂上綿と呼ばれる上等な綿花の産地であったため，これを原料にすることを企図していた。しかし，同社においても，優秀な技術者の確保が，重要な課題となっていた。そこで，発起人会において，平野紡績の技師である恭三の招致が検討された。事業の要となる技術者を競合他社に頼らなければならないほど，日本人技術者は貴重な存在だった。

交渉には取締役の福本元之助があたった。交渉に来た福本に対して恭三は，平野紡績から多額の留学費を出してもらっているが，社命とあれば拒めないだろうと返答をしている。これを受けて福本は，金沢と面会し，「平野紡績としては菊池氏に英国留学のための金がかかっている，それを分担して呉れて且つ兼務でもよいということなら承諾しよう」（新田 [1948]）という話でまとまった。ここに，尼崎紡績が留学費用のうち 2000 円を分担することで，恭三の招致が決まった。

尼崎紡績に技師長として迎えられた恭三は，第 1 工場の設計から稼働まで，すべてについて一任された。三井物産を通してプラット社から輸入された紡機の，据え付けから試運転まで，外国人技術者の手を借りることなく行われた。恭三は日本人技術者による紡機の設置，運転の先駆者となった。

(3) 摂津紡績からの招致

摂津紡績は 1889（明治 22）年，尼崎紡績よりも 2 カ月早く，大阪船場の有力者 11 人が発起人となって設立された。創立後まもなく，取締役による払込資本の私消事件があったことから，初代社長は辞任し，平野平兵衛が 2 代目の社長に就任していた。平野は金沢と縁戚関係にあったことから，技術者として恭三を招くことについて相談をしていた。あるとき社長室に呼ばれた恭三は，平野と金沢の両者から半ば命令的に依頼され，摂津紡績の技術責任者を務めることになった。留学費の分担については，摂津紡績が平野紡績に 600 円，尼崎紡績に 700 円支払うことで話がまとまった。

恭三の兼務が決まったとき，摂津紡績の第 1 工場はすでに建設が進んでいた。工務支配人は，平野が担当し，紡機の据え付けは平野紡績と同様にドランスフィルドの手によって行われた。恭三は 1891 年まで技師長であったことから，平野は社長になってからしばらく工務支配人を兼務していたとみられる。恭三は尼崎紡績のようには自由に振る舞えなかったのである。

表4　3紡績会社の設備拡張と菊池恭三の役職

年	尼崎紡績 紡機(錘)	尼崎紡績 設備拡張	尼崎紡績 役職	摂津紡績 紡機(錘)	摂津紡績 設備拡張	摂津紡績 役職	平野紡績 紡機(錘)	平野紡績 設備拡張	平野紡績 役職
1887(明治20)									6月創立認可 8月入社, 工務部長 支配人兼工務部長
88								第一工場起工	
89		6月創立認可	7月技師長, 尼紡と兼任 工務支配人兼技師		4月創立認可		4,992	第1工場開業	
90						5月技師長, 他2社と兼任 工務支配人	11,520	第1工場増設	
91	9,216	2月第一工場開業		19,000	11月第1工場開業				
92	11,520	第一工場増設							
93			取締役兼技師長				24,880	第2工場完成	顧問
94	27,036	第2工場完成		35,328	第2工場稼働				
95							27,648	第2工場拡張	
96									
97	45,212	第3工場完成				取締役			
98				52,912	第3工場稼働	常務取締役	38,400	野田紡績を合併	辞任
99									
1900		本社事務所完成							
01			取締役社長						
02				97,480	大和紡績・平野紡績を合併		38,400	摂津紡績に吸収合併	
03									
04									
05									
06									
07					郡上紡績を合併				
08	66,780	東洋紡織を合併し津守工場に							
09				127,480	明石工場稼働				
10									
11									
12(大正元)	100,992	津守第2工場完成		150,364	高田工場稼働				
13				176,364	高田第2工場稼働				
14	218,652	東京紡績を合併							
15				206,316	大垣工場稼働	取締役社長			
16	338,636	日本紡績を合併							
17									
18	348,124	6月摂津紡績と合併, 大日本紡績設立		215,760	6月尼崎紡績と合併, 大日本紡績設立				

出所：新田［1948］，藤本［2001］，ユニチカ［1991］より作成。

(4) 3社兼任の技術責任者

恭三は平野紡績，尼崎紡績，摂津紡績の3社で，技術責任者を兼任することになった。1890（明治23）年，これら3社と恭三の間で，留学費の分担や身分の取扱いについて約定書が改めて交わされた。さらに，個々の会社と恭三の間でも，会社都合による契約解除の場合は，6カ月前に予告するか，6カ月分の予告手当を支払うといった内容の辞職解任約定書が交わされている。

3社兼任となった恭三は多忙を極めた。1日に2社ずつ，午前と午後に分けて，輪番で各社を巡り，指導・監督を行った。3社の立地は平野紡績が大阪の東南部，尼崎紡績が西北の兵庫県域，摂津紡績が西南部と離れていた。交通機関が発達していない当時，恭三は時間を節約するために馬に乗って移動をしていたという。

3 2社兼任の専門経営者時代

(1) 平野紡績との訣別

平野紡績では1893（明治26）年に第2工場を建設し，95年にはこれを拡張して2万7648錘となった。さらに1898年には野田紡績を合併し3万8400錘に達した。このような規模拡大を成功させた立役者は恭三であったことは間違いない。社長の金沢は1カ月に1，2回会社に顔を出すだけで，経営は支配人の恭三に任せっきりであった。それにもかかわらず，「技術家は重役たるべからず」という勝手な社憲をつくって，冷淡な態度をとっていた。

1893年1月，金沢は恭三の部下で副支配人だった義弟の仁作を，取締役に抜擢した。この人事に不信を抱いた恭三は，金沢に対して辞職を申し出た。そのときは慰留されて，技術顧問として会社に残ったが，結局，金沢の態度が変わらないため，1898年に平野紡績と絶縁した。なお，同社は1899年の金沢病没後，業績が低迷し，その3年後に摂津紡績に吸収合併されている。

(2) 尼崎・摂津紡績の役員就任

平野紡績との絶縁後も，恭三は摂津・尼崎紡績2社の役員を兼任するなど，多忙な生活を続けていた。尼崎紡績での恭三は，第3代社長・福本の庇護によって，自由に振る舞うことができた。1893（明治26）年，恭三が同社の取締役

に就任する際も，技術者に偏見をもつ役員から反対意見が出たが，福本は「技術は資産以上に貴重である」と一蹴している。さらに，1901年，福本は自分の親族が経営する逸身銀行破綻の責任をとって辞任する際に，恭三を第4代社長に抜擢している。

恭三は摂津紡績でも働きを認められ，1898年常務取締役に就任した。しかし，同社の第3代社長・竹尾治右衛門はワンマンで有名で，忍従を強いられる場面も少なからずあったという。1915（大正4）年，竹尾の病気退任後，恭三は社長に就任し，尼崎・摂津紡績両社のトップとなった。

尼崎・摂津紡績の専門経営者となった恭三は，両社が競合しないように製品・市場を棲み分ける戦略をとった。摂津紡績は太糸に特化し，高い生産性と品質によって市場競争力をもっていた。そこで他社に先駆けて朝鮮，中国市場を開拓し，輸出市場でシェアをとる戦略をとった。尼崎紡績は中・細糸を主力製品とし，織布部門では高級な細手綿布の生産を行っていた。同社は高付加価値の製品を作ることによって，外国製品と国内で対抗する戦略をとったのである。その結果，両社は国内でも有数の規模の企業になった。

(3) 新技術の導入

恭三の能力は尼崎紡績で最も発揮されたといえる。それは福本というよき理解者に恵まれたばかりでなく，商才に長けた取締役商務部長・田代重右衛門の補佐があったからだ。尼崎紡績は中・細糸の生産を得意としていたが，とくに「42番手」という細糸では他社の追随を許さなかった。この細糸市場への進出を提案したのが田代であった。当時，国内で生産されていた綿糸は太糸が主力だったため，外国綿糸は高級な中・細糸に重点が置かれ，輸入は年々増加していた。そこで，他社に先駆けて中・細糸生産に取り組むことで，外国綿糸の市場を奪おうと考えたのである。

1896（明治29）年，恭三は英米へと旅立った。この洋行の主目的は尼崎の第3工場の機械注文であったが，「42番手」の製造法の研究も兼ねていた。尼崎紡績では第2工場の稼働によって，42番手の製造を始めていたが，英国品とは著しい品質格差があった。恭三は英国で糸を水に濡らしてから紡いでいる工程を見て「湿撚法」を考案した。さらに米国では2種類の米国産原綿を混綿し，紡ぐと品質が向上することを発見した。尼崎紡績では，この方法で42番手の

生産を行い，1899年には国内生産の68％を占めるにいたった。

さらに今回の洋行では，「ガス糸紡」の調査も行った。ガス糸紡とはガスの炎で表面の毛羽を焼くことで，光沢のある糸を作る方法である。日本に帰ってきて，恭三は顧問先の日本紡績で日本最初の「ガス糸紡」生産を始めた。同社は1916（大正5年）年に尼崎紡績に合併されている。

さらに，1907年，細手綿布生産を目的に東洋紡織を設立した。当時，全量を輸入に頼っていた細手綿布の生産を提案したのは田代であった。このとき，尼崎紡績の社長となっていた恭三は，田代の提案を採用し，未開拓分野の細手綿布生産への取り組みを始めたのだった。翌年，同社は親会社の尼崎紡績に合併されて津守工場と名前を変えたが，細手綿布の生産は尼紡の中核事業となった。このように，尼崎紡績での恭三は，福本，田代と協力しながら，他社に先行して技術開発を進めていったのである。

4 大日本紡績の設立

1918（大正7）年6月，業界4位の尼崎紡績と6位の摂津紡績が合併し，業界第1位の大日本紡績が誕生した。それまで両社は製品市場で競合することもなく，合併を急ぐ理由もなかった。しかし，①第一次世界大戦の影響によって，太糸の原料となっていたインド綿の輸入が難しくなり，摂津紡績が困難に陥ったこと，②紡績合同論を背景とした鐘淵紡績の規模拡大，および大阪紡績と三重紡績の合併による東洋紡績の誕生が脅威になった，という理由で合併が行われた。

大日本紡績の初代社長に就任した恭三は，積極的な企業家活動を展開した。第1に，紡績専業者として初めて中国で現地生産を始めた。国内賃金の上昇と中国関税の引き上げなどの理由から，1919年に青島に工場を建設した。第2に，1916年に尼崎紡績によって設立された，日本絹毛紡績を合併し，絹糸紡績，毛糸紡績に進出した。第3に，1926年に，日本レイヨンを創立した。第一次世界大戦後の反動不況下で綿以外の製品多角化の一環として，成長性が期待される化学繊維部門に進出したのである。

企業家としての恭三の活躍は，紡績業にとどまらなかった。1924年に三十四銀行の頭取となって，同行の成長を先導し，銀行家としての手腕も発揮し

た。1933（昭和8）年には三十四銀行，山口銀行，鴻池銀行の合併による三和銀行の創設にも中心的な役割を果たしている。恭三はこの3年後の1936年に，大日本紡績の会長を退き，経営の第一線から身を引いた。

❏ **お わ り に**

　日本の近代紡績業の黎明期，欧米からの紡績技術移転が大きな課題であった。1887（明治20）年以降，大阪紡績の成功を模倣して，紡績業の設立ブームが起きた。当時の技術者不足は深刻で，平野紡績の設立に際しても，監督官庁の大阪府から技術者の確保が保留条件となったほどである。多くは，外国人技術者を招聘したが，コミュニケーションや高い人件費の問題があった。そこで，日本人学卒者を採用し，海外で紡績技術を学ばせることによって，技術移転に成功する会社が現れた。

　大阪紡績の山辺丈夫は，日本人技術者の不足を見越した渋沢栄一の依頼によって，英国留学中に紡績技術者へと転身した。菊池恭三は，平野紡績の技術者として英国へ留学したが，技術者不足から尼崎，摂津の紡績会社でも技術部門の責任者になった。そして，彼らのように海外で専門技術と知識を修得した技術者によって，日本の紡績産業の技術移転が進んだのだった。

　しかも丈夫や恭三の働きは，技術者だけでは終わらなかった。当時の会社は資本家が重役となるのが常だった。その多くは事業経営や技術に対して専門知識をもたず，会社にも毎日出勤することはなかった。会社の事業内容を熟知していた丈夫と恭三は，やがて専門経営者となった。しかし，その過程で，「大阪というところは金がないと人間の値打ちがないところで，意見があっても問題にされない」（新田［1948］）と恭三が述懐しているように，両者とも技術者軽視の風潮の中で，株主との関係には苦心していた。二人は，このような偏見と困難を乗り越えて，専門経営者としての地位を確立していった。

　ところが，経営者となって以降の両者の企業家活動は異なった。大阪紡績は丈夫が経営者となって以降，初期の好業績を超えることはなかった。工場火災や不況といった不幸もあったが，丈夫の采配では業績の低迷から抜け出すことはできなかったといえる。一方，恭三は巧みな製品戦略によって，尼崎紡績，摂津紡績をそれぞれ業界第4位と6位にまで成長させた。両社が合併し大日本紡績となった後も，経営者として成長を持続させた。その経営手腕は紡績業にとどまらず，晩年は銀行業でも目覚ましい活躍をみせた。

　いずれにしても日本の産業革命の過程で，丈夫や恭三のように海外留学によって先進的技術を身につけた技術者が，株主の圧力や偏見にに抗いながら経営

者の地位を得ていったことは，財閥系以外の会社における特徴的な専門経営者への経路といえる。

★参 考 文 献
- テーマについて
    - 三瓶孝子［1941］『日本綿業発達史』慶應書房。
    - 飯島幡司［1949］『日本紡績史』創元社。
    - 宮本又郎［1999］『企業家たちの挑戦』（日本の近代11）中央公論新社。
    - 阿部武司・中村尚史篇著［2010］『講座・日本経営史2　産業革命と企業経営 1882～1914』ミネルヴァ書房。
- 山辺丈夫について
    - 加藤幸三郎［1986］「山辺丈夫と近代的紡績業」永原慶二・山口啓二編『講座・日本技術の社会史 別巻2　人物篇 近代』日本評論社。
    - 大津寄勝典［1993］「日本紡績業における最初の技術導入——山辺丈夫の企業者活動」『中国短期大学紀要』24。
    - 石川安次郎［1923］『孤山の片影——山邊丈夫伝』成美堂出版。
    - 東洋紡績株式会社編・刊［1986］『百年史——東洋紡（上）（下）』。
- 菊池恭三について
    - 新田直蔵編著［1948］『菊池恭三翁傳』菊池恭三翁傳記編纂事務所。
    - 藤本鐵雄［2001］『菊池恭三伝——近代紡績業の先駆者』愛媛新聞社。
    - ユニチカ株式会社編・刊［1991］『ユニチカ百年史（上）（下）』。

CASE 3

電気通信機ビジネスの発展を促した企業家

沖牙太郎（沖電気）と岩垂邦彦（日本電気）

❏ はじめに

　1869（明治2）年9月，横浜・東京間の電信線架設が着工され，12月には公衆電報の取扱いが始まった。そして，1872年，電信事業の官営が閣議決定されている。1875年には，不十分ではあったが，北海道から九州への幹線電信路ができあがった。電報の大部分は経済関係の情報であり，情報の偏在を修正するという点でビジネスへのインパクトはきわめて大きかった。

　従来の郵便輸送による通信は，郵便物を輸送配達する限り物理的な限界を有していたが，電気通信はその限界を打破しつつ，飛躍的に通信の速度を高めた。ただ，電信は電報局へ打電に行く手間がかかり，相手の返事を即座に聞くことはできないという課題があった。その点，電話は双方向通信の原型として，情報交換のコストを一挙に引き下げた。1876年にアメリカのグラハム・ベルが発明した電話機は，翌年には日本に輸入され，工部省で実験が開始された。工部省において電話機の製造が試みられるが，それと前後して1878年に田中久重が「伝話機」の製作に成功した。

　電話機が初めて実地に使用されたのは，内務省と警視本庁に電話線が架設された1878年5月のことであった。近代国家への道をひた走った明治政府は，近代的通信事業のもつ社会経済的，文化的な役割の重要性に注目し，郵便事業とならんで1872年9月に電信事業を官営とし，89年3月には電話事業の官営方針を閣議決定した。政府は，その後の電話需要の増大に対応するため，1896年を初年度とする7カ年計画による電話拡張計画を立案・実施した。その後も，2次，3次の電話拡張計画を立案・実施し，通信インフラの整備に邁進した。通信機器の製造についても民間ビジネスの企業家精神に大きな期待が寄せられたのである。そのような状況の下で，現在の沖電気工業と日本電気は，電気通信機ビジネスの発展に大きな役割を果たした。

　本ケースでは，明治・大正期の電気通信機ビジネスの発展と企業家活動の関係について検討する。中でも国産技術主義を標榜した沖牙太郎と，外資提携を通じて資本・技術・経営の面でビジネス立ち上がり時点でのリスクを軽減する意思決定をとった岩垂邦彦の企業家活動を比較・検討し，当時の電気通信機ビジネスの発展と限界について考察する。

沖 牙太郎
「国産の沖」をめざして

沖牙太郎　略年譜

年	年齢	事項
1848（嘉永元）年	0歳	広島県沼田郡新庄村に誕生
1874（明治7）年	26歳	郷里を離れて上京，電信寮製機科の雑役となる
1875（明治8）年	27歳	製機科勤務技術一等見習下級となる
1877（明治10）年	29歳	電信寮は電信局と改められ，工部9等技手2級を経て1級に昇進する
1879（明治12）年	31歳	工部8等技手2級を経て1級に昇進する
1881（明治14）年	33歳	電信局を退職し，明工舎を創立する
1885（明治18）年	37歳	ロンドン万国発明品博覧会に漆塗り電線を出品し，銀牌を受ける
1889（明治22）年	41歳	明工舎を沖電機工場と改称
1896（明治29）年	48歳	沖電機工場の営業部門が独立し沖商会と称す
1898（明治31）年	50歳	アメリカのウエスタン・エレクトリック社との提携交渉が頓挫する
1899（明治32）年	51歳	合名会社沖商会を設立し，沖電機工場の営業権を引き継ぐ
1900（明治33）年	52歳	合名会社を解散し，匿名組合に改組する
1903（明治36）年	55歳	第5回内国勧業博覧会に並列複式交換機その他を出品し，名誉銀牌を受ける
1906（明治39）年	58歳	死去

CASE **3**　電気通信機ビジネスの発展を促した企業家

1 沖牙太郎の修行と独立

(1) 沖牙太郎のキャリア

　沖電気工業の創業者である沖牙太郎は，1848（嘉永元）年，広島県沼田郡新庄村の農家の6人兄妹の末子に生まれた。広い水田をもち，代々，村役をつとめた沖家ではあったが，酒好きの父親の代で家運は傾いていった。両親は，少年時代から技能をもって身を立てる職業を志望した牙太郎の希望に沿うかたちで，植木職の吉崎家に養子に出した。牙太郎は吉崎家に養子に入った後，植木職ではなく銀細工師について技能の習得に熱中した。しかし，幕末から明治にかけての時代の激動は，牙太郎の身辺にも大きな変化をもたらした。武士階級の没落により，銀細工の注文は激減していったのである。

　1874（明治7）年1月養家を飛び出した牙太郎は，横浜を経て東京に向かい，4月，同郷のつてで工部省電信寮修技校の校長原田隆造の書生になった。そして，付設の製機所に出入りするうちに工作の能力を高めた。牙太郎は7月から田中久重宅に寄寓し，月末には工部省の御雇になり，8月には電信寮の雑役に採用された。その後，1875年5月には機械製作に携わっていった（小林[1970]）。

　牙太郎は，電信寮に勤務する前に田中久重配下の職人集団の一員として通信機製作作業に従事し，電信寮勤務後もお雇い外国人ルイス・シェーファーから指導を受け，精密加工技術の習得に努めた。

　電信の創業から1874年末まで，電信寮は欧州から多くの機器を輸入していたが，その後，製機所や国内業者への発注が行われ，電線を除いて輸入は減少していった。この頃，製機所と田中久重との関係は緊密さを増し，その後，通信機器製造が増加するにつれ，工場の建設，設備の拡充，職工の増員が相次いで行われている。あわせて，田中久重の工場と職人集団は製機所に統合されることとなり，電信機器の内製化が指向された。

(2) 明工舎の創設——通信機ビジネスの独立自営

　牙太郎は，電信局（1877年1月，官制改正により電信寮が改称）在職中の79（明治12）年9月，芝西久保桜川町に長屋を借りて，電信局の下請作業を始め

た。職工数人を置き，牙太郎は役所の勤務を終えて作業を手伝った。電信局の荒木勘助や製機所の加藤籐太郎も加わっている。そして，1881年1月，牙太郎は電信局を退職し，京橋区新肴町に明工舎を創設した。住居と工場が一体となった設立時の明工舎は，牙太郎を除くと10人ほどの陣容で電話機，室内電鈴，表示器，避雷針などの製造・販売を行った。

しかし，明工舎の経営は，民間での通信機需要の伸び悩みが災いして，開業後1年ほどで経営困難に直面した。牙太郎は，製品の売り込みに奔走しながら，他のビジネスの可能性を探った。周辺工業も育っていない段階では，あらゆる部品を自製せざるをえなかった。そのため，通信機器に使用する電線の製造が，しだいに重要な業務になっていった。電信局勤務時に考案した漆塗り電線（エナメル線）が，1885年1月のロンドン万国発明品博覧会で銀牌を受け，電線製造を本格化させた。当時，電信局製機所が最大の通信機生産能力を有し，明工舎のような民間企業が通信機ビジネスを拡大していくには，時期尚早であった。

2　沖電気への改称とWE社との提携交渉

(1)　沖電気への改称

1880年代後半には，東京に電灯会社が相次いで設立され，ガス灯とともに白熱電灯が街路を照らすようになった。明工舎は，引き込み線や被覆電線の需要の拡大を見込んで，工場設備の拡大を実施した。これと前後して，明工舎は社名を沖電機工場と改称した。

1890（明治23）年には，東京・横浜間に官営電話事業が開設され，東京155件，横浜42件の加入者が生まれている。加入者の多くは，官庁，新聞社などが主なものであった。開業当初の電話機は，通信省製機所と沖電機工場の手になるものであった。交換機については，アメリカのウエスタン・エレクトリック（WE）社から輸入した製品を使用した。その後，電話加入者の増加につれて，新鋭交換機の導入が行われ，その設置や保守については沖電機工場が担当した。牙太郎以下の技術陣は，外国製の交換機を徹底的に分析し，模造・国産化へと進み始めた。この頃，東京の電話，電鈴，避雷針などの敷設工事は，ほとんどが沖電機工場の手になるものであった。

沖電機工場は，1894年11月，京橋新栄町に新工場を建設し，日清戦争の軍

需に対応したほか，96年4月にスタートした第1次電話拡張7カ年計画を発展の契機にすることに成功した。総額1280万円を投入し，東京，横浜，大阪などの電話施設を拡充するとともに，新たに40都市に交換局を新設し，2万2000件余の新規加入者を見込んだ7カ年計画の実施は，沖電機工場の業容を拡大させたのである。電話機器，電線ケーブル類の需要は急増して沖電機工場の生産額は増大し，1896年99人であった職工数は，1902年には261人へと増加した（長谷川［2007］）。

　交換機や電話機の需要拡大は，逓信省が基本としてきた逓信省製機所による自給生産の維持を困難にし，また，国内通信機メーカーの製造能力と技術力の限界もあいまって，通信機器の輸入額の増加をもたらした。海外発注の増加に伴い，国内通信機メーカーや貿易商社が輸入品取扱いに乗り出した。沖商会（1896年，沖電機工場の営業部門が独立）もこの機をとらえて，輸入品取扱いを拡大した。

　競争入札方式による逓信省の購買では，条約改正に伴う1900年の逓信省令にいたるまで外国会社の入札参加は認められず，WE社は直接逓信省への納入者になることができなかった。つまり，通信機メーカーで輸入業務を行うものか，もしくは機械商や貿易商社を通じてしか，逓信省に製品を供給することはできなかった。言い換えれば，国内メーカーや国内商社が，同じWE社製品によって競争入札に応ずるかたちとなっていたのである。

　沖商会はWE社製部品を輸入して，自社製部品とともに組み立てて電話機を完成させ，通信機メーカーとして，輸入商社よりも低価格での応札に成功した。

(2) WE社との提携交渉とその破綻

　1896（明治29）年に始まる第1次電話拡張計画の実施は，世界最大の通信機器メーカーWE社の日本進出の契機となった（表1）。同社は，1896年，外国担当支配人H. B. セーヤーを日本に派遣し，次年度以降の注文を獲得する一方，日本における電話事業の将来性や進出の可能性を探った。セーヤーが日本市場の将来性や進出可能性について，具体的な助言を求めたのが，代理商として日本の政府や需要家の事情に詳しい岩垂邦彦であり，逓信省による電話拡張事業の技術部門の責任者である逓信省工務課長大井才太郎であった。彼らの答えは，

表1　通信省の第1次電話拡張計画の実績

年度	電話取扱局数 （年度末）	加入数 （年度末）	積滞数 （年度末）	市内通話度数 （年間，千度）	市内発信通話時数 （年間）	市外回線 （累計，里）
1896	31	3,232	6,508	12,016	222,326	222
97	38	5,326	10,239	16,058	284,502	372
98	53	8,064	6,915	27,365	341,392	1,245
99	72	11,813	15,002	47,176	537,861	1,960
1900	103	18,668	25,278	65,845	733,227	2,176
01	204	24,887	22,842	89,346	809,975	2,544
02	314	29,941	23,352	117,423	924,781	2,802
03	355	35,013	21,033	130,396	1,147,409	3,031

出所：日本電気［2001］39頁。

いずれも肯定的なものであった。

　セーヤーの報告に基づいて，WE社は日本進出を決定し，日本企業との提携を模索した。1897年には，セーヤーの秘書W. T. カールトンが来日して，WE社の日本側代理商である岩垂邦彦とともに，日本進出の具体的な方策を検討した。そこで，牙太郎が率いる沖商会との提携案が浮上した。

　当時の沖電機工場は，日本で唯一の民間電話機専門メーカーであり，通信省の電話交換局に納入されたWE社製の交換機の据え付けから保守・修理まで担当し，WE社とはすでに一定の関係を築いていた。カールトンが牙太郎に示した条件は，1899年に予定される条約改正の後，WE社と沖商会の共同出資による新会社を設立して，電話機製造を独占しようとするもので，条約改正までは，沖商会をWE社の代理店にするというものであった。具体的にその内容をみると，①新会社の株式は一部WE社がもつが，経営は牙太郎に一任する，②最新の交換機技術をはじめ，ベル・システムが有するすべての特許・発明などの情報を新会社に提供する，③機械，設備，工具，材料などは，WE社が良質・安価に必要なだけ提供する，などという内容であった。

　WE社からの先進技術の導入と機械設備の有利な条件での調達，しかも牙太郎の経営を保証するという条件は，魅力的であった。しかし，牙太郎は即答を避けるとともに，海外のビジネスに詳しい岩垂に仲介を申し入れた。

　1898年3月，沖商会とWE社との契約書が作成段階に入ると，牙太郎はいったん代理店契約に署名した。しかし，その後のWE社側の姿勢の変化，つ

まり従来どおりWE社製品の取扱いについて，高田商会と大倉組を含めた競争を続けさせるという方針を理解すると，牙太郎の態度は硬化し交渉は暗礁に乗り上げていった（長谷川 [2008]）。交渉の失敗には，上に述べたWE社側の機会主義的な方針とあわせて，牙太郎の国産通信機メーカー創業者としてのプライドを指摘することができる。交渉過程でWE社の経営姿勢に疑念を抱いた牙太郎は，せっかく独立し，国産電話機メーカーを立ち上げ，ようやく事業が緒に就いたばかりなのに，WE社と提携することは，国産メーカーとしての地位を放棄することになるばかりか，ひいては外資に乗っ取られてしまうのではないか，という危惧を有していた。そのような牙太郎の懸念は，その後の交渉の進捗に大きな影響をもたらした。最終的に，5月を迎えて両者の交渉は打ち切られたのである。

3　技術蓄積とその限界

（1）　外国製品の模造と国産化

牙太郎は，「お雇い外人技師から見下されるように模倣技術を教えてもらうのでなく，日本人の頭と手で新製品を開発していこうではないか，やる気があればできるはずだ，そのことが国への奉公になる」という考えの持ち主であった（日本経営史研究所編 [1981]）。製機所時代に仲間とつくった研究グループ「ヤルキ社」も，その考えに共鳴した人々の集まりであった。ヤルキ社に集った人々は，独創的な技術開発に打ち込んでいる。牙太郎は，先にも述べた漆塗り電線の開発に成功した。他の研究仲間も，輸入品に依存してきた製品の国産化を果たしていった。輸入品抑制への貢献が認められ工部省から賞されると，牙太郎は独立の野心を実現すべく明工舎の創設に向かった。

製機所在職中に蓄えた資金と同僚からの借入金によって開業した明工舎は，「3台の小型旋盤と手製の道具をもって，電信機であれ電話機であれ，あるいは当時流行の医療機械であれ，絶対にお客に失望させないものをつくるという意気込みだった」（同上）。事実，1881（明治14）年，明工舎の開業の年には，声が明瞭に通じないベル式電話機の改良に成功している。その後も，ドイツ製の軍用携帯電信機の模造に成功し，軍の装備の近代化に貢献した。また，1890年の官営電話事業の開始に伴って輸入されたWE社製の交換機の組立，調整，

設置やメンテナンスは，沖電機工場の担当であった。それらの作業を通じて，同社は技術の吸収と消化に努めたのである。1896年に開局した東京中央電話局浪花町分局には，WE社製の直列複式交換機とならんで国産初の沖製品が設置されている。また沖は，1902年，並列複式交換機の国産化にも成功して東京長崎局に納入した。

この間，WE社との提携話が破綻して1898年に日本電気が設立されると，競争は激化することが予想された。牙太郎は，通信省とのつながりを強化し，中国の通信事業に進出するため，1899年，元通信省電務局長の吉田正秀と折半出資で合名会社沖商会を設立し，沖電機工場の営業権は新会社に引き継がれた。しかし，中国への輸出が思いのほか不振であり，翌年には合名会社を解散し，匿名組合に改組した。これを機に，牙太郎は一線から身を引いている。

沖商会は中国輸出では躓いたが，国内での事業は順調であった。工場を相次いで拡張し，電話拡張計画の需要に対応した。計画の中でも交換機の主体であった並列複式交換機に関して，沖商会はWE社製品の組立を通じて技術を習得した。また，沖はデルビル，ソリッドバッグの2タイプの電話機の試作にも取り組み，1899年にはその製作に成功した。

(2) 技術提携による発展

1906（明治39）年5月，沖牙太郎は58年の生涯を閉じた。彼の死後，沖商会は，匿名組合から合資会社に改組し，牙太郎の妻タケが無限責任の代表社員に就任した。重役陣は，長男の2代目牙太郎をはじめ沖家の一族と創業以来の功労者で固められた。また，資本金60万円のうち67％を引き受けた有限責任社員の代表として，相談役に浅野総一郎が就任した。浅野は牙太郎と姻戚関係にあり，人事権や業務全体に対する監督権を掌握し，沖一族を支援した。その後，浅野は1912（大正元）年に沖電気株式会社を設立し，取締役会長に就任する。従来の沖商会が製造を，沖電気が営業をそれぞれ担当した。官庁入札に2年以上の操業実績を必要としたため，便宜上，沖商会を存続させ，1917年2月，沖電気は沖商会を合併した。翌1918年になると，沖家の人びとは退職し，浅野総一郎が率いる会社として再出発した。

この間，工業の発達と人口の都市集中により電話に対する需要も増大し，1907〜12年には第2次電話拡張計画が実施に移された。電話加入者をそれま

での3倍に増やす計画は、電話交換局を400以上新設するという内容を伴っていた。この計画は、途中、政府の緊縮財政政策により予算削減の措置を受けたが、受益者負担の考え方を取り入れることで、6カ年計画の目標値を4年間で達成するという成績をあげた。また、第2次拡張計画においては、新型の交換機の全面的採用を通じて、量的拡大にとどまらず質的な進歩をめざした。

電話機のハンドルを回して交換手を呼び出す加入者の手間をはぶき、小型で故障が少ない共電式交換機の採用は、1909年、WE社製品の輸入によって成し遂げられている。以降、相次いで設立される交換局の交換機は、WE社製品が占めた。沖が純国産の共電式交換機を東京高輪分局に設置したのは、WE社の1号機から9年も経った1918年のことである。日本電気よりも3年遅れであった。製作のための部品材料は国内では調達できず、調達できても性能・品質が満足のいくものではなく、輸入に頼らざるをえなかった。また、主要部品の多くはWE社の特許に抵触した。これらの課題を1つずつ解決していく長い道のりであった。すでに、第2次拡張計画は終了し、第3次拡張計画（1916～20年）が実施に移されている最中であった。この経験は、沖の首脳陣に海外の先進技術導入を促す契機となった。さらに、1923年の関東大震災後の復興過程において、逓信省が電話の自動交換化を進める方針を打ち出したことが、沖の将来設計に大きな影響を与えた。

1926年1月、東京京橋局から自動交換が開始され、日本電気や富士電機製造が輸入代理店として受注し外国製の交換機が導入されていった。海外メーカーとのつながりをもたない沖電気は、手動式交換局の設備の復旧に終始した。巨額の工事費を要する自動交換機への切り替えは京浜地区の主要な電話局に限られていたため、当面は旧来方式の復旧に関わる沖電気の業績に影響はなかったが、自動交換機への対応は急務であった。

そこで沖電気は、海外の有力な自動交換機メーカーと代理店契約を結ぶとともに、技術提携して自動交換機を国産化する方向に動いたのである。自動交換に必要な高い技術水準を達成し、いち早く外国メーカー依存から脱却するためには、外資提携による技術吸収の道を進むのが適切な選択であった。提携相手に選んだのは、英国のゼネラル・エレクトリック（GE）社であった。1926年9月に沖電気とGE社との技術提携契約が締結され、3人の技術者がGE社のピール・コナー電話機器製作所に派遣された。彼らは、自動交換機生産に必要

な機械，工具，材料の調達や技術研修に励んだ。

1927（昭和2）年，東京芝浦に完成した自動交換機専門工場において，英国派遣から帰国した3人の技術者とGE社から派遣された2人の英国人技師の指導により，工場管理の近代化が始まっている。自動交換機生産を機に，従来の生産方式に関わる問題点の改革が企図されたのである。

(3) 連合請負制度の解消

当時，沖電気においては，連合請負制度と呼ばれる生産方式がとられていた。その内容について，同社社史は次のように説明している。

「一つの機械を製作するには，多くの専門職種を必要とする。鋳物，旋盤，鍛造，メッキなどの各分野に熟練工がいて，さらに部品ごとに細分される。そうした各分野の技能は徒弟的に教え込まれ，その頂点に組長（親方）がいる。会社は新しい機械を製作するとき，組長と請負契約を結ぶことがある。生産性を上げるためと，彼らの専門技能を向上させるためだ。難解な図面を渡し，その製作を請け負わせると，彼らの職人気質が難問を解決してくれる。職人的な技能が請負代金で評価されるから，彼らの士気は上がる。一枚の図面をもとに舶来のものに劣らない部品をつくりあげたという満足感と誇りがむくいられる」（日本経営史研究所編［1981］125頁）。

従来，沖電気における専門技能の蓄積を果たしてきた連合請負制度は，他方で，次のような問題点をはらんでいた。

「熟練工である組長は，その職人気質から新しいものに出会うと拒絶反応が先行する。それぞれが永年の経験に照らした治工具を個人所有し，他のものを受け入れようとしない。自分なりのやりかたで，自分なりの工具を使って，与えられた図面のものをつくりあげる。それは名人芸ではあっても，合理的とはいえない。より簡単な方法で，より正確につくれるソフトウェアが提案されては困る，という空気になってくる」（同上，125～126頁）。

「グループごとに技能を競うのはよいが，製作の早さに違いが出てくる。治工具やゲージが各自製だから部品の誤差も出る。何十という工程をへて，何百という部品を組み立てて成り立つ電話交換機などの場合，一グループの部品製作が遅れても機械の全体は仕上がらないし，部品の誤差が違ってくると全体がうまく機能しない」（同上，126頁）。

連合請負制度は，端的に表現すれば，技術進歩にとって障害となり始めたのである。自動交換機のような技術水準の高い製品の生産には，同一の治工具，統一されたゲージで品質を管理し，計画的な工程管理による生産が不可避であった。連合請負制度は，「一般に生産性の低い時代には，それを高めるための刺激的な働きをした。しかしその反面，職場の空気が保守的となり，新しい生産技術の導入に対して抵抗的になる点で，制度の改革や技術の進歩をはばむ要素もあった。また，個々の職場が自律的に行動するために全体としての管理の実施が困難となり，工場管理の近代化を遅らせるおそれがあった」のである（一寸木［1992］）。連合請負制度の解消は，技術進歩と企業間競争という環境の下での必然的な結果であった。自動交換機専用の最新工場で，会社主導の品質管理と工程管理のための諸改革が進み，1928（昭和3）年末には交換機の機構，部品の大部分の国産化にこぎつけた。

岩垂 邦彦
外資提携を軸として

岩垂 邦彦 略年譜

1857（安政4）年	0歳	福岡県企救郡篠崎村に生まれる
1882（明治15）年	25歳	工部大学校を卒業し，工部省電信局に勤務する
1886（明治19）年	29歳	逓信省を辞し渡米，ニューヨークのエジソン・ゼネラル社に入社
1888（明治21）年	31歳	大阪電灯の技師長に就任
1895（明治28）年	38歳	大阪電灯を辞し，大阪市においてゼネラル・エレクトリック社代理店を開設。さらに，ウエスタン・エレクトリック社代理店となる
1898（明治31）年	41歳	日本電気合資会社を設立し，代表社員に就任
1899（明治32）年	42歳	日本電気株式会社を設立，専務取締役に就任
1905（明治38）年	48歳	アメリカのウエスタン・エレクトリック社を訪問
1926（大正15）年	69歳	専務取締役を辞任，取締役会長に就任
1929（昭和4）年	72歳	取締役会長を辞任
1941（昭和16）年	84歳	死去

CASE 3　電気通信機ビジネスの発展を促した企業家

1 代理店業務と日本電気合資会社の設立

(1) 岩垂邦彦のキャリア

日本電気の創業者である岩垂邦彦は，1857（安政4）年，福岡県企救郡篠崎村の喜多修蔵の二男として生まれた。7歳のときに岩垂茂の養嗣子となり，1875（明治8）年，工部大学校に入学して電気を専攻し，1882年に卒業すると工部省に勤務した。岩垂は，工部省製機所が製作して設置した電話機や交換機の保守点検作業を業務とした。いまだ品質が不十分な電話機の保守作業は繁忙を極め，電話アレルギーになるほどであったという。

1886（明治19）年，逓信省（工部省は1885年に廃止され，その事務は農商務省，逓信省，大蔵省などに分掌された）を辞した岩垂は，渡米してエジソン・ゼネラル社に見習い技術者として入社した。そして，同社でアメリカ式の経営と技術開発について学んだのである。その後，岩垂は大阪電灯の技師長を経て，大阪でGE社製品の輸入商を始めた。GE社の電灯，電気鉄道，鉱山用電気機械などが輸入された。さらに，岩垂は，WE社の代理店にもなり，日清戦争後の電気機械の市場拡大の波にのって経営は順調であった。

(2) 日本電気合資会社の設立

沖牙太郎の項でも述べたように，WE社の日本進出の提携先として浮上した沖商会との交渉について，W. T. カールトンとともにその任にあたった岩垂は，交渉の頓挫に際して，自らが提携の当事者になることを提案し，カールトンの支持をとりつけ，外国担当支配人セーヤーも了承した。条約改正による直接投資が間近に迫っていたこともあり，岩垂は経営危機の最中にあった三吉電機工場を買収して新会社を設立し，条約改正を待ってWE社との提携に歩を進める方策をとった。

当時の通信事情からWE社がカールトンと調整する時間は少なく，買収と新会社設立準備は，岩垂邦彦，前田武四郎，カールトンの3人で実質的に進められた。前田は，岩垂の友人であり，かつて三吉電機工場に技師として勤務した経験をもつ技術者であった。前田は，日電商会という輸入商社を営んでおり，逓信省の入札資格を有していたことが大きな意味をもった。

日本電気合資会社は，1898（明治31）年9月1日，資本金5万円で発足した。代表社員には岩垂邦彦が就任して4万円を出資し，1万円を前田が出資した。社内では，カールトンがWE社の仕事を続けるかたわら，7月に控えた合弁企業設立に向けた準備を進めていた。当時の主だった従業員には，岩垂の部下だった成瀬精一郎，高田安三郎，そして前田が日電商会から連れてきた細野道三郎，浜田忠蔵，野口寅吉らがいた。また，通信省製機所から亀山咲蔵が入社し，工場主任格で製造を担当した。

　日本電気合資会社の営業種目として，電気機械その他の諸機械および器具・付属品の製造，外国・内国製電気機械その他の諸機械および器具・付属品販売，電気事業工事の設計・請負，被覆銅鉄線・裸銅鉄線の販売，が挙げられている。WE社の電話機，交換機，その他付属品を取り扱い，従来，岩垂が取り扱ってきたGE社製品も扱っていた。1904年12月，日本電気はWE社の独占的販売権を取得した。

2　日本電気株式会社の設立と技術導入

（1）　日本電気株式会社の設立

　1899（明治32）年7月17日，日英通商航海条約ほかの改正条約実施当日，日本初の外資系企業として日本電気株式会社は設立された。前年の日本電気合資会社設立から，新しい合弁企業設立の準備は着々と進められており，その中心であった岩垂，前田，カールトンが，株式会社設立後も経営の中枢を担った。1914（大正3）年までは，WE社が直接株式を所有することはなく，同社から日本電気への派遣者を中心に個人の名義で株式は所有されている。当初の株式所有率は，岩垂をはじめとした日本側が46％，アメリカ側が54％であった。社長制は導入されず，専務取締役に岩垂邦彦，取締役にカールトン，クレメント，監査役に前田武四郎と藤井諸照が就任した。

　日本電気の課題は，WE社の世界戦略との関係において，第1次電話拡張計画を市場機会として，日本市場で地歩を固めることであり，ひいてはWE社の東アジア進出の拠点になることであった。換言すれば，世界最大の電話関連機器メーカーWE社は，欧米以外での初めての合弁会社を通じて，文化も風土も異なるうえに，国産メーカーの沖との激しい競争の中で，その地位を向上

表2　日本電気の販売高

(単位：円，%)

年度	WE社製品 (A)	他輸入品	日本電気製品 (B)	他国産品	販売高計 (C)	WE社製品比率 (A/C)	日本電気製品比率 (B/C)
1899	37,998	50,476	5,289	1,616	95,379	39.8	5.5
1900	718,799	157,350	62,743	4,995	943,887	76.2	6.6
01	435,635	71,653	201,423	2,325	711,036	61.3	28.3
02	502,422	77,633	91,748	11,064	682,867	73.6	13.4
03	257,358	68,702	116,376	38,396	480,832	53.5	24.2
04	85,748	168,796	206,285	39,954	500,783	17.1	41.2
05	128,524	308,106	294,496	61,875	793,001	16.2	37.1
06	203,652	316,024	299,179	165,587	984,442	20.7	30.4
07	458,889	432,836	457,901	283,015	1,632,641	28.1	28.0
08	454,565	437,090	694,031	442,054	2,027,740	22.4	34.2
09	762,289	348,187	705,421	360,770	2,176,667	35.0	32.4
10	739,007	338,572	895,937	295,761	2,269,277	32.6	39.5
11	951,805	553,080	1,023,761	378,067	2,906,713	32.7	35.2
12	866,960	441,759	1,397,889	545,062	3,251,670	26.7	43.0
13	184,439	460,321	800,083	595,224	2,040,067	9.0	39.2

注1：1899年度は，1899年9～11月の3カ月間。1900～10年度は，前年12月～当年11月の12カ月間。1911年度は，前年12月～当年12月の13カ月間。1912～13年度は，当年1～12月の12カ月間。
注2：他国産品には荷造運賃を含む。
出所：日本電気［2001］46頁。

させることを企図した。また，1904年にWE社と独占的販売契約を結んだ日本電気のテリトリーは，日清戦争後に植民地となった台湾などを含む日本領土と中国，朝鮮半島であった。しかも，オープン・テリトリーとされたフィリピンについても，地理的に近い日本電気に優先権が与えられ，設立当初から東アジア地域との取引は重要なものとなっていたのである。

しかし，単にWE社の海外拠点という性格にとどまらず，日本電気はWE社製品を基礎にしながらも改良を施し，自社製品の比率を高めていった。日本のユーザーのニーズに応じた柔軟な対応を見せたのである（表2）。

(2) 日本電気における技術蓄積

先に見たように，日本電気は発足当時，買収した三吉電機工場を利用しており，その設備は，白熱電灯用発電機や電車用モーターの製造に利用されていたものであり，電話機生産には最適ではなかった。しかし，それまで操業してい

た工場をそのまま活用することで，新会社のスタート・ダッシュが可能となったこともまた確かであった。技術蓄積がなく，機械設備や必要な材料も不足し，熟練工もいないという苦境の中で，逓信省製機所や沖商会との競争を強いられ，しばらくは電話機や交換機などWE社製品の輸入販売に注力した。輸入品の保守・修繕，部品の生産と組立は輸入販売にとっても不可欠な作業であり，それらの作業のかたわら，電話機の新規製造への模索が始められた。

　輸入品販売が業務の中心であったが，自社生産の拡大を企図するうえで，旧三吉電機工場の敷地と設備ではその余地がなく，火災などに対する安全性を確保するという点から，提携後の1902（明治35）年に新工場が建設され，WE社の中古機械が据えられた。それらの機械は中古とはいえ，当時の日本では最新鋭のものであった。WE社からは技術者が派遣され，工程・工作方法・道具の使用法などを指導し，製品はすべてWE社の仕様書によって製作された。新製品を分解して図面を作り，自家生産することのできる製品を1つ1つ増やしていった。また，1907年頃には従来の蒸気から電気を動力とする設備への更新が行われ，「蒸気機関に直結して工場の天井を走るメイン・シャフトを中心として，ベルトをつなげる範囲に1列に並んでいた各種機械がシャフトから解放された。そして，それぞれの機能に応じ，また生産の流れに沿って自由に場所を選ぶことができるようになった……いよいよマスプロ時代への第一歩を印することになったのである」（日本電気［1972］）。

　日本電気の創立当初，WE社は，日本電気をWE社の東京工場として欧米の関係会社で製造した電話機器の輸入・販売とその保守・修理をその任務と考えていた。しかし，日本における電話需要の拡大や他社との競争の激化は，日本電気に顧客ニーズに迅速に対応し，コスト面での大幅な改善を要請した。さらに，政府による外貨節約要求にも応える必要があった。こうした事情は，日本電気による自社生産への道を後押しし，従来の完成品輸入から完全国産化への努力が始まることになった。そしてそれは，WE社の了解の下に進められた。

　完成品輸入からノックダウン生産の段階を経て自社生産へと踏み出した日本電気は，まずWE社製品の模作から開始した。設立当初の日本電気では，製品の主要図面がWE社から提供されたが，部品などはサンプルからスケッチして製作に取り組むのが通例であった。顧客からの注文にしたがって，WE社製品の改良に取り組むケースも増え，日本電気で新たに設計を行うこともあっ

た。「日本電気は，こうしたWE社製品の改良と，そのための設計図面の蓄積という形で技術を積み上げていったのである」(日本電気 [2001])。

1910年代前半には，日本電気はWE社製品の改良や工具・治具などの開発については設計能力を保有し，次に述べる工場管理の近代化とあわせて生産技術の水準は飛躍的に向上した。同社は，外資系企業としてWE社から世界でも最先端の技術と管理手法を導入し，電気通信機ビジネスにおいて設立の当初から有利な位置を占めた。WE社からの進んだ機械設備の導入は，それに沿った生産体制を整備する必要を生み出すとともに，治具・工具・検査器具の準備も要請され，それらの課題を解決する中で技術を蓄積していったのである。

3 組受取り制度の解体

(1) 組受取り制度の弊害

先に見た沖電気よりも前に，日本電気においても，創業以来続けられてきた「組受取り」といわれる親方請負制度は，その限界を露呈していた。この制度の下では，たとえば，「木工場の親方は電話機の箱を請負い，真鍮鋳物の親方は送話器の口金を請負った。そのほか旋盤加工，組立て，塗装仕上げ，道具方にそれぞれ親方」が存在しており，「部品の生産や機械の組立てなど，一つの仕事の単位ごとに，親方に請負わせる」ことを内容としていた。そして，「会社と契約を結んだ親方は，その仕事に必要な職工（職人）を自分で物色して集め，当社（日本電気——引用者注）の工場のなかで仕事をさせた」(日本電気 [1972])。この制度の下で，親方は生産性や品質の向上に注力した。生産性の向上によって人件費を削減し，品質の確保によって会社との取引関係の継続をめざしたのである。

1905（明治38）年，13年ぶりに提携先のWE社を訪問した岩垂邦彦は，同社の経営管理の諸制度の変貌ぶりに驚愕している。そして，同社に生産技術習得のため派遣していた野坂三郎，江橋親に，それぞれ同社の経理制度と生産管理制度を研究するように命じた。そして，1908年に帰国した野坂と江橋の指導の下で，工場管理の近代化への動きが始まった。

時代とともに組受取り制度の下で，各種の弊害が指摘されていた。製品の種類が増加するに伴い，参加する組の数は増加し，それぞれ相互に工程上の連絡

なしに仕事を進め，工程管理上，重大な問題を引き起こしていた。また，製品の種類の増加や技術の進歩もあいまって生産工程は複雑化し，親方が職人の日給を査定することは困難となった。結果として，職人間の日給はアンバランスになり，親方への不満が昂じていた。加えて，親方による職人の賃金の「ピンハネ」も問題であった。さらに，この制度自体がもつ問題もあった。つまり，賃金支払いは会社と親方との契約期間に左右され，契約の内容によっては長期間職人が賃金を受け取れないケースもあり，職人の生活設計が成り立たないという問題である。

(2) 制度改革と単価請負制度の実施

上に見たような弊害を除去して，近代的な工場管理を達成するために，矢継ぎ早に改革が行われた。まず，会社側から親方に書記を配属して職人の作業記録を整理し，各職人に対する給与計算を担当させた。親方はこれを基礎に，自らの成績評価も加味して給与の支払いを行った。これにより，各職人間の給与のアンバランスは解消した。次に，会社側は職人の生活設計を保証するために，親方に代わって毎月の給与を立て替えるように改めた。

さらに，改革は，産出部，検査部の設置によって進められた。WE社の新型の電話機や交換機の生産が始まると，その技術に対して親方の技術は追いつかず，納入遅れが会社の信用に影響する事態も生まれた。そこで，工場の生産工程を毎日巡回し，予定どおり生産が進行しているかを確認して調整する産出部が設けられた。親方は自分の専門については独裁であったため，産出部の介入に当初は抵抗の姿勢を見せたが，生産性の向上によって自らの利益にもつながることを理解した。

しかし，検査部の設置と検査員の配置は，親方たちの存在意義に関わるものとして大きな反発を引き起こした。技術訓練を受けた青年社員を親方の下に配置し，親方が使う工具，治具，測定器，材料，部品にいたるまで検査したのである。

明確な検査規定もなく，各部品の詳細な製作図面も与えられない状況の下で，職人気質で仕事に取り組む親方の仕事の良否を判断することに対して抵抗があったといえる。そこで，検査規程の制定と親方に渡される製作図面の整備が進められた。各部品の正確な青写真がつくられ，各寸法を指定するなどの図面の

整備が進められることで，品質の客観的な評価が可能となった。親方にとって，品質を高めるとともに生産性を向上させ収入を増大させる意味もあった。親方と会社の技術スタッフとの軋轢は解消の方向へ向かった。

　上に見たように，親方たちとの対立と妥協を繰り返しながら，日本電気の工場管理の近代化は進められた。最終的に岩垂邦彦は，1910（明治43）年，単価請負制度の実施に踏み切った。これは，会社が直接職人を雇用し，単一単価の請負給で仕事をさせる方式で，職人の平均収入は従来に比べて15〜20％増加するように仕組まれていた。これにより，親方という中間搾取者は排除されることになった。会社からは信頼を，職人からは支持をそれぞれ失いつつあった親方たちは，無力であった。親方には伍長という職名が与えられ，工場長—部長—係長—伍長という工場の管理組織がつくり出された。

　「単価請負制度は，職工側からいえば能率給的要素の濃い体系であった」（日本電気［1972］）ため，職工たちは「作業の段取り，工具の改良，機械の手入れ等が大切であることを自然にさとった。彼等は生産に先立って，まず計画を周到にすることを第一と考え始めた。使用工具の改良は，生産の量と質に影響することを知って，技術改良への関心も持ち始めた。機械に対する愛着は，始業前の注油と，終業後の手入れを大切にする慣習を植えつけ」（岡本編［1965］）るなど，工場の雰囲気は大きく変わった。

❏ **おわりに**

わが国の近代化過程における電気通信機ビジネスは，沖牙太郎が創業した沖電気と，岩垂邦彦がWE社と創業した日本電気の2社による激しい競争の中で発展した。沖牙太郎は，「創立当初の信条たる，国産第一主義の伝統的精神によりて，断然輸入品を防遏し，我国通信工業の独立に貢献せむ」（久住編[1932]）という姿勢をもち，輸入品の組立や据え付け，そしてその後のメンテナンスの過程を通じて，1つ1つ技術を習得することに努力した。ただ，WE社との提携交渉に乗り出し，同社との代理店契約にいったんは署名するなど，頑（かたく）なに技術国産主義に固執する偏狭さとは無縁であったといってよい。その意味で，沖牙太郎はチャレンジング・スピリットあふれる企業家であった。そのような沖牙太郎の精神は，その後の浅野総一郎の経営にも引き継がれた。沖電気は，1920年代半ば，国産技術の限界を知ると，すぐにGE社との提携を通じて自動交換機の国産化に乗り出したのである。そして，その過程で伝統的な連合請負制度は解消され，工場管理の近代化も進んだ。

一方，日本電気は創業の当初から提携先のWE社から機械設備を導入した。中古ではあったが，当時の日本では最新鋭の機械であった。WE社から技師も派遣されて工程・工作方法・道具の使用法などについても指導を受け，製品もすべてWE社の仕様書に基づいて製作されている。このように，外資提携企業は，創業当初より提携先の外国企業から経営資源のあらゆる面での支援を受け，あわせて生産管理の近代化も進んだ。その意味で，沖電気よりも有利な状況を享受していた。ただし，国内企業との競争の激化は，コストを含む日本の顧客ニーズに即した製品開発を強く要請し，日本電気の日本人経営者は自社生産の道を歩み始めるのである。

上に述べたように，わが国の近代化過程における電気通信機ビジネスの発展は，国内企業と外資提携企業による激しい競争がその前提であった。それは，技術国産主義と外資提携主義という経営理念のうえでの対立にもつながるものであった。ただし，沖電気が技術上の制約から外資提携に進み，他方，外資提携会社の日本電気が試行錯誤を繰り返しながら国産化の道を歩み始めることから窺えるように，わが国の近代化過程における電気通信機ビジネスの発展にとって，外資との関係を軸に国産化をめざす企業間競争が果たした役割は大きか

った。その意味で，外資との関わりの中でしか国産化の道筋を選択しえなかった当時の限界を知ることができる。

★参 考 文 献
- テーマについて

　一寸木俊昭［1992］『日本の企業経営——歴史的考察』法政大学出版局。
　石井寛治［1994］『情報・通信の社会史——近代日本の情報化と市場化』有斐閣。
　長谷川信［2007］「通信機ビジネスの勃興と沖牙太郎の企業家活動——1874年～1906年」『青山経営論集』第42巻第2号。
　長谷川信［2008］「通信機ビジネスの勃興と沖牙太郎の企業家活動（続）——1874年～1906年」『青山経営論集』第42巻第4号。
　藤井信幸［1998］『テレコムの経済史——近代日本の電信・電話』勁草書房。
- 沖牙太郎について

　小林正彬［1970］「日本機械工業と『からくりや儀右衛門』」『経済系』第83集。
　久住清次郎編［1932］『沖牙太郎』故沖牙太郎伝記編纂係。
　日本経営史研究所編［1981］『沖電気100年のあゆみ』沖電気工業株式会社。
　日本経営史研究所編［2001］『進取の精神——沖電気120年のあゆみ』沖電気工業株式会社。
- 岩垂邦彦について

　岡本終吉編［1965］『岩垂邦彦』岩垂好徳。
　日本電気株式会社編・刊［1972］『日本電気株式会社七十年史——明治32年-昭和44年』。
　日本電気株式会社編・刊［2001］『日本電気株式会社百年史』。

CASE 4

日本の新聞産業の発展と企業家活動

村山龍平（朝日新聞）と本山彦一（毎日新聞）

❑ はじめに

　村山龍平と本山彦一は，朝日新聞と毎日新聞という日本の主導的メディアの創業期とその後の企業成長期をリードした代表的な新聞企業家であった。

　村山，本山の企業家活動を取り上げる理由は，以下のとおりである。

　村山は 1850（嘉永 3）年，伊勢国田丸（現・三重県）の藩士の家に生まれ，明治維新後，士族の将来に見切りをつけ，一族とともに大阪へ出て，雑貨商を営んでいた。その際，1879（明治 12）年 1 月，『大阪朝日新聞』の創刊に協力したことが契機となって，創刊後，経営危機に陥っていた大阪朝日新聞社を譲り受けた。

　1881 年 1 月，社長に就任し，時を同じくして入社した上野理一との共同経営を通して，昭和初期までに同社を日本の代表的な新聞企業に育て上げた。約 45 年に及ぶ相次ぐ経営改革やさまざまな事業アイデアの実践によって，同社は日本を代表する新聞企業へと成長を遂げた。

　一方，本山は 1853（嘉永 6）年，熊本藩の士族の家に生まれ，明治維新期の中で大蔵省，兵庫県庁の官吏を務めた後，福沢諭吉が主宰する時事新報社に入社した。その後，1886 年には藤田組支配人に招かれ，山陽鉄道の経営や児島湾干拓などの事業に携わった。

　本山が新聞事業に携わる契機となったのは，藤田組が出資していた大阪毎日新聞社が経営不振に陥り，相談役として招聘されたことであった。1903 年 11 月，同社社長に就任し，以後 40 年の長きにわたって新聞経営に専念した本山は『大阪毎日新聞』を率いて，村山の『大阪朝日新聞』と激しい競争を展開した。その過程で，全国紙としての体制を整え，毎日新聞を朝日新聞と並ぶ新聞社に育てた。

　村山と本山は，明治初期から昭和前期にかけて日本の新聞がマスメディアへと発展していく時代を切り開いた新聞企業家であった。本ケースでは，日本のマスメディア産業である新聞事業の革新と成長のプロセス，さらには彼らが掲げた新聞経営の理念とはどのようなものであったのか，そして，朝日新聞社と毎日新聞社を日本の代表的な新聞社に成長させた村山と本山の企業家活動について比較・検討する。

村山　龍平

『朝日新聞』の経営と全国紙への成長

村山龍平　略年譜

年	年齢	事項
1850（嘉永3）年	0歳	伊勢国（現・三重県）で，父村山守雄，母鈴緒の長男として誕生
1871（明治4）年	21歳	一家をあげて大阪に移住。その後，西洋雑貨商「田丸屋」を営む
1876（明治9）年	26歳	木村平八と「玉泉舎」を設立，共同経営へ
1878（明治11）年	28歳	五代友厚の提唱により，大阪商法会議所設立。最初の議員となる
1879（明治12）年	29歳	木村平八長男，騰が大阪江戸堀に朝日新聞社を創立し，新聞を創刊
1881（明治14）年	31歳	木村平八が朝日新聞の所有権を村山龍平に譲渡。資本金3万円
1888（明治21）年	38歳	東京朝日新聞を創刊（大阪で発行する新聞を大阪朝日新聞に）
1895（明治28）年	45歳	朝日新聞社の経営を大阪朝日新聞会社，東京朝日新聞会社に分離
1901（明治34）年	51歳	大阪商工協会会頭に就任
1908（明治41）年	58歳	大阪朝日，東京朝日合併，朝日新聞合資会社発足，社長村山龍平，監査役上野理一，以後両名で社長，監査役を1年交代で務める
1915（大正4）年	65歳	本山彦一（大阪毎日）・徳富蘇峰（国民）・黒岩周六（萬朝報）とともに，言論人として初の勲三等叙勲
1918（大正7）年	68歳	国粋団体「皇国青年会」の暴漢に襲われる（白虹事件）
1919（大正8）年	69歳	株式会社朝日新聞社に改組（社長村山龍平，専務上野理一）
1930（昭和5）年	80歳	貴族院議員に勅撰
1933（昭和8）年	83歳	死去

1 新聞企業家・村山龍平の誕生

(1) 新聞企業家への道程

　村山龍平は，1850（嘉永3）年，紀州徳川家の支藩であった伊勢田丸（現・三重県度会郡玉城町田丸）の藩士の家（父村山守雄，母鈴緒）の長男として生まれた。幼名は直輔，その後真木太，22歳で家督を相続し，龍平と名乗った。父守雄は1871（明治4）年，明治維新で生活の転換を余儀なくされ，士族の将来に見切りをつけて一家をあげて大阪に移住した。龍平は1872年，大阪で当時唐物屋といわれた西洋雑貨商の「田丸屋」を開店し，その後76年，木村平八と西洋雑貨商「玉泉舎」を設立して共同経営にあたった。

　村山が新聞経営に関係をもつ端緒となったのが，1879年1月の大阪での朝日新聞社の発足であった。明治前期の新聞には，政治記事，論説を中心にした知識人対象の「大新聞」，市井の出来事を漢字に振り仮名をつけて絵入りでわかりやすく伝える庶民対象の「小新聞」があった。朝日新聞は「小新聞」として出発した。実際の経営には友人の木村騰（木村平八の長男）があたり，編集主幹に津田耿水が就任した。村山はこの時点では朝日新聞との関わりは名義のみで，もっぱら朝鮮半島との貿易に関心を向け，新聞経営にはそれほど興味を抱いていなかった。早矢仕有的（丸善の創業者）の指導を受け，大阪実業界の有力者らとの共同出資によって「大阪共立商店」を設立し，朝鮮貿易に着手し，朝鮮を行き来していたからである。

　創業当初の朝日新聞社では，資本主の木村平八と編集主幹の津田耿水が経営方針を巡って対立した。津田は木村に対して木村父子の個人経営から分離独立し，姉妹紙として「大新聞」を発行することを要求したが，この要求が拒絶されたため，独断で『常磐新聞』を発行するという行動に出た。しかし，木村が休刊処分を通告したことによって津田は退社を余儀なくされ，新たに『魁新聞』を創刊して『朝日新聞』に競争を挑んだ。その結果，『朝日新聞』の発行部数は1万部を割り込んだ。資金難に追い込まれた木村は新聞経営への情熱を失い，村山に経営を譲ることになったのである。村山が新聞経営に携わるようになった時期を同じくして，1880年10月，上野理一が入社した。上野は1848（嘉永元）年，丹波篠山（現・兵庫県丹波市）の豪商の家に生まれたが，家運が

衰退して大阪に出て，兵庫県官吏などを務めた後，朝日新聞社に入社した。

(2) 村山・上野の共同経営

村山龍平の新聞企業家としての実質的なスタートは，1881（明治14）年1月の上野理一を共同経営者とした，出資金3万円（村山2万円，上野1万円）の匿名組合設立であった。

村山と上野による朝日新聞社の共同所有・共同経営体制は，どのように維持されたのか。両者は時に対立しあうこともあったといわれる。当時の朝日社内には，上野の系統の人物として西村天囚，土屋元作，弓削田精一など，村山の系統の人物として，池辺三山，鳥居素川，長谷川如是閑などがいたが，両者は大阪朝日新聞社の共同経営において基本的には利害を共有し，互いに協力者の関係を維持した。経営者として，村山が積極的拡大を推進したのに対し，上野はどちらかといえば，堅実策をとり，裏方的役割を果たした。ここには，両者の個性の違いからくる暗黙の役割分担があったと見なされる。

朝日新聞社が遭遇した数次の経営危機は，この両者が順次改革を進めることによって回避された。後述するように，朝日新聞社は村山・上野の共同経営の下で，①販売競争と最新機械の導入，②誌面刷新と部数増，③全国一の新聞発行部数への成長，④『東京朝日新聞』の創刊と日清戦争報道による部数躍進などを達成し，企業成長を遂げたからである。

(3) 初期の改革

村山龍平が経営に乗り出した直後の1881（明治14）年1月，朝日新聞社に最初の危機が訪れた。記者・小室信介による「平仮名国会論」が新聞紙条例違反に問われ，3週間の発行停止処分を受けたためである。発行停止処分は明らかに政府による自由民権運動の言論活動弾圧の一環であり，収入の道を絶つことによって経営を圧迫するものであった。発行停止は同社にとって初めて体験する試練であり，この処分が長引けば，朝日新聞社が経営的に苦境に陥ることは必至であった。

この危機をかろうじて切り抜けた村山は1881年3月から「近日商況欄」という経済欄を開設した。経済記事というこれまでの「小新聞」にはなかった新しいジャンルを手がけ，創刊時の発行部数2586部は数倍の1万1378部へと増

加した。さらに同年9月，東京，函館，長崎，上海，釜山などに嘱託の通信員を置き，通信網を拡大した。当時，新聞社の報道はその所在地中心の狭い範囲のニュースにとどまり，他地方のニュースはその地方紙から記事を転載することによって補完しあうにとどまっていた。この通信網の拡充が報道に威力を発揮する状況は間もなく訪れた。1882年7月，京城(ソウル)で軍隊が反乱して日本公使館を襲撃した事件（壬午事変）を巡る報道で，『朝日新聞』は号外速報や釜山駐在の通信員を京城特派員とすることなどによって，終始，他紙を圧倒し，部数増につなげた。

2 朝日新聞社の企業成長

(1) 『東京朝日新聞』の創刊と全国展開

「小新聞」としてスタートした『大阪朝日新聞』は1882年（明治15）7月，「吾朝日新聞の目的」と題する一文を掲載し，読者の注目を集めた。掲載の契機となったのは，1890年の帝国議会開設をめざして政党結成が相次ぎ，多くの新聞が政党機関紙化するという風潮の中で，村山龍平は，『朝日新聞』が「政略を論じる」こと以上に，「江湖の新話」「社会の奇事」「勧善懲悪の小補」とすべきものであることを訴えた。言論中心の「大新聞」（政論新聞）に対して，娯楽活動中心の「小新聞」であった『朝日新聞』は政治に加担することなく報道主義に徹するという考え方を述べたものであるが，1880年代半ば以降は，従来の「小新聞」の枠を越え報道・言論活動にも紙面を割くようになり，その編集姿勢は幅広い読者層を開拓しつつあった。

村山の新聞経営の一大転機となったのは，1886年5月の朝日新聞社東京支局の開設である。『大阪朝日新聞』の発行部数が3万部を超えて安定したことをふまえての東京進出であった。ここには，政治・経済の中心，東京からの情報発信が比重を高めていくことへの対応とともに，読者拡張という狙いがあった。そしてその2年後の1888年6月，旧自由党幹部であった星亨によって経営されていた『めざまし新聞』を買収し，『東京朝日新聞』を創刊した。これに伴い，大阪の『朝日新聞』は翌年から『大阪朝日新聞』と改題された。

『東京朝日新聞』の創刊は全国展開の契機となり，そこにかける村山の情熱は尋常ではなかったといわれる。『村山龍平伝』(1953年)によれば，創刊直後

は自ら編集長を務め，「毎日自ら編集室に詰きり，八方から集まる原稿に目を通しながら記事の出所からその内容の是非，書き方の巧拙に至るまでを注意し，常に朱筆を手から離すことはなかった」。その後，村山は1908年，東京朝日新聞社を合併・統合し，東西一体の経営体制を確立した。

(2) 大量発行体制の整備と販売競争

村山龍平は大衆社会の形成に伴い拡大する読者層を獲得するため，輪転印刷機に代表される最新機械の導入による生産力の増大を図った新聞企業家でもあった。1890（明治23）年，フランスから世界最新鋭のマリノニ輪転印刷機（価格1台6300円）を日本の新聞業界で『東京朝日新聞』に初めて導入し，2年後の92年には『大阪朝日新聞』にも設置した。従来の平版の足踏み式印刷機が1時間に4ページの新聞1500部の印刷能力が限界であったのに対し，8ページの新聞が3万部も印刷可能となった。村山は「議会開設についてまず第一に世人の嘱望して措かざるものは，その精確なる議事筆記なるべし」「直ちに精細確実の大傍聴筆記を付録として刊行し，即時にこれを各愛読者に配布する」と紙上で社告することによって，新鋭印刷機の導入とその性能を読者にアピールした（朝日新聞社［1990］）。

そして社告どおり，1890年11月の第1回帝国議会開設とともに傍聴筆記の印刷にその高性能ぶりを発揮し，議会報道で他紙を圧倒した。傍聴筆記は前年7月に全線開通した東海道線を利用して大阪にも輸送され，本紙2ページ大の『大阪朝日新聞付録』として本紙とセットで配達された。翌年にはさらに1機が増設された。『大阪朝日新聞』は1893年初頭から紙面を6ページ建てに改め，それまでの物価付録を本紙に吸収し，創刊以来初の増ページとなった。このように，印刷能力を一挙に数十倍に拡大した新鋭輪転機の導入は新聞の迅速な大量生産を可能にする"新聞革命"となった。発行部数全国一の新聞社となった朝日新聞社に対し，一歩立ち後れた『大阪毎日新聞』も1894年にマリノニ輪転印刷機を導入し，印刷能力の面で朝・毎対等の時代を迎えることになった。この新鋭輪転機による増ページ戦略を中心に，両紙の競争は取材，紙面企画，販売において本格化した。

販売力の強化策として，村山は紙面刷新を進めた。非政治的な「小新聞」であった『朝日新聞』は厳しい言論取り締まりを受けていた「大新聞」に比して，

表1 朝日新聞の発行部数推移と経営の動向 (1879～1933年)

年	発行部数	経営の動向
1879 (明治12)	2,586	大阪江戸堀に朝日新聞社を設立
80 (13)	9,678	京都に西京分局を設置
85 (18)	31,930	紙面を拡張, 電報欄を新設
90 (23)	81,200	わが国新聞業界初のマリノニ輪転印刷機を導入
95 (28)	169,056	経営形態を東西の合名会社に改組, 両社の経営を分離
1900 (33)	186,924	大阪朝日, 京都附録, 神戸附録を発行 (地方版の最初)
05 (38)	241,141	日露講和条約に不満を表明して, 政府を連続攻撃
10 (43)	277,392	白瀬中尉の南極探検の後援と義金募集を社告
15 (大正 4)	398,909	「第1回全国中等学校優勝野球大会」を開催
20 (9)	626,088	村山長挙が入社し, 計画委員長 (取締役) に就任
25 (14)	1,176,927	欧州各国親善の「訪欧飛行」計画を社告
30 (昭和 5)	1,681,744	大阪朝日管内で地方版の1県1版制を実現
33 (8)	1,885,908	村山龍平死去, 社長に上野精一, 取締役会長に村山長挙を選任

注：1879～85年の発行部数は大阪朝日, それ以降は東西朝日の合計部数。
出所：朝日新聞社［1995］より作成。

弾圧を受ける危険性は小さかったが，自由民権運動の高揚の中で政治論を取り上げ，社説を掲載していく過程では，政府の言論取り締まりは同社に反政府的言論活動に慎重な態度をとらせることになった。こうした中で訪れた危機が，前述の1881年の発行停止命令であった。「小新聞」としてニュース本位・娯楽本位の新聞を発行していた同社が批判的な国会報道に転じたため，政府が讒謗律に基づく新聞弾圧という挙に出たためであった。以後の『朝日新聞』は非政治的な「小新聞」にとどまらなかったが，村山ら経営陣は穏健中立的言論によって周到に弾圧を回避し，経営の安定化を図った。

当時の『朝日新聞』が政府に対して穏健中立的論調を展開したことと並行して，政府から極秘の援助を受け，経営の安定化を図っていた点について，「1882（明治15）年以降，内閣機密費によって密かに資金援助を受けていた。(中略) 資金援助を受け入れていた村山や上野は『朝日新聞』の『中正な主義』が政府への援護射撃になっていることを十分自覚していた。むしろ，自らの新聞が『国家並に社会のために』有用性をもっているという密やかな自負をもっていたということもできる」という指摘がなされている（有山［1987］）。

3　経営危機の克服と全国紙への飛躍

(1)　朝日新聞社を巡る経営課題

　明治前半期は朝日新聞社などが創業されたが，当時の新聞企業家にとって多くの制約要因があった。具体的には，新聞業界の外部環境として，政府の厳しい言論取り締まり政策，国民の読み書き能力の低水準という状況があり，新聞業界の内部環境としては，大量かつ効率的な新聞印刷という生産機構の未整備や流通手段の未発達などによる市場の狭隘化があった。こうした社会的・経済的条件の中で，明治維新前後からその後も何千，何百という新聞ができては潰れるという興亡盛衰が繰り返されたが，こうした制約要因は社会的・経済的条件の変化や新聞企業家の努力によって，長期的には改善され，市場は拡大した。

　村山龍平のような長期的な市場の拡大を見通した新聞企業家は，事業の発展や組織拡大の過程で，対外的にはライバル各社との競争，対内的には事業運営を巡る社内の葛藤・対立を順次改革を進めることによって回避していったからである。村山が直面した課題や経営危機としては，①創業以来の赤字体質の解消，②明治後半期の朝日の編集をリードした池辺三山の退社，③日露戦争後の新聞競争の激化と新聞紙面の急速な多面化，④株式会社化と全国紙への飛躍，⑤組織巨大化に伴う社内の危機への対応などがあった。

　村山はこれらの課題に適応的行動をとった結果，日露戦争前には約13万部であった『大阪朝日新聞』『東京朝日新聞』の部数を第一次世界大戦時には飛躍的に伸ばし，1917（大正6）年には50万部を超えた。また，朝日新聞社の業績が創業以来の赤字経営から好転したのは，日清戦争開戦後の1895（明治28）年から1901年にかけてであった。

　赤字経営から脱却した要因として，地道な経営努力とともに，戦争，スポーツ，航空ショーといった大ニュースやイベントを重視する販売拡張，そして日清戦争報道の成功が挙げられる。日清戦争では各社は戦況速報にしのぎを削り，激しい号外合戦を繰り広げたが，『大阪朝日新聞』は宣戦布告から講和条約調印までの8カ月余りの間に146回の号外を発行した。このように，戦争をはじめとするニュースや各種イベントによって発行部数を大きく伸ばした。これは同紙が従来の言論重視から報道重視の時代へ移行したことを物語っている。当

該時期の朝日新聞社は半期ごとに2万〜4万円の純利益を計上する程度までに業績が向上し，内部留保も増大した。

しかし，経営危機は続いた。編集部門の主軸であった池辺三山が退社し，村山ら経営陣にとって打撃を与えた1907年の事件である。池辺は『大阪朝日新聞』『東京朝日新聞』の主筆を兼務して紙面の刷新に努力して成果を高めるとともに，二葉亭四迷，夏目漱石らに多くの名作を残させた編集者であった。この事件の背景には，池辺や鳥居素川，長谷川如是閑ら編集部門と上野理一ら総務局系の複雑な社内対立，言い換えれば，村山，上野両家による両頭政治が生み出した対立にその源があったといわれている。事件の発端は，当時，国民的関心事であった白瀬中尉の南極探検事業計画に，池辺ら編集局系が社として後援する意向であったのに対し，総務局系が後援中止を打ち出したことであった。加えて朝日文芸欄における森田草平の小説『煤煙』が反道徳的と攻撃され，編集部門の夏目漱石が森田を解雇するということがあった。池辺はこうした編集を巡る社内抗争の責任をとって退社した。これを受けて，村山と上野は編集体制の刷新と新たな人材登用を迫られた。

村山・上野は1910年，東京・大阪両社にそれぞれ10人からなる評議会と協議会を設置した。この評議会・協議会の組織化は両者への権限集中を是正し，あわせて両者を支える経営人材の登用による権限委譲と人材育成，さらには業務運営の円滑化・効率化をめざしたものであった。さらに，当時の大阪朝日本社では編集面における保守派と進歩派の対立があり，これを憂慮した東京朝日の主筆格であった松山忠二郎はその対立解消を進言した。村山・上野は社論の統一を図るために1914（大正3）年，論説委員の合議制と1年任期の互選による論説主任制を導入し，村山自ら論説主任に就任した。

(2) 白虹事件と朝日新聞社の「全面降伏」

朝日新聞社の成長過程でその存続を揺るがした大事件として，1918（大正7）年の「白虹事件」を挙げなければならない。事件の発端は，編集局長鳥居素川が寺内正毅内閣の成立を「痛烈憲政の賊」「妖怪の出現」と評して外交・内政を痛烈に批判したことであった。とくに，同年8月のシベリア出兵について「出兵の理由及び目的・国家を暴くなかれ」と反対の論陣を張り，米騒動についても政府の責任を追及した。

これに対し，米騒動の拡大を恐れた寺内内閣は治安維持の名の下に米騒動に関する一切の報道を禁止したが，新聞各社はいっせいに反発した。8月25日，大阪では本山彦一（大阪毎日新聞社社長），上野精一（大阪朝日新聞副社長）ら88社が結集し，言論擁護と内閣弾劾を求める決議を行った。東京の寺内内閣弾劾全国記者大会に続いて，大阪関西記者会が開催された。ここには近畿，東海，北陸，山陰，山陽，九州の各地区を代表する86の新聞社が集まり，座長に村山龍平が選ばれ，内閣退陣要求を決議した。当日発行（26日付）の『大阪朝日新聞』夕刊はこれを大々的に報道したが，検察当局は記事中の"白虹日を貫けり"という字句を問題にし，権力の転覆あるいは「皇室の尊厳」を冒す疑いがあるとし，新聞紙法違反として記者，編集人ら関係者を告訴した。検察当局は初公判で大阪朝日新聞社に発行禁止を予告した。発行禁止（廃刊）は一時的な発行停止と異なり，新聞社の死命を制する最悪の処分であった。

　"白虹日を貫けり"とは中国の天文伝説で，白い虹が太陽を貫くように見えるのは争乱が起きる前兆という意味であったが，当局は批判的な論調を展開してきた『大阪朝日新聞』を弾圧する手段としてこれを利用したのである。事件は，その3日後の28日白昼，村山が右翼団体黒竜会に襲われ，暴行を受けたあげく，「代天誅国賊」の布切れをつけられて豊国神社の石灯籠にくくりつけられるというかたちで起こった。村山は権力者の怒りを知り，その「行き過ぎ」を是正して，『朝日新聞』を「不偏中立」に戻すために，「村山社長更迭，上野理一社長就任」「編集局長退社」を発表した。これは言論の立場の固守よりも，企業としての存続の道を選択したものであった。言い換えれば，村山の「全面降伏」であった。退社は社会部長，通信部長，調査部長，論説委員にまで及び，東西あわせて50余名が退社した同社は豊かな人材を失い，存亡の危機に直面した。

　このような事態を招いた要因として，かつて「中立」を標榜した『朝日新聞』が政府の思惑以上に「大新聞」となって広く知識層に受け入れられるまでに成長し，政府に対抗する存在になった点が挙げられる。昭和戦前期において朝日新聞主筆を務め，戦後は大臣，副首相，自由党総裁を歴任した緒方竹虎は『朝日新聞』が政府にとって「一大敵国」になったと評している。その後の朝日新聞社はこの事件を克服して企業として再生していく過程で，株式会社化など一連の経営改革を進めていった。その意味で，白虹事件は朝日新聞社に自己の存

立基盤である企業性をより自覚させる契機ともなった。

(3) 経営改革と全国紙への飛躍

　白虹事件という創業以来の危機に襲われながら，発行部数は1917（大正6）年の50万部（大阪31万部，東京19万部）突破から，24年には110万部（大阪69万部，東京41万部）に達するなど急速な成長を遂げた。村山龍平は事件の責任をとり，長年にわたる協力者である上野理一に社長の後事を託したが，社長職を退いた後も最大の株主であることは不変であった。経営権を上野に引き渡したものの，それは形式的な引責にすぎず，いずれ社長復帰する意向をもっていたと考えられる。事件の翌年の1919年7月，朝日新聞社は会社形態を「朝日新聞合資会社」（資本金60万円）から「株式会社朝日新聞社」（同150万円）へ変更した。株式会社への改組を機に，村山は10カ月ぶりに社長に復帰した。病気療養中の上野は専務に就任したが，同年12月に急死した。

　株式会社化を機に，村山は創業以来続いてきた前近代的な経理制度や社員採用・人材登用制度の刷新に着手した。まず，台湾総督府民政長官だった下村宏（海南）や石井光次郎など有能な内務官僚を招聘し，経営管理体制の改善に努めた。経理面では従来の大福帳的な経理を廃止して複式簿記を導入し，人事管理においては創業以来の縁故採用を定期試験による採用へと切り換えた。朝日東京本社が関東大震災による打撃からいち早く復旧し，新聞発行を再開できた要因として，その経営管理体制が確立していた点が指摘されている。その結果，『朝日新聞』は関東でも部数トップとなり，全国紙への体制を整えていった。

　このような全国紙への成長を促した背景には，日露戦争勝利による工業生産力の発展がもたらした都市集中化がある。都市集中化による日本の大衆社会の形成は新聞の購読者層の拡大を促し，各新聞社は大量印刷体制を構築して紙面の充実を図るとともに新しい文化の担い手としてさまざまな事業を展開することによって読者を増やし，市場を寡占化していった。今日，欧米の新聞社と日本の新聞社が著しく異なる特色として，各種事業のプロデュースが挙げられるが，その原点をこの時期の新聞経営に見ることができる。

　加えて，全国紙としての経営基盤を支えたものとして，新聞販売とともに広告収入の伸張があった。新聞の発行部数の寡占化は広告収入にも大きな波及効果を有し，双方が相まって新聞社間の格差を拡大していった。新聞の発行部数

増が売上高増に直結することはいうまでもないが，発行部数はさらに広告媒体としての評価に直結した。部数が多い新聞社は広告料金を高く設定でき，広告主との取引においても有利な地位を確保できるし，その広告収入を販売促進（部数拡張）のための資金に投入すれば，販売競争においても威力を発揮することができたからである。1927（昭和2）年の「広告料金単価」は，『大阪毎日新聞』1550厘，『大阪朝日新聞』1490厘であり，有力地方紙の2倍であった（里見［2011］）。

4　村山龍平の企業家活動の特徴

　村山龍平の新聞企業家としての特徴は何か。以下にみていこう。
　第1に，明治維新期に士族の将来に見切りをつけて，大阪という商業都市で商人としてのスタートを切った人物であった点である。村山が朝日新聞社の経営を引き受けた経緯については述べたが，当初は損失続きの新聞社の経営に携わることに難色を示したといわれる。しかし，木村父子の窮状を傍観できず，朝鮮貿易や手がけていた雑貨商も整理し，朝日新聞の経営を引き受けた。内心は困惑したと思われるが，ここには村山ら当時の企業家に見られる利害を超越した義俠心的なものがあったと推察される。
　その後の村山は新聞社間の競争激化や数次の経営危機を克服し，大阪・東京の東西両本社での発行体制を確立し，全国紙として販路を伸ばしていった。大阪朝日新聞社が危機を克服できた要因として，村山のオーナーとしての強いリーダーシップやその包容力豊かな人柄とととともに，投資とその効果に対する合理的計算，組織の管理等の経営的観点をもった経営手腕を挙げなくてはならない。
　第2に，村山は本山彦一とともに，新聞を営利事業として確立した新聞企業家であると見なされる点である。明治前半期の新聞産業にあって，村山は創刊当初から営利企業性を追求し，紙面製作と営業の独立を経営方針として堅持した。当時，新聞は基本的に言論活動であり，営利性に対する配慮そのものが軽視されていた。村山は基本的には自ら言論活動を行うことは限られ，純然たる経営者として活動したが，編集と営業の対立は往々にして村山に持ち込まれた。村山はこうした対立の処理を特定の新聞像の提示ではなく，担当者交替の人事

として対応していった。このような経営手法が可能であった要因として，所有者兼経営者としてゆるぎない権限を保持していた点が挙げられる。

　第3に，村山は政治的中立を堅持した大衆紙を経営理念として掲げた。その意味で，言論においては「中正な主義」からの逸脱は認めなかったし，政論本位の「大新聞」ではなく，また娯楽本位の「小新聞」でもない「中新聞」を自称した。このような「中新聞」化の大勢の中で，報道体制の充実を図り，鳥居素川，長谷川如是閑らの著名な論客を招き，『朝日新聞』の声望を高めていった。その中で，村山は「大新聞」を一段高く見る新聞序列を受容しつつ，朝日新聞社の発展を「小新聞」から序列を上っていく過程としてとらえた新聞企業家であった。こうした村山の上昇志向の表れの1つがいわゆる「名士包容主義」であり，このような上昇志向は朝日新聞社の企業成長の原動力にもなった。そして1883（明治16）年には早くも全国第1位の発行部数を達成した。

　1933（昭和8）年，村山は死去した。享年84歳。前年には覇を競った大阪毎日新聞社の本山彦一が亡くなっていた。

本山　彦一

"新聞商品主義"で『大阪毎日新聞』を発展させた新聞企業家

本山彦一　略年譜

年	年齢	事項
1853（嘉永6）年	0歳	熊本城下（現・熊本市）で，父本山四郎作，母かのの長男として誕生
1874（明治7）年	21歳	租税寮に出仕。台風で故郷の家屋が崩壊，祖母・母を東京に迎える
1879（明治12）年	26歳	兵庫県勧業課に勤務。のち勧業課長，神戸師範学校などの校長を歴任
1882（明治15）年	29歳	兵庫県属を辞任。大阪新報社に入社
1883（明治16）年	30歳	中上川彦次郎の紹介で，時事新報社（東京）に勤務する
1886（明治19）年	33歳	吉川泰次郎の紹介で，藤田組支配人に就任。のち総支配人（1895年）
1889（明治22）年	36歳	藤田組支配人のまま，大阪毎日新聞社相談役に就任
1893（明治26）年	40歳	大阪毎日新聞社が株式会社に改組，監査役に就任
1898（明治31）年	45歳	大阪毎日新聞業務担当社員に就任
1903（明治36）年	50歳	大阪毎日新聞社社長に就任
1906（明治39）年	53歳	電報新聞（東京）を買収，毎日電報と改称
1911（明治44）年	58歳	東京日日新聞を傘下に収め，毎日電報を統合（廃刊）
1918（大正7）年	65歳	村山龍平（大阪朝日）・徳富蘇峰（国民）・黒岩周六（万朝報）とともに，言論人として初の勲三等叙勲
1922（大正11）年	69歳	新社屋落成を機に，社長退任を発表するも慰留され，辞表撤回
1930（昭和5）年	77歳	貴族院議員に勅撰
1932（昭和7）年	80歳	死去

CASE **4**　日本の新聞産業の発展と企業家活動

1 新聞企業家・本山彦一の誕生

(1) 新聞企業家への道程

　本山彦一は1853（嘉永6）年，熊本城下（現・熊本市中央区東子飼町）で細川藩士の下級武士の父四郎作の長男として生まれた。1864年の父四郎作の死後，家督を継ぎ，非役であったが歩御小姓として召し出され，15歳で藩校の時習館で四書，五経，史記を学んだ。同窓生にのちに医学者となった北里柴三郎や福沢諭吉の弟子で新聞記者，郵便報知新聞社社長，政治家となった箕浦勝人らがいた。しかし，明治維新と廃藩置県によって小姓を罷免され，時習館の廃校によって勉学の日々も打ち切られた。生活の転換と学問をめざした本山は祖母と母を郷里に残して単身上京し，1871（明治4）年暮から蘭学者箕作秋坪が主宰する三叉学舎で学ぶ日々を送った。しかし，熊本を襲った大風害で本山家の家屋が倒壊したことによって，祖母と母を東京に呼び寄せ，大蔵省租税寮に出仕することになり，4年間の大蔵省勤務を経て帰郷した。

　のちに本山は，このときすでに将来は新聞への道を歩むことを決意していたと述べている。本山が新聞事業に関心を抱いた要因として，慶應義塾の福沢諭吉の存在が指摘されている。三叉学舎で福沢の済世利民思想に興味をもった本山は官吏としての勤務が始まった頃，福沢の知遇を得た。福沢は本山の熱心な態度を無視することができず，塾生と同様に慶應義塾に自由に出入りすることを許すとともに，義塾内の出版社に止宿することを許した。

　その後の本山は兵庫県行政官への転進，大阪新報社（改進党系の政治新聞）への入社，東京の時事新報社への入社，そして藤田組支配人への就任と，めまぐるしい転身を重ねた。1879年，兵庫県勧業課長の牛場卓三（慶應義塾出身）が福沢の紹介を得て兵庫県令の推薦を得たことがきっかけで，勧業課勤務となって再び役人生活に入った。その後，勧業学務課長，神戸師範学校長，模範中学校長兼務を歴任するが，1882年，辞職して大阪新報社に入社した。大阪新報社は熊本藩校時代の同級生であった箕浦が退社したため，その代役として入社を推薦されたものであった。

　しかし，翌1883年には大阪新報社を去り，福沢の招きで前年創刊された時事新報社へ入社した。時事新報社での総編集という要職は，本山の本格的な新

聞活動への第一歩となった。翌1884年には会計局長に就任し，新聞経営の重要責任を担う地位についた。ここでは，福沢の「独立自尊」の精神と実学的思想がその後の本山の新聞経営のバックボーンになったといわれる。新聞経営者としての道を歩み始めた本山にとって本格的な転機となったのは，1986年の藤田組入社であった。吉川泰次郎（慶應義塾出身，当時，日本有線会社支配人，のち同社社長）の推薦で本山は藤田組支配人に就任したが，藤田組社長藤田伝三郎の兄・久原庄三郎の長女キク子と結婚していたことも，その間接的な契機になったと考えられる。

(2) 藤田組支配人から新聞経営へ

藤田組において，本山彦一は支配人として山陽鉄道の創設，児島湾干拓事業で非凡な成果をあげたが，『大阪毎日新聞』と関係をもつようになった要因として，彼が支配人を務めていた藤田組が同紙の発刊に参加した点が挙げられる。

『大阪毎日新聞』のルーツは，1876（明治9）年に創刊された大阪最初の「大新聞」である『大阪日報』であった。『大阪日報』はその後『日本立憲政党新聞』に改題され，関西経済界のリーダーであった兼松房次郎，藤田伝三郎，松本重太郎らによる"実業界の機関紙"としての発展を図ることになり，1888年11月，『大阪毎日新聞』に改題された。

大阪の実業家たちが起草した同紙の発行趣意書には「不偏中立の主義による実業新聞」が謳われていた。この"実業界の機関紙"という構想については，すでに本山が兵庫県勧業課勤務時代に提出した「新聞経営ニ就テノ卑見」と題した意見書において「実益」「勧業」を基礎とする新聞発刊の必要性を主張していることは注目される（有山 [1987]）。

『大阪毎日新聞』の経営には大阪経済界から兼松房次郎が主幹に就任し，直接経営にあたり，主筆の柴四朗とともに編集・発行を行う体制をとったが，設立間もないこともあり，先発の『大阪朝日新聞』などに比しても，経営の実態は弱体であった。その要因として，経営トップの兼松は本業の兼松商店の経営に注力し，新聞経営に関してはまったくの門外漢であり，実質的な経営を任された柴は実業新聞を標榜する『大阪毎日新聞』にあって大阪の経済問題には無関心であり，経営面の手腕にも乏しかった点が挙げられる。

このような状況下で，兼松ら出資者と柴との間に問題が発生していた。中立

不偏を発行方針として掲げたにもかかわらず，柴が後藤象二郎の提唱する薩長閥政府に反対する大同団結運動に共鳴し，積極的に参加していたからである。そのために，柴はしばしば大阪を留守にしただけでなく，その筆になる社説は自然と政論に傾き，実業新聞を標榜しながら，大阪の経済問題には無関心であった。兼松ら出資者側はこうした現状を憂慮した結果，柴を更迭するとともに，兼松自らも経営を退き，本山を招聘することによって経営再建を託したのである。前述のように，本山は青年時代すでに，時事新報社などにおいて新聞経営の労苦をつぶさに体験し，新聞経営の要職にあった人物であった。

2 大阪毎日新聞社の再建と企業成長

（1） 大阪毎日新聞社相談役への就任と初期改革

1889（明治22）年4月，本山彦一は藤田組支配人在職のまま，株式会社に改組された大阪毎日新聞社で正式に社務を総括する相談役に就任した。36歳であった。その後15年にわたる相談役・監査役・業務担当社員という役職での新聞経営への関わり，さらに第5代社長としての約30年間にわたる在任のスタートであった。

本山はその「新聞商品」論に象徴されるように，営利事業としての新聞を強く意識し，かつ実践した新聞企業家であり，株主から委託を受けた職務として，経営努力によって営利性の追求を自らの責任と見なしていた人物であった。大阪毎日新聞社相談役に就任間もなく，①人材招聘による編集・発行体制の強化，②過小資本金の是正，③新聞価格の値下げ，④印刷能力向上のための新鋭輪転印刷機の設置，⑤新聞業界初の予算制度の導入，などを柱とする一連の改革に着手した。

編集・発行体制の強化については，1889年5月，主筆として時事新報社から渡辺台水，営業主任として同社大阪，神戸両支局の事務を統括していた高木喜一郎を招聘した。のちに渡辺，高木はともに大阪毎日新聞社社長に就任する。時事新報社からの人材の招聘が円滑に進んだ背景には，本山に対する福沢諭吉の支援があったことが推測される。次いで6月，大阪毎日新聞社の資本金，すなわち従来の出資額3万円を5万円に増額することを大阪経済界の出資者に要請して実現した。また部数拡大をめざして，紙面を従来の6ページ建てから4

ページに減らし，従来価格の1カ月30銭を25銭に引き下げた。

これらの改革について，本山は社告で「政治上の不偏不党たるを期し，大阪実業界の機関紙たること」を強調するとともに，読者への周知を図った。このように，本山は渡辺社長（前主筆）の編集改革と相まって経営刷新を進めた。1893年，渡辺の死去を受けて後任には福沢門下で『時事新報』以来，苦労をともにしてきた営業主任の高木が就任した。

さらに，本山は1894年，印刷能力強化を目的に当時最新鋭のマリノニ輪転印刷機を導入した。朝日新聞社に4年遅れての導入であったが，本山は後発という不利な条件を印刷能力増強や日清戦争への多数の特派員の投入などによって，キャッチアップをめざした。

1902年，本山は一般企業と同様な予算制度を初めて新聞社に導入した。この予算制度は「毎月はじめに販売，広告の収入予算を見積もり，それを確保することに全力を尽くすと同時に，通信費その他の支出は必ず収入の範囲内でまかなう大方針をたて，毎月末予算と決算を対照し，不足があれば翌月これを取り戻すことに努め，余剰があればこれを『活動の資本』（非常準備積立金）として積み立て」るものであった（毎日新聞社［1972］）。このように，株式会社組織や複式簿記の重要性を知る新聞経営者は，本山，村山らを除けば，明治の新聞界にはほとんど見当たらなかった。このような一連の経営改革を経て，『大阪毎日新聞』は『大阪朝日新聞』にとって無視できない存在へと成長を遂げていくことになる。

(2) 原敬との協力による新聞経営

1894（明治27）年に始まった日清戦争は新聞界にも大きな影響を与えた。相次ぐ戦況報道に読者の人気が非常に高まったことによって，戦争後は戦況報道に代わって，読者の目を引きつける報道，言い換えれば，読ませる紙面づくりに新聞社の経営努力が傾注されるようになったからである。この面で，『大阪朝日新聞』と『大阪毎日新聞』両紙はとくに積極的であった。

当該時期の『大阪毎日新聞』の課題は，紙面を拡大してニュースの掲載を増やすための増ページと海外通信網の充実であった。先行する『大阪朝日新聞』は1896年1月から8ページ，99年1月から10ページへの増ページを実施し，かつ98年の時点で，ロシア，ドイツ，イギリス，清国，韓国などで12の拠点

を有し，イギリス・ロイター通信と特約していたからである。『大阪毎日新聞』は増ページについては，1897年3月から8ページ，1900年1月から10ページとして追随した。海外通信網の充実は大きな課題として残されたが，これを解決したのが，1898年9月，高木喜一郎に代わって社長に就任した原敬であった。のちに首相となる原は当時外交官として著名で種々の経験と実力を有し，新聞記者の経験もある人物であり，藤田伝三郎の発案によって大阪毎日新聞社に迎えられた。

原は新聞経営者としても非凡な才能を示し，本山彦一も藤田組支配人のかたわら，相談役として原に協力した。原がまず手がけたことは海外通信網の充実であった。原はその人脈を生かして，外国常駐通信員としてロンドン在住のジョセフ・モリス，ワシントン駐在のカール・オラフリンと特別契約を結んだ。ジョセフ・モリスは1871年に工部省の"お雇い外国人"として来日し，10年間にわたって日本の電信線架設を指導した技術者であり，カール・オラフリンはジャーナリスト出身で，米国の国務次官を務めた人物であった。1900年当時，大阪毎日新聞社はこの両者に加えて，ヨーロッパではパリ万国博覧会に3人を特派し，また清国の北京，天津，上海など6カ所，韓国の京城など7カ所，東南アジアの香港，厦門(アモイ)，トンキン，シンガポールなどに特派員や特約通信員を配置した。また，著名な学者を招聘し，その論説を一面トップに掲載するなどの新しい試みも行った。

原のような人材を招聘した背景には，大阪の新聞界において先行する『大阪朝日新聞』の存在に対してキャッチアップを図ろうとする，藤田伝三郎や本山ら新興新聞社『大阪毎日新聞』の気概が読み取れる。しかし，原は1900年，伊藤博文が政友会を組織したのを機に幹事長に就任し，社長を辞任した。後任社長に小松原英太郎が就任するが，3年後の03年に退陣した結果，本山が衆望を担って社長に就任することになった。50歳であった。そして3年後の1906年には藤田組支配人を解かれ，大阪毎日新聞社の経営に専任することになった。本山が相談役を務めた高木，原，小松原各社長の時期において，『大阪毎日新聞』の販売部数は着実な伸びを示し，1892年には3万部に達したといわれる。

3　全国紙への成長と経営課題

(1)　戦争報道と新聞経営

　日清，日露戦争において，新聞界の企業間競争は激しい戦況報道合戦というかたちで展開された。日露戦争開戦前夜の1903（明治36）年9月，本山彦一は社説で政府に開戦の決断を呼びかける行動に出た。そして翌年1月から「夕刊号外」を発行し，緊迫を告げる日露関係のニュースを中心に編集し，連日にわたって速報に努めた。これを可能にしたのは，日清戦争の体験を生かして大阪毎日新聞社が国内外に築いた通信網の存在であった。

　しかし，戦争報道体制の強化は新聞経営に大きな負担をもたらした。各紙は競って従軍記者に精鋭を送り戦況の速報にしのぎを削り，この速報競争は激しい号外発行につながったからである。号外発行に経営努力を傾注した『大阪毎日新聞』の場合，発行回数は1904年2月から1905年9月で498回，月平均22回であり，全国の新聞の中で最高記録であった。ちなみに，村山龍平の『大阪朝日新聞』も次いで385回であった。

　こうした激しい戦争報道が招いた経営負担に対処するために，『大阪毎日新聞』は『大阪朝日新聞』と同様，戦時定価のかたちで値上げ発表を余儀なくされた。1904年2月10日のロシアへの宣戦布告の3日後，両紙は「今回の大戦争に関し通信その他多大の費用を要し，止むを得ず両者協議の上，本月16日より戦争期間に限り，新聞定価一箇月金48銭に改正致し候」と共同社告を行い，戦時定価として購読料を月40銭から48銭に値上げした。

　この日露戦争報道で『大阪毎日新聞』は他紙を引き離したという指摘がなされている。それは1905年6月2日の，米国のセオドール・ルーズベルト大統領が日本とロシアの調停に乗り出す意思があることを報じたことに始まる。本山が原敬の人脈で獲得したワシントン通信員で，ルーズベルトと親しかったカール・オラフリンによるスクープであった。その後のポーツマス講和会議を巡る報道でも，他紙に先駆けた報道を行った。

(2)　東京日日新聞合併による東京進出

　本山彦一は『大阪毎日新聞』を『大阪朝日新聞』と同様，地方紙から全国紙

表2 毎日新聞の発行部数推移と経営の動向 (1889～1932年)

年	発行部数	経営の動向
1889（明治22）	不明	本山，大阪毎日新聞社の相談役に就任
95（　28）	不明	ドイツから木内伊之助帰国，再び編集を主宰
1900（　33）	不明	ジョセフ・モリスをロンドン常設特派員に
05（　38）	201,561	米国大統領の日露講話斡旋の意思表示をスクープ
10（　43）	262,845	日刊併合条約をスクープ，資本金を50万円に増資
15（大正4）	626,137	地方版を増設
20（　9）	971,044	布施勝治，革命後のロシアへ最初の日本人記者として入る
25（　14）	1,941,004	大阪毎日，1万5000号
30（昭和5）	2,504,993	東京日日，発行部数100万部突破
32（　7）	2,560,199	本山彦一死去

注：1889～1900年の発行部数は大阪毎日，それ以降は大阪毎日，東京日日の合計部数。
出所：毎日新聞社［1952］より作成。

として成長させていく構想を抱いていたが，『大阪朝日新聞』が東京に『東京朝日新聞』という姉妹紙を有していたのに対し，『大阪毎日新聞』にはなく，大阪地区での新聞発行にとどまっていた。

　本山は『東京朝日新聞』への対抗策として，東京の『電報新聞』の買収を検討し，1906（明治39）年6月，『電報新聞』を買収（『毎日電報』に改称）することによって，東京の新聞市場に進出した。朝日新聞社に20年ほど遅れての東京進出であった。しかし『毎日電報』は販売不振で，赤字経営が続き，本山の『電報新聞』買収は失敗と見なされた。本山は『電報新聞』の経営不振の責任をとって，その廃刊と自らの辞表を提出したが，受理されなかった。

　この本山の窮地を救ったのが，日本最古の「大新聞」である『東京日日新聞』（1872年創刊）が所有主の三菱から売りに出たことであった。本山は『東京日日新聞』を手中に収めて，1911年3月，『毎日電報』を合併させ，『東京日日新聞』を存続紙とし，『毎日電報』を廃刊した。当時，『東京日日新聞』の発行部数は2万5000部，『毎日電報』は3万3000部であり，両紙あわせて6万部の新聞が誕生した。東京日日新聞社は大阪毎日新聞東京支店東京日日新聞販売所となり，本山は東京での拠点を確保することによって，全国紙への飛躍の足がかりをつかむことになった。

　『大阪毎日新聞』が全国紙をめざす第一ステップとして東京進出を計画し，東京日日新聞社の合併に成功したことは，同社の企業成長において大きな意義

を有していた。その後,『東京日日』は関東地区を中心に飛躍的な部数増を達成し,1942（昭和17）年,政府の新聞統合政策の下で『毎日新聞』に改題された。

（3） 新聞商品主義の提唱

本山彦一は新聞経営の基本的課題として,「新聞商品主義」を掲げ,実践したことで知られる。新聞商品主義の特徴は,「新聞紙は事実報道の機関」にして,「決して指導機関即ち所謂社会の木鐸にあらずと信ず」とし,「新聞は商品なり,新聞企業は限りなき実業の一種」と述べ,新聞事業を公益事業であるとともに営利事業であると位置づけた点である（大阪毎日新聞社編［1929］）。売れる新聞をつくることが商品として重要であり,売上増によって経営体質を確立し,新聞社としての独立性を維持して,その権威を発揮したいという考えであった。今日と違い,木鐸意識が根強く新聞界を支配して,商品ということを卑しむ傾向があった中で,新聞を商品,新聞社を営利事業と言い切ったのは,当時の新聞経営者として勇気ある発言であり,建前抜きのホンネを示した言葉であった。

新聞は商品であり,それは新聞事業の設備充実,独立性維持のために必要であり,報道機関としての事業遂行には健全な財務体質を築くことが不可欠であり,そのためには,「迅速報道主義」「事件網羅主義」で読者の支持を得て,部数増によって販売収入と広告収入を伸ばす必要があるというのがその主張である。新聞商品主義の遂行のために,本山は編集営業両輪主義を掲げ,従来いわゆる無冠の帝王的な地位にあった編集局員を営業局員と同列に置いて,それまで編集局に従属的な存在と見なされがちであった営業局の地位を押し上げた。ここには,新聞を商品として売り,輪転機を高速度に回転させるためには,社内における編集・営業両部門の密接な協力・連絡,他方では販売店主と地方通信委員の相互協力が不可欠であるという考えがあった。

このように,本山の眼は言論機関としての新聞社に不可欠な人的資源である編集記者のあり方についても向けられた。1922（大正11）年に発表した「個人としての余の新聞政策」において,「新聞の権威は記者その人の人格に正比例す。而して新聞社は記者その人を得て,ここに初めて真に言論機関たるの資格をそなえ,したがって社会の木鐸ともなるべし。故にその記者たるものは真の

経世家にあらずんば不可なり」と述べていることは注目される。毎日新聞社が一般の事業会社と同様，予算制度を実施し発展している点を挙げて，記者は単なる「木鐸では困る。営利会社と同じく社員として，本社の繁栄のために努力してもらわなければならない」と記者のあり方について述べている（同上）。

　ここには，報道機関としての事業遂行には財務体質強化が課題であり，そのためには新聞は商品でなければならないという一貫した考え方があった。現代ではきわめて常識的な考え方であろうが，木鐸を意識した当時のとくに東京の新聞経営者からは聞くことのできない意見であった。この点で，村山龍平には本山ほど率直に新聞商品論を示す言葉は見当たらないが，1908 年に合資会社に改組した際に発表した「新聞編集要項」で「社運の隆盛を翼図する」と述べていることは本山の「本社の繁栄のために努力する」と符合する。大阪の両紙の経営者がともにいち早く企業経営の立場を重視していたことが明らかである。本山の新聞商品主義について，有山輝雄は「本山に限らず多くの新聞経営者が暗黙裡に保有する思想の公然たる言明と受け取られたが，多くの経営者が敢えて言明しないことを露悪的なまでに主張し」「『新聞商品』論を体現する人物とみなされることになった」と指摘している（有山［1987］）。

　このような本山の新聞事業に対する見方は，新聞の指導的地位を確信していた当時の旧式新聞人を驚かせる一方で，批判を受け，世間の議論を呼び起こした。しかし，本山にはその新聞観を実行する手腕と事業家として叩き込まれた経験と自信があった。新聞商品主義に基づく編集営業両輪主義を掲げた本山にとって，人材確保の必要性が強い持論であった。彼は大阪毎日新聞社の経営に携わった際にも，時事新報社から人材を招聘したが，とくに東京進出以来，優れた人材を擁しているといわれた『朝日新聞』と東西で対抗していくために，その必要性を痛感していた。そのためにとった方策が新聞社における初の海外留学生の公募であり，大学卒業生の正式採用であった。1911（明治 44）年 1 月，社告で海外留学生を大々的に公募するという画期的な試みを行い，初年度採用された 3 人はイギリス，ドイツ，オーストリアに 3 年間派遣され，18（大正 7）年に第 2 回，20 年に第 3 回，22 年に第 4 回の留学生募集を行い，合計 12 人の留学生が派遣された。その中から黒田乙吉，上原虎重，楠山義太郎，長岡克暁など，同社を担う人材が輩出した。さらに 1924（大正 13）年，大阪朝日新聞社と同時であったが，大学卒業生を正式に社員として採用した。

4　本山彦一の企業家活動の特徴

　本山彦一の新聞企業家としての特徴は何か。以下にみていこう。
　第1に，本山が新聞商品主義を掲げた企業家であった点である。その事業理念と実践，そしてさまざまな経営革新が功を奏し，毎日新聞社は本山が死去した 1932（昭和7）年には，『大阪毎日新聞』150 万部，『東京日日新聞』100 万部，あわせて 250 万部の発行部数を獲得し，朝日新聞社とともに当時のマスメディアの先頭に立ち，他紙を寄せ付けぬ勢いで成長を遂げた。
　第2に，新聞企業として存続・成長していくために，本山が藤田組の経営などを通して得た経営手法やスキルを生かして，さまざまな改革を主導した点である。たとえば，1922（大正 11）年 5 月，本社新社屋の落成を機に社長辞任を表明しつつ，人事刷新，業務の革新，財政再建などの経営合理化を社内に呼びかけた。同業他社との競争激化や事業規模の拡大に伴う業務の複雑化の中で，懲罰，解雇（退社），転籍などを柱とする大阪毎日新聞社の人的生産性の向上を企図したものであった。また，1923 年 10 月には関東大震災後，通信交通手段の復旧に多額の費用を要しつつ，営業不振と広告収入激減に見舞われた社の危機的状況下で，東西社員の意思疎通，業務連絡の緊密化など，社内各部門の「協同一致」を訴えている。さらに，1924 年には企業成長を遂げた社内の人心弛緩を憂慮し，「本社の業務革新・財政整理に際し，人員淘汰のやむをえざるに至り」とし，人員合理化による経営改善計画を打ち出している点も注目される。
　1924 年当時，250 万円の資本金全額払込みが必要とされ，当期末では約 150 万円の借入金を必要とする状況にあったので，大阪毎日新聞社の経営の前途は楽観を許されなかった。このような経営環境下で社内の「行政組織を変え，いわゆる行政ならびに財政の整理や人事の異動更迭の必要を痛感せり」とし，社員の解雇・退社による人員削減を実行に移した。いずれも他社に先行した経営刷新であった（大阪毎日新聞社編［1929］）。
　前述のように，本山は他の新聞企業に先行して予算制度を実施したが，こうした財務体質改善を指向した健全財政主義という考え方は，藤田組支配人として山陽鉄道創設などの事業を推進してきた経験から生まれたと推測される。

『大阪毎日新聞』の成長は，このような藤田組の経営などで培われた本山の事業感覚とリーダーシップと同時に，大阪毎日新聞社の資本的背景，その新聞観などが大阪という土地において支持を獲得することができたことに主因があろう。『大阪毎日』の支持基盤は大阪の実業界と商売一筋の大阪の民衆であり，本山は新聞商品主義に基づく事業の営利性と大阪という地の利を得て，『大阪毎日』を『大阪朝日』と並び称される地位へと高めたのである。

　さらに，本山は新聞発行にとどまらない事業展開を探った企業家でもあった。1920年2月，新聞改造調査会を社内に設置し，大阪毎日新聞社を，①世界調査，②内外通信，③新聞発行，④通信講座，⑤社会事業の5部門に分け，それぞれの部門が独立して予算を定めて，自立的に事業を展開するという改造案を提起した。第一次世界大戦後の変転する国際情勢の中で，新聞企業のあるべき姿を模索したものであろうが，その多くは現代の新聞社では形態の相違はあれ，実現されている。このように時代の動きを察知して独特の発想を展開するところにも，本山の企業家としての特徴の一端があった。1932（昭和7）年，本山は死去した。享年80歳。

❏ おわりに

　村山龍平と本山彦一は，明治初期から大正・昭和戦前期において，ほぼ同一の方向をめざして朝日新聞社と毎日新聞社を拡大・成長させた新聞企業家であった。

　メディア史研究においては，日本の新聞は明治末期から大正期にかけて「企業化の本格的発展」「新聞の寡占化」「商業化」が進行したという指摘がなされている。量的拡大をめざす新聞企業は競って「不偏不党」を自称することによって党派を超えた読者の広がりを求めていった。こうした観点からは，村山の『大阪朝日新聞』，本山の『大阪毎日新聞』は「新聞の寡占化」の先頭に立っていた典型的な商業新聞であった。

　村山と本山の企業家活動には多くの共通点がある。

　第1に，当時の新聞業界にあって，営利性を重視した点である。営利を重視した背景には，職務としての経営者という意識であった。村山は新聞社の所有者であり，本山は所有者ではなく，株主から委託を受けた経営者という相違点はあったが，両者とも経営者としての職務に忠実であり，経営努力によって利益を上げることを自らの責任と見なしていた。このように，新聞社が営利企業だという考えを彼らが堅持した背景には，1つには商工業都市・大阪という環境によるものであろうが，より重要なのは，両者とも新聞経営に乗り出す前に実業界を経験していたことである。村山には明治維新期の創業や多彩なビジネス経験で培った進取の気性が，本山には若き日に学んだ福沢諭吉の「独立自尊」の精神，そして藤田組で体得した経営の発想があった。

　第2に，明治前半期の新聞界において，「中新聞」化をめざしたのは『大阪朝日新聞』に限らず，新聞界全体の大勢であった。実業界の新聞として当時，『報知新聞』のような「大新聞」も「小新聞」の要素を取り入れている。このように，つねに時代のニーズと読者大衆の要求に適合的な行動をとることによって全国紙へ飛躍した点で，朝日新聞・村山，毎日新聞・本山の共通性がある。その結果，両者ともさまざまな経営危機を克服しつつ，関西地域で『大阪朝日新聞』と『大阪毎日新聞』を2大新聞に成長させ，その後に東京進出を図った。東京進出は両紙が全国紙として飛躍する重要な契機となった。

　村山の『大阪朝日新聞』『東京朝日新聞』，本山の『大阪毎日新聞』『東京日

日新聞』という，いわゆる大阪系4紙は，その後も経営，報道両面で他紙を引き離し，飛躍的に発展を遂げた。村山・本山は互いにタイプの異なる新聞企業家といわれてきたが，両者は先行する『朝日』を『毎日』が追いかけるというかたちで，新聞経営の近代化に向かって激しい競争を展開した。競争を支えたのは，新聞経営者としてのいずれ劣らぬ企業家精神であった。両者は新聞界において一頭地を抜いた存在であった。

★参 考 文 献
● テーマについて
　岩井肇［1974］『新聞と新聞人』現代ジャーナリズム出版会。
　岡満男［1987］『大阪のジャーナリズム』大阪書籍。
　有山輝雄［1987］「村山龍平と本山彦一」田中浩編『近代日本のジャーナリスト』御茶の水書房。
　里見脩［2011］『新聞統合──戦時期におけるメディアと国家』勁草書房。
● 村山龍平について
　今西光男［2007］『新聞資本と経営の昭和史──朝日新聞社筆政・緒方竹虎の苦悩』朝日新聞社。
　土屋礼子［2009］「村山龍平──『朝日新聞』を全国紙に育てた経営者」同編著『近代日本メディア人物誌──創始者・経営者編』ミネルヴァ書房。
　朝日新聞社編・刊［1953］『村山龍平伝』。
　朝日新聞社編・刊［1990］『朝日新聞社史　明治編』。
　朝日新聞社編・刊［1991］『朝日新聞社史　大正・昭和戦前編』。
　朝日新聞社編・刊［1995］『朝日新聞社史　資料編』。
● 本山彦一について
　佐藤英達［2008］『藤田組の経営者群像』中部日本教育文化会。
　奥武則［2009］「本山彦一──新聞紙も一種の商品なり」土屋礼子編著『近代日本メディア人物誌──創始者・経営者編』ミネルヴァ書房。
　大阪毎日新聞社編・刊［1929］『稿本本山彦一翁伝』。
　毎日新聞社編・刊［1952］『毎日新聞七十年』。
　毎日新聞社編・刊［1972］『毎日新聞百年史　1872-1972』。
　毎日新聞社編・刊［2002］『「毎日」の3世紀──新聞が見つめた激流130年』。

CASE 5

日本型CSRの源流となった企業家

大原孫三郎（倉敷紡績）と金原明善

❏ はじめに

　バブル経済が崩壊した1990年代以降，企業の社会的責任（corporate socially responsibility，以下CSR）や企業倫理に対する人びとの関心が高まっている。サステナブル（持続可能な）社会を志向する社会的潮流の下で，企業と社会の関係性が問い直されようとしている。

　社会に対する貢献や責務を果たすことが，経済的に自立し企業を存続させる前提条件である。しかし，グローバル経済の進展によって過度に利益を求める風潮が強まり，「経済的リターン」と「社会的リターン」の相克が生じている。CSRについて考えることは，資本主義経済システムや社会における企業のあり方を見直す機会でもある。

　社会変革の手段としてCSRに着目したのはイギリスであった。サッチャリズムといわれる市場原理主義的政策によって深刻化した社会的排除や失業問題を解決する手段の1つとして，CSRに期待が寄せられた。1997（平成9）年に発足したブレア政権は，貿易産業省内にCSR担当大臣を置くなどCSR政策の体系化を試みた。

　しかし，CSRはブレア政権によって初めて提示された考え方ではない。わが国企業の歴史をひもとくと，企業家が社会的使命に目覚めて創業したケースは少なくない。本章で取り上げる大原孫三郎や金原明善が挑んだ社会的課題は，現代のCSRと共通する部分も多い。

　企業家には，①事業に対する使命感，②経済的自立への情熱，③ステークホルダーとの相互理解が求められる。このような企業家に導かれてこそ，企業は社会的存在として意義をもつのである。確固たる理念をもつ企業家にとって金儲けは手段にすぎないが，理念なき企業家は金儲けが目的と化してしまう。利益至上主義は，理念なき企業家が跋扈するには都合がいい。価値観が多様化する今こそ，企業家の責務や倫理を学び直す必要があるのではなかろうか。

　本ケースは倉敷紡績，倉敷絹織（株式会社クラレの前身）などを経営するかたわら，私財を投じて社会問題の解決に挑んだ大原孫三郎と，運輸，製材，銀行などを経営しつつ，天竜川の治水治山事業，更生保護事業などに功績を残した金原明善の企業家活動を振り返る。両者の事績を通して，CSRや企業倫理のあり方を検討していきたい。

大原　孫三郎
労働理想主義の実現に挑んだ CSR の先駆者

大原孫三郎　略年譜

1880（明治13）年	0歳	大原孝四郎の三男として岡山県窪屋郡倉敷村（現・倉敷市）に誕生
1897（明治30）年	17歳	東京専門学校（早稲田大学の前身）に入学
1901（明治34）年	21歳	東京専門学校を退学，岡山孤児院基本金管理者に就任
1904（明治37）年	24歳	家督を相続
1905（明治38）年	25歳	キリスト教の洗礼を受ける
1906（明治39）年	26歳	倉敷紡績株式会社第二代社長，倉敷銀行頭取に就任
1909（明治42）年	29歳	倉敷電灯株式会社設立，長男總一郎誕生
1914（大正3）年	34歳	大原奨農会農業研究所設立，岡山孤児院院長に就任
1919（大正8）年	39歳	大原社会問題研究所（現在の法政大学大原社会問題研究所）設立
1920（大正9）年	40歳	倉敷労働科学研究所（現在の公益財団法人労働科学研究所）設立
1923（大正12）年	43歳	倉紡中央病院（現在の財団法人倉敷中央病院）設立
1926（昭和元）年	46歳	倉敷絹織株式会社（現在の株式会社クラレ）を設立し社長に就任
1930（昭和5）年	50歳	中国銀行を設立し頭取に就任，大原美術館設立
1939（昭和14）年	59歳	倉敷紡績，倉敷絹織社長を辞任
1943（昭和18）年	63歳	倉敷市内の自宅で死去

CASE 5　日本型 CSR の源流となった企業家

1　若き日の挫折と更生

(1)　生い立ち

　1880（明治13）年，大原孫三郎は岡山県窪屋郡倉敷村に倉敷紡績の初代社長大原孝四郎の三男として生まれる。孫三郎の祖父大原壮平は，庄屋を務めるかたわら呉服業，繰綿問屋，米穀問屋，金融業などを営む，この地方屈指の大地主であった。孝四郎は大原家の婿養子である。壮平は儒者森田節斎に師事し「謙受説」を授けられる。「謙受説」とは「満は損を招き，謙は益を受く」という教えで，謙虚な気持ちでより高い目標をめざして努力せよという意味をもつ。孝四郎はこの「謙受説」を倉敷紡績の社是としている。

　孝四郎は三人の男子に恵まれたが，次男は生後間もなく夭折し，長男基太郎も19歳で早世する。幼くして嗣子となった孫三郎は自由奔放に育つ。高等小学校時代の友人には，後年，社会主義者となる山川均がいた。高等小学校卒業後，孫三郎は岡山藩藩校として創設された閑谷（しずたに）学校に入り，寄宿舎生活を始める。しかし，2年足らずで同校を退学し，1897年，東京専門学校（早稲田大学の前身）に入学する。勉学に意欲をもてなかった孫三郎は友人たちとの遊蕩（ゆうとう）生活に耽（ふけ）ったが，鉱毒事件が社会問題となっていた足尾銅山に大きな関心を寄せ，友人らと現地に赴くこともあった。

　遊蕩生活を続けた結果，孫三郎は1万5000円もの借金をつくってしまう。高等文官試験に合格した上級公務員の初任給が月額50円の時代である。大地主の息子とはいえ，その金銭感覚は庶民とは大きくかけ離れたものだった。

　息子の行状に慌てた孝四郎は，娘婿の原邦三郎に借財の処理を命じる。邦三郎は秀才の呼び声が高く，その才を見込んだ孝四郎が三顧の礼をもって婿養子に迎えた人物である。借金問題の処理に奔走する最中，邦三郎は31歳の若さで急死する。自分の不始末が義兄の命を奪ったことに，孫三郎は大きな衝撃を受ける。この出来事がその後の孫三郎の生き方を大きく変えていくことになる。

　倉敷で謹慎生活を送る孫三郎のもとへ，東京の友人から二宮尊徳の『報徳記』が贈られた。当時は精神修養の書として報徳関係の文献が数多く出版され，豊田佐吉（豊田自動織機），波多野鶴吉（郡是製糸）などの企業家にも大きな影響を与えた。孫三郎は勤倹力行に基づく報徳思想を実践することで，人生の前途

を切り開こうと決意する。

(2) 石井十次との邂逅

石井十次との出会いは孫三郎にとって大きな転機となった。1865（慶応元）年，石井は宮崎で生まれ，医師をめざして岡山県甲種医学校に学んだ。在学中に洗礼を受け孤児救済事業に生涯を捧げた。

帰郷後，悶々とした日々を送っていた孫三郎は，薬種問屋を営む林源十郎の誘いで孤児たちの楽器演奏を鑑賞する。孫三郎は演奏会を主催した石井の理念や活動に心を揺さぶられた。クリスチャンであった林は孫三郎を石井に紹介し，「牛肉会」と称される会合が始まる。石井の勧めで開かれた聖書研究会に参加したことで，孫三郎は精神的に大きく成長していった。

当時の日記には「余がこの資産を与えられたのは，余の為にあらず，世界の為である。余は其の世界に与えられた金を以て，神の御心に依り働くものである。金は余のものに非らず，余は神の為，世界の為に生まれ，この財産も神の為，世界の為に作られているのである」（大原孫三郎傳刊行会編［1983］42頁）と記されており，社会事業を天命とする自覚の芽生えが見られる。

(3) 社会的活動の萌芽

社会的使命を自覚した孫三郎は，①倉敷教育懇話会の創設，②貸資育英事業の展開，③岡山孤児院への援助，④倉敷日曜講演会の開催，など社会教育事業にその精力を傾注していく。

儒学者の家系から大原家に入った父孝四郎は，勤倹にして謙虚な性格の持主であり，社会事業にも積極的であった。父の資質を受け継いだ孫三郎は，初等中等教育を改革するため倉敷教育懇話会を設立する。その活動は倉敷紡績職工教育部の設立，私立倉敷商業補習学校の開設，財団法人倉敷奨学会の設立へと発展する。1899（明治32）年，早世した義兄邦三郎が行っていた学資援助の志を受け継ぎ，これを制度化して大原奨学会を発足させた。孫三郎は育英事業を単なる資金援助ではなく，教育を通じた社会改革と位置づけていた。

1901年，孫三郎は石井に請われて岡山孤児院の基本金管理者を引き受ける。石井は経済的に自立した孤児院運営をめざしていた。しかし，孤児の急増によって運営資金は慢性的な不足状態が続いた。事業収入による経済的自立が不可

能であることを悟った石井は，賛助会員の出資による基本金構想を思いつく。1口100円で募った出資金が20万円に達した時点でこれを基本金とし，以後，基本金の運用益を運営費に充当するという仕組みである。「余と岡山孤児院は一物一体たるべき責任がある」（大原孫三郎傳刊行会編［1983］49頁）という言葉からも，孫三郎が孤児救済事業を天命であると自覚していたことが窺える。

倉敷日曜講演会は，信濃毎日新聞主筆の山路愛山の記事がきっかけとなった。これに目を留めた石井は，社会における宗教，道徳心を涵養するため倉敷で日曜講演会を開催し，その講演録を一般に配布することを孫三郎に勧めた。1902（明治35）年，第1回講演会が開催され，回を重ねるたびにその評判は高くなっていく。運営費は孫三郎がすべて負担し，1925年までに76回の講演が行われた。ちなみに後述する金原明善は，第19回講演会に招かれ「経歴と希望」という題目で講演している。

2　企業家としての活躍

(1)　倉敷紡績の社内改革

1904（明治37）年，24歳の孫三郎は家督を相続し，大原家第七代当主となる。翌年，正式に受洗し，岡山キリスト教会に入会する。倉敷紡績入社の経緯については明確な記録が残っていないが，1901年頃のことであったとみられている（大原孫三郎傳刊行会編［1983］）。

孫三郎は社会改革家ロバート・オウエン（英国）やドイツ・クルップ社の福利厚生政策を研究していた。1906年，倉敷紡績の女子寄宿舎で腸チフスが発生し，同社の対応が非難の的となる。孝四郎はこの事態を収束させるため引退を決意し，倉敷紡績社長と倉敷銀行頭取の職を孫三郎に譲る。

社長に就任した孫三郎は，早速，経営改革に取り組む。改革の骨子は人事制度の刷新，人道主義による労務管理の確立，積極的な拡大戦略から構成されていた。人材育成については，古参社員に代わって学卒者を採用し積極的に登用した。採用された学卒者の中には，前社長時代に創設された大原奨学会の奨学生も含まれていた。

労務制度の見直しは，飯場制度の改革から始まった。紡績会社はコストを削減するため，外部業者に飯場と呼ばれる炊事関係の業務を請け負わせていた。

一種のアウトソーシングである。食事から日用品販売を一手に引き受ける飯場業者は、会社の管理が及ばないことを悪用して、食事の質を落とし女工採用の紹介料まで徴収するなど荒稼ぎをしていた。この状況を看過できなかった孫三郎は飯場制度を廃止してしまう。請負業者は激しく抵抗したが、孫三郎は一歩も引かず当初の方針を貫徹した。

次に手掛けたのは、従業員宿舎の改善である。紡績工場で働く女工たちは、劣悪な環境での生活を強いられていた。倉敷紡績もその例に漏れず、2階建て大部屋式寄宿舎に多数の女工を収容していた。工場は徹夜交代12時間制勤務であったが、早番と遅番の女工が同部屋で生活するという過酷なものであった。さらに、不衛生な住環境から呼吸器疾患に罹患する者も多かった。

倉敷紡績では1000人ほどの女工が寮生活を強いられていたが、孫三郎は平屋の分散式家族的寄宿舎の建設を決断する。利益を生まない福利厚生施設の建設に対して、株主から反対の声が挙がってもおかしくない。孫三郎は役員賞与を減額する一方、利益処分の大半を株主配当（3割配当）に回すことで反対の声を抑えている（大津寄［2004］）。

1912年、裁縫室、食堂、学校などを備えた新宿舎76棟が竣工する。1914年末には診療所、浴場などの付属施設も完成した。孫三郎は「先年から、病人のないようにしたいと思って、寄宿舎を建て替えました。また物品分配所を設けて、皆様に無駄なお金は使わせないようにしました。そして学校も作り、皆様が一人前の女性として、必要な文字も読め、裁縫もできるようにしました。（中略）この方針は、人道教育主義ということで、人間として生まれた以上は、皆様の後々のおためになるよう、立派な人間にするように、お世話致すのであります。（中略）会社の考えとしては、皆様の居心地が良く、病人もなく、無駄な金を使わないようにし、皆様の父母に送金も多くでき、貯金も沢山できるようにしたい、と思うのでありますから、皆様は仕事や勉強に精を出して、幸福な生涯を送って頂きたいと思います。それが今までの成り行きと、私の希望でございます」（倉敷紡績編［1988］75～77頁）と女工たちに語りかけている。紡績工場に勤務する女工の悲惨な状況を描いた、細井和喜蔵『女工哀史』（1925年）が出版される10年以上前の出来事である。

1911年、工場法が制定され労働者の権利に対する社会的な関心が高まった。女工の福利厚生よりも生産力増強に大きな関心をもっていた当時の紡績業界に

あって，孫三郎の取り組みは稀有な事例であったといえよう。

(2) 積極経営への転換

紡績業は明治中期から大正期にかけて右肩上がりの急成長を遂げた。しかし，過剰な設備投資が災いして供給過剰となり，操業短縮と企業合同を余儀なくされた。1社当たりの設備規模は1万7215錘（1900年）から6万3823錘（11年）へと拡大していた（大津寄［2004］）。1901（明治34）年，鐘淵紡績の武藤山治は「紡績大合同論」を発表し，合併の必要性とその経済的効果を説いた。

1906年，倉敷紡績は他社から合併の勧誘を受ける。孫三郎は合併を拒否する社長談話を発表し，独立自尊の経営を堅持する。1908年当時，三重紡績（東洋紡績の前身）は17万9604錘，鐘淵紡績は17万9168錘，摂津紡績は12万5832錘の生産規模を有していたが，倉敷紡績はわずか2万9584錘にすぎなかった（倉敷紡績編［1988］）。

孫三郎も3万錘未満の企業が生き残れないことを自覚していた。3万錘を確保するためには，工場新設か他社の買収しか選択肢はない。合併が進んだ結果，岡山県内で1万錘以上の規模をもつ企業は，倉敷紡績を含め3社を残すのみとなっていた。孫三郎は三井物産傘下の吉備紡績の買収に成功し，これを倉敷紡績玉島工場とした。この買収によって倉敷紡績の生産規模は5万8920錘に拡大している。

続いて万寿工場（1915年）と高松工場（20年）が新設され，買収・合併によって坂出工場・松山工場（18年），早島工場（21年），岡山北方工場（22年），枚方工場（24年）の5工場を傘下におさめている。倉敷紡績の生産能力は3万錘（1906年）から23万1348錘（24年）に拡大し，業界第6位の規模を誇った（同上）。

万寿工場の新設によって飛躍的に生産能力が拡大したことに加え，第一次世界大戦後の好況が追い風となり業績は順調に伸びた。この間，孫三郎は財務体質の強化に努め，1917年下期～20年上期にかけては高率の株主配当を実施している（同上）。

(3) レーヨンの開発──倉敷絹織の設立

1920（大正9）年に始まった戦後不況によって糸価は暴落する。生産能力を

表1　倉敷紡績の経営発展

		1888年		1905年		1924年
資本金（円）		100,000		400,000		12,350,000
自己資本比率（％）	1889/下期	83.0	下期	78.2	下期	73.1
年間利益（円）	1890/通期	20,444	通期	150,019	通期	2,537,369
配当率（％）	1889/下期	16.5	上期	35.0	上期	20.0
			下期	30.0	下期	20.0
紡績設備（錘）		4,472		29,584		231,348
全国設備（錘）		129,376		1,472,253		5,125,696
全国に占める比率（％）		3.5		2.0		4.5

出所：倉敷紡績編［1988］105頁をもとに筆者作成。

拡大した紡績業は極度の不振に陥り，業界レベルでの生産調整によって糸価の下落を防ぐ努力が行われた。生産調整は社会的な批判を浴び，わずか2年ほどで全面解除に追い込まれる。紡績各社は独自の生き残り策を模索せざるをえなくなった。紡績大手は中国大陸への生産移転，織布兼営，製品の高付加価値化，人絹の開発など事業の多角化を図った。不況に苦しむ中，孫三郎が推し進めた福利厚生策のコスト負担が経営を圧迫していた（大原孫三郎傳刊行会編［1983］）。

鐘淵紡績，東洋紡績などの大手は，製糸絹紡事業，羊毛事業，人絹事業を中心に多角化を進めた。当時は生糸輸出に大きな打撃を与えたレーヨン（人絹）に注目が集まっていた。国内でのレーヨン開発は，明治末期に商社の鈴木商店が手がけ，1918（大正7）年，帝国人造絹糸（帝人株式会社の前身）が本格的な事業会社として設立された。

1925年，孫三郎は倉敷紡績京化学研究所を新設し，京都帝国大学から技術者を招いてレーヨンの研究開発に着手する。翌年，倉敷絹織株式会社（株式会社クラレの前身）が設立され，2年後にレーヨン糸の生産が開始された。1964年，同社は靴，カバン，スポーツ用品，ジャケット，ソファーなどさまざまな分野で使用され，人工皮革の原点となったクラリーノを生み出している。

(4) 銀行業

倉敷紡績の急成長に伴って，旺盛な資金需要への対応が迫られた。孫三郎は父孝四郎から託された倉敷銀行頭取の職を兼ねていた。岡山県内の金融機関の

多くは，規模が小さく信用力に課題があった。第一次世界大戦後の反動不況に備え，政府は一県一行主義政策を掲げて金融機関の合同を奨励していた。孫三郎は政府の方針に賛同し，県内銀行合併のリーダーシップをとっていく。1919（大正8）年，倉敷銀行を中心に6行が合併して第一合同銀行が設立され，孫三郎は新銀行の頭取に就任した。その後，第一合同銀行は県内の弱小金融機関を次々と傘下に収めていく。

しかし，浜口内閣による緊縮政策とこれに続く金輸出解禁を契機とした不況により，倉敷紡績の経営は悪化の一途をたどる。倉敷紡績の業績悪化は第一合同銀行の資産内容の劣化を招いた。孫三郎は日本興業銀行へ救済融資を要請するが，金融当局はその見返りとして，同じく経営の悪化した山陽銀行との合併を強く迫った。

1930年，第一合同銀行と山陽銀行の合併により中国銀行が誕生し，孫三郎は頭取に就任する。日本興業銀行からの救済融資の獲得によって危機を脱した孫三郎は，倉敷紡績と中国銀行の経営合理化を断行していく。

(5) 電力事業

孫三郎と電力事業の関わりは，倉敷電灯株式会社（1909年設立）に始まる。同社の経営を通じて，彼は産業用動力の主役が蒸気から電力へ変わることを確信する。1912（大正元）年の臨時株主総会では，自家発電所（2000 kw）の新設計画を提案している。1915年，倉敷紡績倉敷発電所は送電を開始し，余剰電力を倉敷電灯にも供給している。孫三郎は工業化が進展している岡山県南部の電力需要が拡大することを見越し，北部山岳地帯で大規模な水力発電を行う構想をもっていた（大原孫三郎傳刊行会編［1983］）。

県内の電力会社を統合する環境を整えるため，中小電気会社を合併して中国合同電気へと発展させた。孫三郎は所有する中国合同電気の株式を山陽中央水力電気へ譲渡し，両社の合併を図る。1941（昭和16）年，両社は合併し山陽配電となり，戦後設立される中国電力へと発展していく（大津寄［2004］）。

3　社会問題への挑戦

(1)　石井十次の事業承継

　青年期に享楽生活を送った孫三郎が，報徳思想やキリスト教との出会いからピューリタン的な生活信条を身につけていった。中でも石井十次との出会いは，孫三郎の人生にとって大きな転機となった。

　岡山孤児院は，大阪にも分院をもち孤児救済事業を展開していた。1914（大正3）年，志半ばで世を去った石井の事業を承継するため，孫三郎は岡山孤児院の院長を引き受ける。石井は経済的に自立した孤児院運営をめざしていたが，寄付に依存する体質からの脱却は難しく，第一次世界大戦の勃発によって大阪分院の運営は困窮を極めていた。1917年，孫三郎は大阪分院を独立させ，私財を投じて財団法人石井記念愛染園を設立する。

　孫三郎は石井による救貧事業が必ずしも成功しなかったことや孤児を生み出す社会的背景を深く知るにつれ，貧困からの救済よりも貧困を防ぐことの大切さを認識するようになる。社会問題としての貧困を研究することの必要性を強く意識し，労働問題や救済事業を科学的に研究する機関設立への思いを強くしていった。

(2)　大原社会問題研究所

　孫三郎は新設した石井記念愛染園内に救済事業研究室を設置し，私費で救済事業の科学的研究を始める。この研究室は後に大原社会問題研究所へと発展する。救済事業研究室が開設された翌年，富山県で勃発した米騒動はまたたく間に全国へ波及した。

　経済格差の拡大や階層対立が激化する状況を見て，孫三郎は広く社会問題を研究する必要性を抱く。孫三郎は徳富蘇峰や河上肇らを訪ね，協力を求めた。米騒動を受けて発足した原敬内閣の存在も追い風となった。1919（大正8）年，大原社会問題研究所が設立され，社会科学的な視点に基づく社会労働問題の研究が開始された。同研究所は倉敷紡績の人事研究会とも密接な交流をもつようになる（倉敷紡績編［1988］）。

　1937（昭和12）年，東京への移転を機に同研究所は独立経営に移行する。第

二次世界大戦後は法政大学に移管され，法政大学大原社会問題研究所として現在に至っている。

(3) 労働科学研究所

　大原社会問題研究所は，社会問題とともに労働衛生に関する研究も行っていた。孫三郎は研究員を倉敷紡績万寿工場に招き，女工たちの労働実態を公開した。当時，紡績工場の視察はことごとく拒否され，女工の労働実態はよく知られていなかった。「女工たちがもっと明るく働き，幸せな生活ができるよう，工場に来て研究してくれませんか」（大原孫三郎傳刊行会編［1983］163頁）という孫三郎の言葉に，研究員は感激したといわれる。

　1920（大正9）年，大原社会問題研究所から社会衛生分野が独立し，倉敷紡績社内に倉敷労働科学研究所が発足した。ここでは工場内の温湿度と生産能率・健康管理の関係，労働者の必要カロリーと献立など特色ある研究が行われた。同研究所は公益財団法人労働科学研究所として現在も研究活動を続けている。

(4) 倉紡中央病院

　1906（明治39）～24（大正13）年の18年間で倉敷紡績の紡績設備は約8倍（23万1348錘）となり，従業員数は急増した。従業員の治療は同社工場内に設置された医局で行われていたが，その処理能力は限界を超えつつあった。1918年，万寿第二工場の稼働を機に，孫三郎は従業員の健康管理を目的とした病院の建設を決断する。①設計はすべて治療本位とする，②病院臭くない明朗な病院とする，③患者を平等公平に扱う，④東洋一の理想的な病院をつくるという方針の下，彼は建設の陣頭指揮をとった。

　1923年，平等主義と治療本位を理念とする倉紡中央病院（1927年，倉敷中央病院へ改称）が開院する。入院費は一律2円50銭と定められ，従業員と家族は会社からの補助によって実質負担は規定料金の2割以下であった。開院後も病棟の増設が行われ，1926年には220床をもつ規模となった。利益を生まない病院への巨額投資を不満とする一部株主からは批判の声があがった。孫三郎は「自分が中央病院をもって営利会社の社会化という言葉を使ったため，社会化という言葉からの誤解もあるらしいが，営利会社としての立場で計画する場

合，自分はかつて算盤を持たずにやったことはない。(中略) 私が中央病院を造ったがために年々倉紡は損失だけするように見えるが，それは廻り廻って倉敷の経済に利益をもたらし，倉敷の資本経済への好影響は更に倉紡に対して増大して帰ってくると思う。万一それは算盤や数字の上に現れないとしても，倉紡がこれによって数字を超えて更に大きく恵まれるという確信を自分は持っている」(大原孫三郎傳刊行会編 [1983] 161頁) と批判の声を一蹴している。

(5) 大原美術館

大原美術館は岡山県出身の洋画家児島虎次郎との出会いから始まる。児島は大原奨学会の奨学生として孫三郎の知己を得るが，二人の交遊は児島の死まで続いた。明治天皇の后妃である昭憲皇后は，児島が岡山孤児院で書き上げた「情の庭」と題する絵をことのほか気に入り，宮内省が買い上げたほどである。

児島は孫三郎の援助を受けてヨーロッパに留学する。児島は，絵画制作の資料や若い画家たちの教材として，西洋絵画を蒐集することを思い立つ。孫三郎は私財を提供して児島の志を支援していく。児島が蒐集したモネの「睡蓮」やエル・グレコの「受胎告知」などが大原美術館創設の基盤となった。1927 (昭和2) 年，児島は美術館建設を計画し孫三郎もこれに賛同したが，折からの不況によって計画は中止を余儀なくされる。2年後，児島は47歳の若さで世を去ってしまう。

児島の死を悼んだ孫三郎は，美術館の建設に着手する。不況の最中に巨費を投じた美術館建設は非難を浴びた。児島の作品と児島が蒐集した絵画の公開を目的とした大原美術館は，1930年に開館した。開館当時は西洋美術に対する関心が薄く，参観者はわずかであった。孫三郎も自分の手がけた仕事の中で，美術館が一番の失敗作であると述懐している (大原孫三郎傳刊行会編 [1983])。1935年，大原美術館は財団法人化し，その後，多くの入場者を集める倉敷の観光名所となり，現在にいたっている (2011年，公益財団法人へ移行)。

4 大原孫三郎の経営思想——労働理想主義

孫三郎は父祖から受け継いだ豊富な財力を基盤に近代的な製造業と金融業を展開し，明治・大正期を代表する企業家へと成長した。一方で社会問題や労働

表2　大原孫三郎関係事業

種別	事業名	設立年	事業内容
公益事業	大原貸費奨学金制度	1899	学資貸与による奨学金制度
	倉敷日曜講演会	1902	社会教育の推進，実施回数76回（1925年終了）
	大原農業研究所	1914	財団法人大原奨農会として発足
	岡山孤児院	1887	1914年，岡山孤児院院長に就任
	石井記念愛染園	1917	岡山孤児院大阪分院から独立，貧民の教育・救済事業
	大原社会問題研究所	1919	社会問題の研究と知識の普及，法政大学大原社会問題研究所へ承継
	倉敷労働科学研究所	1920	産業組織についての医学的心理学的研究，(財)労働科学研究所へ承継
	倉紡中央病院	1923	従業員および市民を対象とした地域医療機関，倉敷中央病院へ承継
	大原美術館	1930	児島虎次郎と西洋絵画の展示
営利事業	倉敷紡績株式会社	1888	1906年社長就任
	倉敷絹織株式会社	1926	人造絹糸（レーヨン）の製造，株式会社クラレの前身
	中国銀行	1930	1906年倉敷銀行頭取（1891年設立），1919年第一合同銀行頭取 岡山合同貯蓄銀行（1944年）、中国信託（1945年）を吸収
	中国合同電気	1926	倉敷電灯（1909年），中国水力電気（1922年）

出所：各種資料をもとに筆者作成。

問題に深い関心を寄せ，社会事業，文化事業，労働者問題などの分野で先駆的な活動をリードしている。

　これまで地主階層出身の企業家は封建的で寄生的な性格をもち，商業資本家や金融資本家とともに封建的な色彩の濃い，天皇を中心とする明治体制の基盤を支えたと考えられてきた（土屋［2002］）。進歩的な経営思想を掲げる孫三郎は，この時代にあってはきわめて特異な存在だったといえよう。

　社会問題の解決と企業経営を両立させた企業家として，鐘淵紡績の武藤山治が先駆的な活動を行っていた。武藤は人道主義，温情主義の下，労働環境を改善して女工たちを悲惨な状況から救い出し，破綻寸前の鐘淵紡績をわが国有数の大企業へと再建している。武藤と孫三郎はともにキリスト教徒であり，経営理念にも共通点が多い。

　孫三郎は武藤の人道主義的な経営思想を認めつつも，それだけでは社会問題

の解決にはいたらないと主張する。科学的な手法によって問題の本質を明らかにし，そのうえで具体的な解決策を講じなければならないと考えた。こうした真理探究の場が大原社会問題研究所であり，孫三郎は「人格主義」という言葉で労働理想主義を実践していった。孫三郎の経営思想の根幹をなす労働理想主義とは，人々の幸せをつくり出すことにあったといえよう。

　かつて大原社会問題研究所に籍を置いた法政大学元総長大内兵衛は「大原は，大正・昭和を通じて大阪以西の関西において最大の事業家であったが，彼はその作りえた富を散じて公共の事業をしたという点では，三井も，三菱も，その他いかなる実業家よりも，なお偉大な結末を生んだ財界人であった。(中略) 金を儲けることにおいては大原よりも偉大な財界人はたくさんいた。しかし，金を散ずることにおいて高く自己の目標を掲げてそれに成功した人物として，日本の財界人でこのくらい成功した人はなかった」(大内 [1963] 227～228 頁) と述べている。孫三郎が亡くなって 70 年が経過したが，いま改めて社会における企業の役割が問い直されている。

金原 明善
ソーシャル・ビジネスの先駆者

金原明善　略年譜

年		年齢	事項
1832	（天保 3）年	0 歳	浜松藩代官金原久平の長男として遠江国長上郡安間村で誕生
1855	（安政 2）年	23 歳	安間村名主となる
1872	（明治 5）年	40 歳	『予防水患策序』を出版
1874	（明治 7）年	42 歳	天竜川通堤防会社社長に就任
1875	（明治 8）年	43 歳	治河協力社と改称し総裁に就任
1878	（明治11）年	46 歳	金原家の資産献納を出願し明治天皇に拝謁
1886	（明治19）年	54 歳	東里為替店を設立（金原銀行の前身）瀬尻村官有林の植林に着手
1888	（明治21）年	56 歳	静岡県出獄人保護会社を設立（静岡県勧善会の前身）
1892	（明治25）年	60 歳	天竜運輸会社を設立
1899	（明治32）年	67 歳	金原銀行を設立し頭取に就任（1940年三菱銀行へ合併）
1904	（明治37）年	72 歳	金原疎水財団を設立（金原治山治水財団の前身）
1907	（明治40）年	75 歳	天竜木材株式会社を設立
1908	（明治41）年	76 歳	浜名郡和田村村長に就任
1923	（大正12）年	91 歳	東京都内の自宅で死去

1 青年期

　1832（天保3）年，金原明善は遠江国長上郡安間村（現在の静岡県浜松市東区安間町）で生まれた。生家は酒造業と質屋を併営する大地主であった。1848（嘉永元）年，理財の才に優れた父範忠は，旗本松平家（禄高7000石）の代官に取り立てられている。範忠は夜明け前に起きてその日の天気を見定めて仕事を準備し，夜は家事に励んで最後に床につく人であった。明善は勤倹・力行・推譲の人と評されるが，その性格形成には少なからず父の生き方が影響しているように思われる。幼い頃から，彼は身につけた知識を実践することに強い関心をもっていた。

　1849年，明善17歳のとき，母志賀が37歳の若さで亡くなった。金原家の行く末を案じた志賀は，明善の継母と妻について遺言を残している。明善と父は志賀の遺言に従った。範忠は志賀の従姉妹である沢と再婚し，明善は24歳のときに継母の連れ子である玉城と結婚している。

　1855（安政2）年，明善は結婚と同時に名主の職を受け継ぐ。1857年，主家である松平家は財政再建策を協議するため全国の知行地から代官を江戸へ招集したが，このとき，明善は父の名代として初めて江戸に赴いている。江戸に集められた代官たちの中には，仕事のかたわら夜ごと酒色に耽る者もいた。謹厳実直な明善はこうした誘いをはねつけ，主家の債務整理に精励し余暇を儒学の勉強に充てた。

　主家の債務整理が一段落した後，明善は遠江屋の債務整理に携わる。遠江屋は父範忠が親戚や地主仲間ら4人で横浜に設立した貿易商である。国内各地から集めた商品を外国商館に販売する売込問屋であった。遠州地方（静岡県西部地域の俗称）の農業は商品経済の浸透によって，付加価値の高い農作物の生産が主流となっていた。その代表例が木綿である。明善の生家のある安間村近郊の笠井村では織物市が開かれ，江戸時代から農産物や商品の集積地として重要な役割を果たしていた。また，天竜川河口にある掛塚湊は江戸時代から江戸と大坂を結ぶ物流拠点となっており，遠州地方の物産の積出港として機能していた。範忠らは交通の要衝としての地の利を生かして，外国商館向けに遠江や信州の物品販売を企てたのである。

遠江屋のビジネスは順序な滑り出しをみせた。しかし，取引量が拡大するにつれて運転資金の不足が深刻化する。遠江屋の経営は金原家に任されていたが，明善親子は横浜には赴かず親戚が現地で経営の指揮をとっていた。遠江屋への出資を巡って金原家と共同出資者の意見が対立し，追加出資が見送られてしまう。資金繰りに困った現地担当者は，借入れや売買代金の流用などを重ね，これが原因となって経営破綻へと追い込まれてしまった。

　江戸時代の慣習として，藩の物品を扱う商家の負債は藩が肩代わりすることもあった。共同出資者たちは負債を藩庁と金原家で処理するよう求めてきた。明善は「自分の利欲の間違いから損をして，それを藩に塗り付けるのは宜しくない，財産全部を投げ出して，足らぬ所は何とか方法を定めるより外ない」（土屋［1958］8頁）とこの要求を退け，金原家の全財産を弁済に充てることを決意する。債権者の大半が遠州地方の木綿や茶の荷主である。彼らは明善の潔さを了とし，負債総額の62.5％に相当する債権を放棄している。この件を機に，明善は「心の定まり」を得たとされる。明善は人生において頼むべきは財産ではなく，道義と信用であることを自覚したのである。

2　ソーシャル・ビジネスの展開

(1)　治水事業

　明善は天竜川の流域に生れ，幼い頃より水害の恐ろしさを目の当たりにしてきた。1850（嘉永3）～68（明治元）年の間に，天竜川は5回の大規模な決壊を記録している。明善が取り組んださまざまな社会事業の中で，天竜川治水事業の位置づけはとりわけ大きい。

　天竜川は諏訪湖に源を発し長野県，愛知県，静岡県を巡って太平洋に注ぐ，幹川延長213kmの急流河川。上流部は3000m級の山々が連なり，そこから天竜川に流れ込む支川はいずれも急勾配である。さらに地質が脆く険しい地形をあわせもつため，山岳地帯に大雨が降ると大量の水と土砂が天竜川に流れ込む。流域住民は甚大な被害をもたらす天竜川を「あばれ天竜」と呼んで恐れていた。

　1868年，明善は新政府に対して天竜川治水事業の建白書を提出する。建白書は本格的な河川改修工事を行い，長年にわたって辛苦をもたらしてきた水害から流域住民を恒久的に守ることを訴えるものであった。明善の熱意は岩倉具

視や木戸孝允らを動かして，天竜川水防工事の担当を命じられている（土屋[1958]）。

私財800両と神社・仏閣・素封家・大名・旗本から借り入れた8万両をもって破壊された堤防の復旧工事に着手し，約2カ月間の工事で決壊箇所の修復は完成した。明善は，この功績によって東京へ行幸途中の明治天皇から苗字帯刀を許され，引き続き工事に従事した。その後，明善は浜松藩から天竜川御普請専務を命ぜられている。

しかし，復旧工事は水害予防を目的としたものではなく，明治天皇の東幸に必要な東海道整備の一環として行われたものであり，明善も工事に動員された豪農の一人にすぎないという指摘もある（静岡県近代史研究会編[1999]）。

図1　天竜川水系図

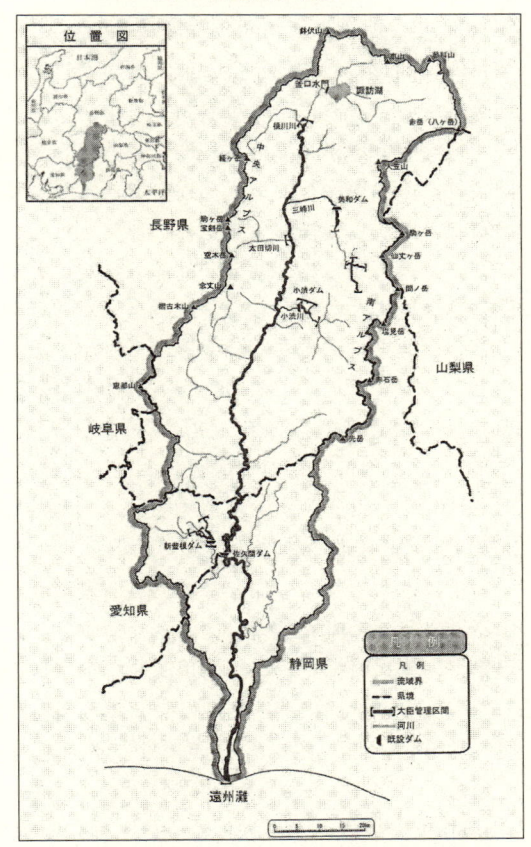

出所：国土交通省中部地方整備局［2009］「天竜川水系河川整備計画」。

明善は抜本的な水害対策として，天竜川東支川の閉塞工事を計画していた。本支川分岐点の土砂堆積が増水時の堤防決壊を引き起こす原因とみられていたからである。東支川は掛塚湊への水路として利用されていたため，閉塞計画に反対する人びとが明善宅を襲撃するという噂まで流れた。流域住民の理解が得られないため，明善はこの計画を断念する。その後，新たに浜名湖に通じる運河を開削して天竜川を分流し，蛇行する天竜本川を修復して石畳による築堤を

計画したが，明治政府や静岡県庁の理解は得られなかった（鈴木 [1979]）。

　1874 年，明善は天竜川通堤防会社を設立する。明善は会社の本質をその事業目的に則して，営利事業と非営利事業に区別してとらえていた。営利事業は他を利するとともに自らをも利する事業であり，非営利事業は自らの利益は求めず他を利する事業である。彼は後者を慈恵会社と呼んだ。明善は天竜川通堤防会社こそ慈恵会社であると述べている。翌年，同社は治河協力社へ改称し，出資金と県からの補助金を主体に運営されることとなった。しかし，西南戦争によって政府からの補助金が削減されたことや慈恵会社の性格上，配当金が期待できないことが災いして，設立当初から資金不足に陥った。

　この事態を打開すべく，明善は全財産を献納する決意を固め内務卿大久保利通との会見に臨む。1878 年，静岡県令は家産献納願を受理する。明善が献納を申請した資産総額は 6 万 3516 円 7 銭 7 毛である。この中から金原家家産（5000 円）と明善夫妻の生活費および子息の営業資金（2500 円）を控除した，5 万 6016 円 7 銭 7 毛が治河協力社に下げ渡された。また，政府は補助金 2 万 3000 円を 10 年間支給することを約束している（同上）。

　明善は治水事業の一環として，専門家養成を目的とした水利学校を開設している。本科（2 年）と予科（2 年）で構成され，本科では利根川流域の堤防工事現場での実地研修を行い，河川改修の専門技術者の養成を行った。資産を献納した明善夫妻は，川納屋と呼ばれる事務所と住居を兼ねた天竜河畔の質素な小屋へ移り住んだ。1878 年，明善は巡幸途中の明治天皇にこの川納屋で拝謁している。

　1880 年，政府の方針転換を受けて河川改修費は地方税から支出されることになり，治河協力社への交付金も 1881 年度分をもって廃止された。築堤事業は静岡県の直轄事業となり，同社は河川改修のみを請け負うこととなった。補助金は打ち切られたものの，明善の堅実な経営手腕によって同社の財務基盤は安定し，社会的評価も高まった。

　これまで明善とは距離を置いていた流域住民の多くが，同社への出資を希望するようになったが，明善はこれらの申し出をすべて断った。治河協力会社規則（1881 年制定）第 1 条で同社は明善の篤志によって成立した篤行の義社と定めているように，配当金を期待しない公共事業を営む非営利組織である。しかし，支給された下げ渡し金から工事費を控除した残額を資本積立金に充当する

ことが認められていたため，これに目をつけた人びとが配当を期待して出資を申し出たのである。もちろん，明善はこの仕組みを利用して私腹を肥やすようなことはなかったが，出資を断られた人びとから寄付金や下げ渡し金を利用して公共事業を私物化したとのいわれなき批判を浴びることになる（静岡県近代史研究会編［1999］）。

　明善が同社の利益を独り占めするのは許せないという理由で，流域住民は同社への加入を県知事に願い出たのである。内務省の意向を受けた県知事は，流域住民の加入を受け入れるよう明善に勧告している。

　明善は協力事業の目的や方針が多数決で決まることを理解していた。治河協力社へ加入を希望しているのは，設立当初は出資を拒んだ人びとである。明善は彼らが治河協力社の目的を正しく理解していないと断じ，同社の資金が多数決によってあらぬ目的のために流用されることを危惧したのである。

　1885年，新規加入者の受け入れを頑なに拒んだ明善は，治河協力社の解散を決意する。同社が保有していた約17万円の積立金のうち，補助金相当分の10万円は県に返納され，県が受理しなかった約7万円（一説には6万円）が明善の手許に残った。この資金は後に植林事業に転用されることになる。

　明善は一連の批判に対して沈黙を守り，流域住民との対話を試みた形跡はない。治河協力会社が目的を達するためには，ステークホルダーである流域住民との対話が必要だったのではなかろうか。流域住民からの要請，期待，意見，評価などを確認し，それを同社の活動に反映させていくことで，治河協力会社と流域コミュニティが一体化した可能性もある。

　現代においてソーシャル・ビジネスの担い手となっているNPOは，ステークホルダー・エンゲージメントといわれるコミュニケーションを重視している。明善は流域住民や県の対応について不満を述べているが，ソーシャル・コミュニケーションが限られていた当時，明善の掲げる理念や事業目的を流域住民が十分理解していたとは言い難い。公利を目的とした明善が，なにゆえ住民との対話を避けたのかについては疑問が残る。

　治河協力会社が行った主な事業は，①天竜川の全測量，②諏訪湖〜鹿島村（現在の浜松市天竜区二俣町鹿島）の高低測量，③二俣村（現在の浜松市天竜区二俣町）〜天竜河口の実地測量，④量水標設置（21カ所）である。政府に引き継がれた河川改修事業が完成したのは1899年であり，総工費は66万1379円に

達した（土屋 [1958]）。

(2) 植林事業

明善は，治河協力会社の解散によって下げ渡された7万円を植林事業に活用した。彼は「国土は山をもって骨格とし，川をもって筋脈とする。ゆえに，国土の経営は先ず山川を治めるにある。（中略）その水源たる信遠三（信州・遠州・三河——引用者注）諸国の山脈は禿山並び立ち山骨露出している。之を改善することは，自ら水源の涵養をはかり，治水の根本を固める」（土屋 [1958] 16頁）という理念を掲げ，死にいたるまでの40年間を植林事業に捧げた。植林事業は単独事業として行われたが，これは治河協力会社で経験した流域住民との相克をふまえてのことであろう。

明善は自ら天竜川流域の視察を行い，豊田郡瀬尻村（現在の浜松市天竜区龍山町）の官有林を植林地と定め，官林林相改良御委託願（1885年）を農商務省に提出した。その内容は，1887（明治20）～1901年の15年間を栽植期間とし，杉と檜（合計292万249本）を植林するという壮大なものであった（鈴木 [1979]）。

政府内には異論もあったが，農商務大輔品川弥次郎の口添えによって許可されることとなる。1889年，瀬尻官林は御料林に指定され，明善の植林事業は御料林献植事業と呼ばれた。明善は御料林に隣接する民有林（金原山林）を私費で買い取り，金原山林事務所（現在は明善神社）を設置して管理の拠点とした。献植事業に要する費用は5万4212円62銭6厘であり，これに金原山林の事業費3万5609円8銭1厘を加えると，総事業費は8万9821円70銭7厘に達する（同上）。治河協力会社解散時の下げ渡し金ではとうてい賄いきれず，事業資金の調達が必要となった。植林に要する事業資金は，後述する金融事業や製材事業などから生み出された利益で賄われたのである。

1890年，明善は御料局長品川弥次郎の推挙によって御料局顧問を拝命し，伊豆の天城御料林の植林を委嘱される。この背景には，模範林のモデルを示すとともに，私利を優先して公益を顧みないという気風を正そうとする品川の意図があったとされる（土屋 [1958]）。宮内省は瀬尻御料林での功績を評価し，明善に金杯一組と報奨金5万円を下賜している。

明善は「植林に投資するのは銀行預金と同じであり，しかも銀行預金より有

利である。しかし，100年間は引き出すことが出来ない預金である。したがって，植林投資には余裕資金を充てるべきであり，この余裕資金は倹約から生まれる」（鈴木［1979］50頁）と述べている。膨大な資金を要する植林事業を支えたのは，まさに勤倹・力行の精神であった。

(3) 疎水事業

明善は天竜川の分水に対する強い思いを抱き，天竜川と浜松の西方に位置する浜名湖を結ぶ灌漑水路の開削を計画していた。静岡県は技術的な課題が多く，莫大な建設コストを要する分水計画に賛意を示さなかった。1903（明治36）年，明善は静岡県知事に対し，所有する植林地を寄付し天竜川疎水工事を行う天竜疎水協会の設立を建言する。翌年，山林1200ヘクタールを財源とする金原疎水財団が設立された。同財団は，天竜川を分水して灌漑用水を三方ヶ原台地に引き込み農業の振興を図るとともに，廉価な動力を供給して工業の発展や運輸の利便性を高めることを目的としていた。

しかし，分水工事が着工されたのは明善の死後であった。1938（昭和13）年，金原疎水財団は金原治山治水財団へと改称し，同財団が地元の工事負担金を全額寄付したことによって浜名用排水幹線改良事業が着工された。1968年に三方原農業水利事業が，79年に天竜川下流水利事業がそれぞれ完成している。

(4) 出獄人保護事業

明善が免囚（釈放者）の保護・育成事業を志したのは，川村矯一郎（大分県中津出身）との出会いがきっかけとなった。川村を明善に引き合わせたのは元水防御用掛の岡本健三郎である。岡本は政治犯として静岡監獄に収監された際に，獄内で川村と知り合ったのである。岡本の依頼を受け，明善は川村を治河協力会社で雇用している。さらに，明善は岡本や川村を通じて監獄内の状況や免囚の苦境を知り，勧善会の設立を決意する。勧善会の目的は，免囚に対する保護・教育や就職の斡旋などを通じて，社会復帰への道筋をつけることにあった。

浜松勧善会（1882年）と静岡勧善会（83年）が設立され，県下各村に2人の保護者を委嘱し，事業が開始された。1882（明治15）年，静岡監獄の典獄（監獄の長）に採用された川村と協力し，社団法人静岡県出獄人保護会社が設立さ

れた。収容者たちは労働で得た収入を会社に納め，会社は生活費を控除した残額をすべて積立てる。積立額が 55 円に達すると全額が収容者に返還され，それを元手に自立した生活の第一歩を踏み出す仕組みであった（土屋 [1958]）。

　明善の活動は近代的な更生保護思想の源流となり，わが国の更生保護事業は民間の活力によって拡大していく。1939 年，司法保護事業法が制定され，更生保護事業は国の制度として明確に位置づけられたのである。

3　企業家としての足跡

(1)　運輸業

　明善は，ビジネスで得た利益を社会公共のために活用することを使命としていた。彼の社会事業はつとに評価の対象とされてきたが，卓越した企業家としての事績を忘れてはならない。

　彼が手がけた植林事業は，運輸業や製材業という営利事業を生み出した。彼は植林事業が全国に普及するためには，林業がビジネスとして成り立つことを示さなければならないと考えていた。明善が目をつけたのが，低廉な輸送システムと付加価値の高い製材技術を基盤としたビジネスモデルであった。

　1889（明治 22）年，東海道本線が全線開通した。明善は鉄道による材木輸送事業を構想し，天竜運輸会社（1892 年）を設立する。1898 年に天竜川駅が開設されると，同駅と天竜川西岸を軌道で結び貨物輸送の効率化を図っている（鈴木 [1979]）。

　従来，天竜川上流域の木材は筏（いかだ）によって掛塚湊に集積され，海上ルートで全国の消費地に輸送されていた。鉄道輸送ルートの開発によって，天竜川流域の林業は大きく発展していった。

　天竜運輸会社は新橋，南千住，秋葉原に支店を置き，木材，洋紙，鉱石，雑貨などの輸送を扱った。その後，戦時統制により日本通運に吸収された。戦後も水上交通と鉄道を結ぶ物流拠点としての役割を果たしてきたが，ダム建設の影響で筏による木材の輸送が途絶すると，砂利や石油が輸送の主力となった。天竜運輸会社の敷設した軌道は，日本通運天竜川専用鉄道として 1993 年まで稼働していた。

(2) 製材業

　明善は天竜川流域から産出する木材の付加価値を高め，植林事業の経済性を高める努力を払ってきた。1881（明治14）年，現在の天竜木材株式会社の前身である合本興業社が治河協力会社の幹部によって設立された。同社は蒸気を動力とする機械化された近代的な製材工場であった。しかし，機械操作に熟達した従業員が乏しく，折からの不況で需要が停滞したことも災いし，創業から4年後には解散へと追い込まれた。

　社名を興業店へ改め明善の個人事業として再出発したが，業績回復の目処(めど)は立たなかった。その後，合資天竜製材会社（1889年設立）を経て，1907年に天竜木材として再スタートを切った。同社は金原明善の片腕として活躍し，後に金原治山治水財団理事長を務めた鈴木信一や静岡銀行創業者である平野又十郎ら明善門下の有志が中心となって運営にあたった。明善は同社の株主や役員に名を連ねていないが，事実上の創業者であった。

(3) 銀行業

　治河協力会社は，丸善創業者である早矢仕有的(はやしゆうてき)が創設した丸屋銀行（1879年設立）に資金を預けていた。しかし，松方財政による不況の煽りを受けて，1884（明治17）年，同行は経営破綻に追い込まれた。早矢仕は同行頭取に就任し，銀行存続を希望する債権者と株主の協力を得て維持社を組織する。明善は債権者の一人として維持社で中核的な役割を担った。

　商法施行前の銀行株主は無限責任を負っていたため，株主は債権者の弁済要求に対して出資額以上の弁済を余儀なくされていた。1886年，明善は旧丸屋銀行が保有する債権を保全するため，東里為替店という銀行類似会社を発足させる。同店は旧丸屋銀行に代わって貸付金の取立てを行い，回収した貸付金を運用して債権者への弁済に充当していた。

　1899年，東里為替店は合名会社金原銀行に改組され，明善は頭取に就任する。1917年，同行は株式会社に改組され，養孫の金原巳三郎が頭取に就いた。昭和に入り戦時色が強まると，政府は戦時経済体制の確立に向けて銀行合併を加速させる。こうした政策を受けて1940年，金原銀行も三菱銀行に吸収され，その歴史を閉じている。

　明善の銀行経営は「金は値打ちのない場所（町）で儲けて，値打ちのある場

所（田舎）で遣え」（鈴木［1981］141頁）という理念を実践したものである。値打ちのある場所とは，天竜川の治山治水事業を指しているのはいうまでもない。明善が推進したソーシャル・ビジネスの財政基盤は，金原銀行が支えていたといっても過言ではない。金原銀行には「私心一絶万功成」という言葉が掲げられていた。私心を完全に捨て去れば，あらゆる目的は成就するという意味である。私利私欲を完全に捨て，勤倹・力行・利他心を事業経営の根幹に据えた明善の理念を示したものである。

4　金原明善の経営思想

　明善は自らが経営した営利事業が生み出した利益を活用して社会事業を実践し，生涯にわたって公共に尽くす姿勢を貫いた。その思想は「①実を先にして名を後にす，②行いを先にして言を後にす，③事業を重んじて身を軽んず」（鈴木［1979］141～142頁）という生活信条に示されている。

　明善は資産を蓄えた後で慈善を行うとか，余財があれば寄付するという姿勢を批判している。真の慈善は貧富にかかわらず時期も選ばないものであり，贅沢な暮らしをして余財を投じるのは，世間での評判を目的とした偽りの慈善であると断じている。

　金原治山治水財団理事長を務めた鈴木信一は「私的生活では勤倹経済第一主義，公的には経済報国第一主義を貫徹した」（同上，73頁）と明善を評している。営利事業と非営利事業はともに，明善自身の勤倹・力行の実践から生み出されたものである。「何事も一人ではできぬ。だが，先ず一人が始めねばならぬ」（同上，77頁）という言葉に示された強固な意志は，あらゆる企業家にとって欠くべからざる資質といえよう。

　明善の経営思想は，経済を重視しつつも営利主義に陥ることなく，公利をもって事業の目的とするものであった。彼にとって事業活動は致富を目的としたものではなく，公利を実現するための手段にすぎなかった。その理財の才をもってすれば，地方財閥として大成することも可能だったであろう。しかし，明善は社会問題を解決するために必要な資金を得る目的で営利事業を営んだのであり，社会貢献と称して利益の一部を寄付する行為とは似て非なるものである。彼の企業家活動は，事業を重んじて身を軽んずという理念の実践そのものであ

表3　金原明善関係事業

種別	事業名	設立年	事業内容
公益事業	治河協力社	1875	天竜川の治水事業，天竜川通堤防会社として発足
	遠江興農社	1882	西洋種牛馬の飼育
	金原山林	1887	天竜川上流域における私有林買収地の植林事業
	静岡県勧善会	1888	免囚の保護・教育事業，静岡県出獄人保護会社として発足
	北海道金原農場	1896	開拓と殖民事業
	金原治山治水財団	1904	天竜川の分水による灌漑事業，金原疎水財団として発足
営利事業	天竜木材株式会社	1881	製材業，合本興業社として発足
	中屋商店	1885	製本印刷・文具販売業，丸屋銀行株主から経営委譲
	丸屋指物店	1885	西洋家具類販売，丸屋銀行株主から経営委譲
	株式会社金原銀行	1886	銀行業，東里為替店として発足
	井筒屋香油店	1887	京都小野屋から経営委譲，後に井筒ポマード株式会社
	東里組	1888	八丈島の特産物販売
	天竜運輸会社	1892	運輸業，後に日本通運へ吸収

出所：各種資料をもとに筆者作成。

った。

　金原家の全資産を天竜川の治水事業に拠出した行為が示すように，明善は個人的な蓄財にまったく興味はなかった。彼は事業の前途に見込みが立てばこれを人に譲って，次の事業を始めたのである。明善が創業した事業会社の多くは彼の手を離れ，かたちを変えて現代に承継されている。

　明善は事業に臨む心構えとして「①己の心を正しくすること，②人を欺かず，人を妨げないこと，③誠心誠意，愚直に進むこと，④よい知恵とすぐれた技術を伴うこと」（鈴木［1981］64～65頁）を挙げている。遠州地方に浸透していた報徳思想と共通する要素の多い明善の経営思想は，企業家をめざす人々に大きな影響を与えた。

❏ おわりに

本ケースでは，CSR や社会貢献分野で先駆的な業績を残した大原孫三郎と金原明善のケースを検討してきた。「下駄と靴を片足ずつ履いて」と自ら述べているように，大原の思想には理想主義と現実主義の両面が見られる。一方，金原は勤倹・力行の人としてピューリタン的な生き方を貫いた。

企業家としての二人の共通要素は，①平等思想と人道主義に基づく経営思想，②公利の実現に基盤を置く事業活動，③経済的自立の重視，④営利観念を律する道徳感情，の4点に集約できる。

倉敷紡績社長に就任した孫三郎は，組織マネジメントや生産システムにおいてイノベーティブな政策を取り入れた。時代の流れを先取りした経営センスによって倉敷紡績を国内有数の紡績会社に押し上げ，レーヨンの開発など将来を見越した研究開発にも積極的な姿勢を見せた。

しかし，企業家としての孫三郎の偉大さは，利益を人道のために使うことを決意し，その実現に向けて事業経営に専心したことである。従業員や地域社会に対する責任を自覚し，企業家としての責務を実践した行為は，現代の CSR を先取りしているといえよう。

一方，明善にとっても利益とは道義的信念を実現するための手段にすぎなかった。企業が持続的に発展するためには，利益が必要であることはいうまでもない。しかし，利益が目的化した経営は弊害をもたらす。

昨今，われわれは著名企業の不祥事を目の当たりにしてきた。企業不祥事の根本原因を突き詰めれば，道義心の欠如と我欲の追求に他ならず，明善の指摘は現代企業に潜む病理を的確に指摘しているといえよう。

2010年，国際標準化機構（ISO）は，社会的責任（SR）に関する国際規格（ISO26000）を発行した。ISO26000 は社会的責任の中核課題として，①組織統治，②人権，③労働慣行，④環境，⑤公正な事業慣行，⑥消費者課題，⑦コミュニティ参画および開発，の7つを挙げている。

両者の社会貢献活動の成果は，ISO26000 が求める社会的責任と多くの分野で合致している。社会経済メカニズムが円滑に機能するためには，孫三郎や明善のように利己心に支配されない利他的な道義心をもつ企業家の存在が必要なのかもしれない。二人の事績は，企業と社会の関係を改めて問い直すことを，

われわれに求めているのではなかろうか。

★参 考 文 献
- テーマについて

    川添登・山岡義典編著［1987］『日本の企業家と社会文化事業——大正期のフィランソロピー』東洋経済新報社。

    土屋喬雄［2002］『日本経営理念史』麗澤大学出版会。

    日本取締役協会編［2008］『明治に学ぶ企業倫理——資本主義の原点に CSR を探る』生産性出版。

- 大原孫三郎について

    大内兵衛［1963］『高い山——人物アルバム』岩波書店。

    大津寄勝典［2004］『大原孫三郎の経営展開と社会貢献』日本図書センター。

    兼田麗子［2003］『福祉実践にかけた先駆者たち——留岡幸助と大原孫三郎』藤原書店。

    兼田麗子［2009］『大原孫三郎の社会文化貢献』成文堂。

    大原孫三郎傳刊行会編・刊［1983］『大原孫三郎傳』。

    倉敷紡績株式会社編・刊［1988］『倉敷紡績百年史』。

- 金原明善について

    静岡県近代史研究会編［1999］『近代静岡の先駆者——時代を拓き夢に生きた 19 人の群像』静岡新聞社。

    土屋喬雄［1958］『金原明善の事歴と指導精神』金原治山治水財団。

    鈴木要太郎［1979］『金原明善——その足跡と郷土』浜松史跡調査顕彰会。

    鈴木要太郎［1981］『金原明善翁余話』浜松史蹟調査顕彰会。

    鈴木煜太郎［1963］『静岡県勧善会史』静岡県勧善会。

    鈴木要太郎［1966］『金原治山治水財団史』金原治山治水財団。

CASE 6

百貨店創成期を導いた企業家

日比翁助（三越）と二代小菅丹治（伊勢丹）

❏ **はじめに**

　明治後期から大正期にかけて，資本主義の発展，都市への人口集中，生活様式の変化などを背景に，江戸時代に創業した大都市の有力呉服店が，取扱い商品の拡大や大型店舗の建設などによって百貨店化を進展させた。

　百貨店の起源は，1852年にフランスのパリでA.ブシコーが創始した生地商店ボン・マルシェにおける商品の大量陳列と低価格の販売を内容とする革新的商法にあり，同店は1860年代に衣類全般を扱う百貨店へと発展した。次いでメイシー（米国），ホワイトリー（英国），ヴェルトハイム（ドイツ）など，欧米先進国で次々と百貨店が開設された。欧米では，資本主義の発達とともにさまざまな専門店が設立されたが，百貨店は大きな建築物にそれらを一括に扱うという概念の下で営業を開始したのであった。

　日本における百貨店化の先頭を切ったのが，1904年12月に「デパートメントストア宣言」を行った三越呉服店である。これに刺激を受けて，明治末年にかけて，いとう呉服店（現・松坂屋），髙島屋，そごう，白木屋，松屋，大丸などが販売品目の多様化と陳列式営業を始め，百貨店へと業態を転換させていった。

　百貨店は，当初，豪華な洋風建築の建物を作って高級なイメージを打ち出し，上流階級を主たる顧客層とした。大正期の後半にサラリーマンなどの中産階級が厚みを増すと，実用品を販売したり，バーゲンセールを開始するなど，「大衆化」の方向を取り始めた。それに伴い，各百貨店は多店舗化を推進し，小売業態の中でも百貨店の売上げのウエイトが増していった。さらに1920年代後半以降になると，大都市において百貨店の新規参入が相次いだ。その1つが阪急百貨店を先駆けとする電鉄会社経営のターミナル・デパートであり，もう1つが伊勢丹を代表とする明治期創業の，いわゆる新興呉服店系の百貨店である。百貨店化の波は地方都市にも及んでいくようになり，その結果，全国の百貨店数は，1913年の8店舗から，31年の35店舗へと増加したのであった。

　そこで本ケースは，百貨店創成期における呉服店系百貨店の代表的な企業家として，デパートメント・ストアの開祖とされる三越の日比翁助と，百貨店への転換では後発でありながら短期間で三越に次ぐ地位を確立させた伊勢丹の二代小菅丹治を取り上げ，それぞれの百貨店への転換のプロセスを追うとともに，彼らの企業家活動を比較・検討する。

日 比 翁 助

三越中興の祖

日比翁助　略年譜

1860（万延元）年	0歳	現在の福岡県久留米市で，旧久留米藩士竹井安太夫吉堅の次男として誕生
1884（明治17）年	24歳	慶應義塾を卒業
1889（明治22）年	29歳	モスリン商会の支配人となる
1896（明治29）年	36歳	三井銀行に入行
1898（明治31）年	38歳	三井銀行本店副支配人，三井呉服店支配人に就任
1904（明治37）年	44歳	株式会社三越呉服店創設，専務取締役に就任
1906（明治39）年	46歳	欧米視察に出る（4月），翌年11月に帰国
1909（明治42）年	49歳	三越児童博覧会を開催
1913（大正2）年	53歳	取締役会長に就任
1918（大正7）年	58歳	取締役会長を退任
1931（昭和6）年	70歳	死去

CASE **6**　百貨店創成期を導いた企業家

1　三井家と三井呉服店

（1）　三越の創業

　三井家の事業は，1673（延宝元）年8月，三井高利が息子たちと江戸と京都に越後屋を屋号とする呉服店を開いたことに始まる。越後屋は小規模であったが，「現銀掛値なし」「店前売り」などといった革新的商法で成功をおさめた。ついで高利は1683（天和3）年に両替業にも進出し，幕府公金を扱うことで多大な収益を獲得した。1694（元禄7）年に高利が死去したが，この段階で三井は江戸・大坂・京都をまたにかける大商人に成長していた。

　しかし，三井家の事業は江戸後期になると経営状態が悪化の一途をたどっていった。とくに呉服店は深刻を極めていた。もともと江戸中期から他店との競争の激化，流行の変化への不適応，奢侈禁止令発令の影響などの理由で営業が芳しくなかったが，幕末には天保の倹約令や黒船の来航による政情不安で，人びとが呉服をほとんど買わなくなっていたのである。さらに三井家自体も幕府から度重なる御用金を命ぜられ，破局の危機にさらされるようになった。
そこで抜擢されたのが三井の江戸両替店に出入りしていた美野川利八（三野村利左衛門）であった。三野村は経営手腕を発揮して御用金問題を解決，その後も三井の大番頭として政商活動を展開していった。とくに三野村は三井の事業を金融業，すなわち官金取扱いを中心にした銀行を中核にするように改革を進めていった。ただし，1872（明治5）年に井上馨ら大蔵省首脳から，銀行設立のために不振の呉服店を分離するよう勧告された。同年3月に三井側はこれを受諾し，三井の「三」と越後屋の「越」をとって新たに創立した三越家（当主・三越得右衛門）に三井家が譲渡するかたちで分離された。

　新たに発足した越後屋だったが，三井家からの分離は店員一同に大きな動揺を与えていた。とくに伝統ある井桁に三の字の商標を丸越に変更したことは，これから独立開業する手代にとって信用不安をもたらした。そのこともあって，越後屋の経営はなかなか上昇の兆しを見せなかった。こうした状況を打開すべく，越後屋でも新時代に対応するためにさまざまな事業を試みた。東京では紡績製糸業と生糸を中心とする貿易業に着手し，大阪では石炭業と酒造業を手がけた。だが未経験の新事業ゆえそのほとんどが失敗に終わり，再び呉服業に頼

った経営を行わざるをえなかった。

(2) 三井呉服店の設立

　三井家では，1876（明治9）年7月に三井銀行が創設された。なお，それを主導した三野村は翌年に死去した。三井銀行は官金取扱い業務を軸にしていたが，逆にこれを利用して政府関係者が三井銀行から資金を借り入れ，しかも返済を怠るという弊害をもたらした。不良債権が増加していく中，1890年に発生した恐慌で三井銀行は経営危機に陥ってしまった。

　この危機を救ったのが中上川彦次郎だった。福沢諭吉の親戚であり，彼の「商工立国論」に共鳴した中上川は，1891年8月に三井銀行理事に就任し，辣腕をふるって三井銀行の不良債権を整理するとともに，同行の資金を利用して三井の工業化政策を遂行した。その中で中上川は越後屋の再統合を決定，1893年7月に三越得右衛門を三井姓に復し，越後屋は同年9月に三井得右衛門と三井復太郎両名の名義による合名会社三井呉服店に改組された。そして1895年8月に三井呉服店は三井大元方の監督下に入り，社長に三井源右衛門，相談役に益田孝と中上川が就任した。そこから三井呉服店における諸改革が実施されていくが，その役割を担ったのが，同じく8月に理事に就任した高橋義雄であった。

　高橋は，慶應義塾卒業後，時事新報社の記者として働きながら，『拝金宗』や『商政一新』などの近代経営経済論に関する書物を執筆した。その後，実業家を志して渡米し，イーストマン商業学校で経営学を習得した。この間，フィラデルフィアにある百貨店を視察し，日本の小売商売もデパートメント・ストア方式を採用するべきであるとの思いを抱くようになったという。帰国後，『商政一新』を読んだ井上馨に見込まれて1891年に三井銀行に入社した。そして，1895年8月に三井呉服店の改革を一任され，事実上の経営トップである理事に就任したのであった。

　高橋の実行した改革は多方面にわたった。代表的なものとして，①長暖簾座売を陳列販売方式に改めたこと，②洋服部を廃して呉服専業としたこと，③江戸末期以来ほとんど変化を見せなかった夫人晴着の模様に新風を起こし，時勢に適応する流行を創出させたこと，④大福帳式の旧計算法を洋式簿記式に改めたこと，⑤旧習を破って，新教育を受けた新人を店外から求めて要所に据え，

事務の敏活な進行を図ったこと，⑥手代，子供の住込み制度を改めて大部分を通勤とし，年季奉公制を給料制としたこと，が挙げられる。

しかしながら，これらの改革は店内に大きな動揺をもたらした。とくに，⑤にあるように，高橋は改革を推し進めるために，慶應義塾出身者の中村利器太郎や藤田一松をはじめ，商業学校や工業学校などの学卒者を多く採用したが，このことが旧来の番頭たちの大きな反発を生んだ。1898年4月にはそれがピークに達し，彼らは三井家にゆかりの深い向島の三囲神社にこもってストライキを断行した。それゆえ高橋は学卒新人数人を三井系列各社に転勤させて収拾を図ったのであった。

高橋はこのストライキで，自分を強力にサポートしてくれる片腕の存在が必要であることを痛感した。そこで白羽の矢を立てたのが，三井銀行東京本店副支配人に着任したばかりの日比翁助だった。高橋，そして中上川に説得された日比は，銀行から呉服店に転じることを決心し，1898年9月に三井呉服店の支配人に就任した。

2　日比翁助の経営改革

(1)　慶應義塾に学ぶ

日比翁助は，1860（万延元）年6月，旧久留米藩士竹井安太夫吉堅の次男として，士族屋敷櫛原町（現在の久留米市）に生まれた。日比姓を名乗るのは，1879（明治12）年3月に同家に養子に出てからである。

翁助は幼少の頃，寺子屋に通いつつ，父兄から算数，習字，剣道を習った。武士の子弟らしく厳しく格式のある精神鍛錬の日々であったという。1876年には北汭家塾に学んで漢学者江碕巽菴から詩文や経書の教えを受けるとともに，時勢を達観した欧米の新思潮に対処する方針で教えを受け，厳しく士魂を叩き込まれた。また画家狩野左京之進の下で絵画も学んだ。そのような教養豊かな翁助は，子弟の教育に興味を抱いて地元の小学校の教師の職を得た。教え子たちがひろく国家・社会に貢献してくれるのを夢見ながら，とても熱心に教育したのであった。

しかし，ある日，翁助は福沢諭吉の思想を知り，さらに『学問のすゝめ』など彼の著作を読み込んでいくうちに，どうしても福沢のもとで学びたいと熱望

するようになった。教師の道を辞することに抵抗もあったが，上京して慶應義塾に通い始めた。1880年，翁助が20歳のときである。

　慶應義塾に入塾した学徒の多くは，翁助同様，士族階級の出身者であった。それゆえ金銭を扱うことは卑しいという考えを抱いていた。しかし，福沢は，「身に前垂れをまとうとも，心のうちに兜をつけていることを忘れないようにせよ」との言葉に象徴されるように，士魂商才を説いた。翁助は1884年に慶應義塾を卒業するが，持ち前の士魂に加え，そこで学んだ法律，経済，商業などの素養が，彼を企業家として活躍する素地をつくりあげたのであった。なお，翁助の同窓には，後に財界で大成した池田成彬，波多野承五郎，武藤山治，和田豊治などがいた。翁助は彼らからも多くの刺激を得て，その親交は卒業後も続いていった。

(2)　三井銀行に入行

　慶應義塾卒業後，翁助は麻布にある海軍天文台に一時勤務し，1889（明治22）年に日本橋のモスリン商会の支配人に転じた。同商会は，呉服太物商の堀越角次郎（二代）と洋反物問屋を営む杉村甚兵衛らで組織された匿名商会だったが，外国との取引が増加する中で有能な人材を必要としていた。そこで堀越が福沢に依頼し，翁助を紹介してもらったのである。福沢は翁助の誠実さと仕事に対するひたむきな姿勢を評価していた。翁助もその期待に応えるかのようにモスリン商会の経営に貢献し，堀越の絶大なる信頼を受けるようになった。

　だがモスリン商会での勤務は長くは続かなかった。1895年に堀越が病没してしまったため，同商会を辞したのである。翁助にはすでに妻子がいて，失業のために生活は困窮を極めるようになった。

　このとき彼に手を差し伸べたのが中上川だった。三井の改革に着手していた中上川は，そのために必要な有能な人材を次々と三井銀行に入行させていた。翁助もその一人として誘われたのであった。翁助は，経験のない銀行業務に就いても期待に応えることが難しいとして断ったが，中上川から経験の有無ではなく翁助の人格と才能に期待していると説得されて入行を決意，1896年に和歌山支店に支配人として赴任した。同店の経営は乱脈を極めていたが，翁助は思い切った改革を断行して1年も経たないうちに同店の再建に成功したのであった。

和歌山支店の経営が軌道に乗るようになると，翁助は本店副支配人に抜擢された。中上川は翁助の手腕を高く評価し，その次は神戸支店長にと決めていた。しかし，先に述べたように，三井呉服店理事の高橋義雄が中上川のもとを訪ね，翁助を同店に迎え入れたいと頼み込み，中上川の承諾を得たのであった。翁助は，銀行家としてやっていく自信が湧いてきたときだったので，まったく新たな世界に飛び込むことに不安を感じて辞退した。だが高橋と中上川に熱心に説得された翁助は，三井呉服店の支配人に転じる決心をした。1898年9月，翁助が38歳のときである。

(3) 三越呉服店専務取締役に就任

　前述のように，翁助が入社した当時の三井呉服店は，高橋が改革を断行した直後だった。だが，依然古いしきたりが重視されて合理的な経営からはまだまだ遠く，課題は山積みであった。翁助は，高橋が自分に何を期待し実現しようとしたのかを察し，呉服店の改革に心血を注ぐ決意をした。ただ内部の反発も激しく，翁助のやり方に反抗する落書まで書かれたという。それゆえ，必ずしも順調ということではなかったが，翁助は自分の信念に基づき，高橋の進める改革に加え，自らも次々と施策を実践していった。中でも特筆されるのは，旧来の座売りを廃し，総陳列という新たな販売方法を採用したことであった。座売りを習慣とする呉服店にとっては画期的なことでもあり，同時に三井呉服店の近代化を象徴するものであった。

　しかし，三井理事会では三井呉服店に対して冷ややかだった。1904（明治37）年，翁助が呉服店の将来計画案を提示した際，これを受け入れないどころか，三井から呉服店を切り離そうと画策していた。強力な三井の工業化路線を敷いた中上川の死を契機に鉱山・物産・銀行を重点とする政策に転じ，規模の小さな呉服店は三井が行うべき事業ではないと決断したのである。結局，同年10月に分離独立のための発起人会が開催され，12月に三井呉服店は解散し，変わって三越呉服店が創設されて新たなスタートを切ることになる。事業目的を「和洋織物，糸，綿，洋服雑貨類の販売ならびにその受託販売および裁縫染繡」とし，翁助は専務取締役に，高橋は顧問格にそれぞれ就任した。また店章「丸に井桁三」も「丸に越」に改められた。

　翁助は，12月中旬から顧客や取引先に三井・三越の連名で挨拶状を発送す

るよう指示した。そこには三越呉服店が三井呉服店の営業すべてを引き継いだことを案内するとともに，今後の方針として「当店販売の商品は今後一層其種類を増加しおよそ衣服装飾に関する品目は一棟の下にて御用弁相成候様設備致し結局米国に行わるるデパートメント，ストアの一部を実現可致候事」といった内容からなる「デパートメントストア宣言」を行った。この宣言は，翌1905年の年頭に『時事新報』をはじめとする全国主要新聞紙上にも掲載された。

(4) ハロッズに学ぶ

　翁助は，1906（明治39）年4月，欧米の各都市，各地の百貨店を見学するため外遊の途についた。当時の日本では，百貨店という名前は知られていたものの，その実態についてはほとんど知られていなかった。そこで翁助は，百貨店の実態を把握して，三越の経営に生かしたいと考えたのであった。

　翁助はパリのボン・マルシェ，ルーブルの百貨店の立派さ，ベルリンのウェルトハイムの荘厳さ，フィラデルフィアのワナメーカーの規模と設備の新しさを評価したが，彼にとって，理想の百貨店像をロンドンのハロッズに見出した。ハロッズは当時名の知られた百貨店で，その誠実な営業姿勢に翁助は共感を寄せたのであった。すなわち「店員がいかにも静粛で親切でしかしてよく敏捷に立ち回る……米国は元来平等主義の国柄であるから，客の方で買ってやるといえば，店員の方では売ってやるのだというふうで，誠に殺風景極まっている。英国はこれに反して階級主義の国柄であるから，お客様はどこまでもお客様として取り扱っている」というのである。

　翁助はその後の旅程を変更して，一般客を装って毎日のようにハロッズを訪れて店内のすみずみまで見て回った。店員に怪しまれたほどだったが，翁助は，品物の配置や店員の応対など，客の目から見た百貨店を確認することができた。次いで翁助は，経営のノウハウや組織についての情報を得るため経営担当者に面会を求めた。対応したバーブリッジ専務は，毎日店内を見て回っている翁助の存在を知っていて，彼の研究熱心と百貨店経営にかける熱意を理解し，積極的に協力することを約束した。そして重役にさえあまり知られていないような収支決算書，広告の方法・費用，店員の給与体系までも4，5日かけて詳しく伝授した。

さらに翁助は店主ハロッズとも面会し，百貨店経営の哲学を学んだ。ハロッズは翁助に「世の中で大学総長と百貨店の社長ほど大変な職業はない。大学も百貨店も，それぞれの部署に卓越した専門家たちをかかえているが，それらの人たちの能力を最大限に引き出すようにしながら，上手にまとめて運営していかなければならないからである。だから，たいがいの大学総長と百貨店の社長は神経衰弱になってしまう」と百貨店経営の難しさを語ったという。また，翁助はハロッズで発行された，店員のための教科書や心得を書いた印刷物も持ち帰り，帰国後の経営に役立てようとした。

(5) 百貨店経営の新機軸

1906（明治39）年11月に帰国した翁助は，デパートメント・ストアにふさわしい店舗の建設に着手した。「人間生活に必要なありとあらゆる品物を集め，装飾品から衣料，食料，娯楽，台所用品，すべてにわたり一度店に入ればどのようなものでも入手できる店をつくりたい」という思いを実現するためのものであった。友人である三井銀行の池田成彬からの多額の融資など資金面のバックアップを受けた。そして1908年4月，日本橋に木造ながらルネッサンス式の3階建ての店舗を完成させた。敷地が1858平方メートル（563坪）で今日から見れば手狭だが，欧州風の華麗な装飾が施された店内に，さまざまな品物が豊富に陳列されている様子に店舗を訪れた客はみな驚いたという。

取扱い商品も徐々に拡大していった。すでに1905年に化粧品，帽子，小児用服飾品を販売し，1906年9月には休業していた洋服部を再開，イギリスから裁縫師を招聘して最新流行の紳士服の調製に着手させていた。1907年からは，かばん，履物，洋傘，くし，かんざし，旅行用品，煙草，文房具，貴金属など，取扱い商品を増やしていった。これらの商品は，翁助が店員を欧米に派遣して積極的に取り寄せたものであった。また，写真場，展覧会場，食堂など，サービスを供する施設も次々と設置した。

販売促進に関しても翁助は新機軸を打ち出していった。新聞広告，チラシ，ポスターの類はもちろんのこと，市内の電柱・電送馬車の吊革などに趣向をこらした広告活動を行った。また，PR誌として「みつこしタイムス」を発刊した。そして，顧客誘引や店内のムードづくりを目的に1909年2月に三越少年音楽隊を編成した。応募者を募ってその中から音楽的素養の優れた15人を選

び，演奏技術を磨きながら店内外の各種行事に出演させた。音楽隊は評判となり，三越の知名度向上に貢献した。同年の9月には「メッセンジャーボーイ」を配置した。当時，買上品や外売り，電話などによる注文品の配送は自動車，馬車，自転車，箱車などが用いられていたが，翁助は欧米諸国のデパートで実施されている「メッセンジャーボーイによるお届け方式」を採用したのであった。帽章，肩章，徽章，袖章を付した英国風制服を着用した少年が自転車に乗って市中を走り，来店客の帰宅する前に品物が届くことから好評を得て，メッセンジャーボーイの数も徐々に増加していった。

翁助は各宮家をはじめ伊藤博文など政府の高官や陸海軍諸将を積極的に三越へ招待し，来遊した外国の皇族や使節を「第二の国賓接待所」として歓待した。同時に「学俗協同」のスローガンの下に「流行会」を組織し，新渡戸稲造，佐佐木信綱など一流の学識経験者を集めて毎月座談会を催して新知識の導入に努めた。たとえば1909年に開催された「児童博覧会」は流行会の提案から実現したものだった。子どもの情操を高めるとともに，子どもの服装，玩具，スポーツ用品の普及と向上，健康のための食品衛生知識の向上を図ったもので，開催期間中は連日親子連れで賑わった。このような一連の活動が三越の百貨店としての名声をさらに引き上げたのだった。

こうした三越の成功を見て，白木屋，いとう呉服店，髙島屋など他の有力呉服店も，店舗を改築し，陳列販売の導入やショーウインドーの設置を試み，さらには取扱い商品を呉服だけでなく，化粧品や雑貨など次々と拡大して百貨店化の道を歩んでいった。

3　「今日は帝劇，明日は三越」

1914（大正3）年9月，「スエズ運河以東最大の建築」と称され，日本の建築史上に残る傑作とされる本店新館が完成した。白レンガの外壁のルネッサンス式の建物で，地下1階地上5階，延面積4000坪（1万3210平方メートル），正面入口には左右に三越のシンボルとなる青銅のライオン像が据えられた。さらに日本初のエスカレーターをはじめ，エレベーター，スプリンクラー，暖房換気，金銭輸送器，スパイラル・シュートなど最新設備が施され，屋上には庭園，茶室，音楽堂を設けて慰安施設の充実を図った。そして食料品部・茶部・鰹節

表1　三越の売上高推移

(単位：千円)

年	金　額
1905	537
06	677
07	1,113
08	1,258
09	1,409
10	1,689
11	1,935
12	2,094
13	2,117
14	2,111
15	2,365
16	3,094
17	4,192
18	5,480

出所：三越［2005］380頁。

部，花部を設置するなどして，翁助の構想する近代的百貨店としての形態を完成させたのであった。

日本経済は第一次世界大戦による未曾有の好景気をむかえ，産業構造の転換とともに，人口の都市への集中現象が起きつつあった。百貨店はこの都市文化を代表するものであった。それは，1915年に帝国劇場（1911年に東京・丸の内に完成した洋式劇場）のプログラムに掲載された「今日は帝劇，明日は三越」のキャッチフレーズに象徴されている。帝劇と三越という都市生活を満喫できる2大名所を並べたコピーは大きな反響を呼び，三越の知名度をさらに引き上げ，売上げは順調に伸びていった（表1）。

しかしながら，翁助は1911年頃から神経衰弱にかかり，元気を失っていった。皮肉にもハロッズの言葉どおりになってしまったのであった。1913（大正2）年に取締役会長に就任するも，徐々に業務から退き，18年に会長職を辞した。その後は再び仕事に戻ることなく，1931（昭和6）年2月に70歳の生涯を終えた。

翁助は終生，福沢諭吉の教えを胸に刻みつけており，その薫陶である「士魂商才」を守ってきた。「欧米の長所を見習い，わが文化を向上させ，大衆にできる限りサービスして店の繁栄をはかるとともに，進んで国家社会に何らかの貢献をしなければならない」と日比は常に考えていた。学識者との研究会，国際的な交流，児童博覧会などは，まさにこの信念が背景にあった。少年音楽隊が組織されたとき，せっかく三越で育てたとしてもやめて他で活躍されてはつまらないとの反対意見に対し，日比が「やめても一生三越に感謝するし，その中から一人でも天才が出れば社会のためになる」と説得したというエピソードもある。

百貨店をただ単に商品の販売だけを目的として営業するだけでなく，顧客に夢の空間を提供し，ひいては社会貢献のために貢献すべきであるとしたところに翁助の神髄があった。

二代小菅丹治
伊勢丹中興の祖

二代小菅丹治　略年譜

年	年齢	事項
1882（明治15）年	0歳	神奈川県足柄上郡川村字岸で，高橋苦右衛門の三男として誕生（本名・高橋儀平）
1893（明治26）年	11歳	小学校尋常科卒業，吉野島村の呉服店に奉公 小田原の内野呉服店に入店
1904（明治37）年	22歳	日露戦争に出征，翌年重傷を負う
1908（明治41）年	26歳	伊勢丹呉服店に入店 初代小菅丹治に入婿，長女ときと結婚（小菅儀平）
1916（大正5）年	34歳	初代小菅丹治死去に伴い，二代小菅丹治を襲名
1917（大正6）年	35歳	小菅合名会社を設立
1923（大正12）年	41歳	関東大震災で本店を焼失
1924（大正13）年	42歳	神田に店舗建設，百貨店形態に改める
1930（昭和5）年	48歳	株式会社伊勢丹を設立
1933（昭和8）年	51歳	伊勢丹新宿店を開店
1952（昭和27）年	70歳	緑綬褒章を受章
1960（昭和35）年	78歳	取締役会長に就任
1961（昭和36）年	79歳	死去

CASE 6　百貨店創成期を導いた企業家

1 初代小菅丹治と伊勢丹の創業

　伊勢丹は，1886（明治19）年11月，東京市神田区神田旅籠町2丁目（現在の千代田区外神田）に，伊勢庄呉服店から独立した初代小菅丹治によって創立された。創立当初の店名は呉服太物商「伊勢屋丹治呉服店」で，現在の株式会社伊勢丹と称するようになったのは，1930（昭和5）年9月のことである。

　初代小菅丹治は，1859（安政6）年に相模国高座郡円行村（現在の藤沢市湘南台）で，農業を営む野渡半兵衛とイチの次男として生まれた（野渡丹治）。生家は裕福だったが，当時の近郊農村では，長男以外の男子は町に奉公に出る場合が多く，丹治も1871（明治4）年，12歳のときに上京し，湯島にある伊勢庄呉服店に小僧として入店した。

　丹治は，同店で読み書きそろばんの修養から始めて，呉服店の商人に欠かせない知識と経験を身につけた。誰よりも商人道に励んだ丹治は，伊勢庄の主人・日野島庄兵衛の目にとまり，20歳の頃に同店の番頭になった。その後，伊勢庄の得意先の1つである神田旅籠町の米穀問屋兼米商人伊勢又の主人小菅又右衛門に見込まれ，長女華子の婿養子となった（小菅丹治）。ただ伊勢又は継がず，丹治は通い番頭として引き続き伊勢庄に勤めた。

　そして1886年，丹治は28歳で独立して伊勢屋丹治呉服店の看板を掲げ，商号を「伊勢」に自分の名前「丹」を配した「伊勢丹」とした。現在も続く「丸のなかに伊」の店章（マーク）もこのとき誕生した。また，丹治と同じく伊勢庄で働いていた実弟の細田半三郎を引き取った。11歳年下の半三郎は，主に仕入れや卸売を担当しながら，丹治の片腕として終生，伊勢丹の経営を支える存在となった。

　丹治は「小さく儲けず，大きく儲ける」「日本一の伊勢丹になる」ことを目標とし，優れた経営能力を発揮して，伊勢丹を創業10年ほどで三越，白木屋，松屋，松坂屋と並ぶ東京屈指の呉服店へと成長させた。「現金正札附掛値なし」の方針を掲げ，そのために仕入れ先の問屋との関係を重視して現金仕入れを行った。また，高級呉服と帯のデザインに力を入れて花柳会や実業界を主とした上流層の顧客を開拓し，「帯と模様の伊勢丹」という定評を得る一方，創意を発揮して大衆品の流行をつくり出して製品開発のために自家生産にまで進出し

た。さらに外売にも積極的に力を注いだ。

　丹治の経営理念は，彼が入信した日蓮宗の学者田中智学の助力によって1913年に店則「家憲三綱五則」として成分化された。「至誠」を根底に置き，「正義の観念」「勤勉の意気」「秩序の風習」を心となし（三綱），「義務」「礼儀」「勇気」「信用」「質素」を体となす（五則）からなっている。儒教道徳をバックボーンとしているが，根本には近代的商業経営理念である「薄利多売」，すなわちより安く売ることを通して消費者の利益を助長し，ひいては社会の便益や福祉の増進に寄与するという考え方があった。「家憲三綱五則」は，1964（昭和39）年に「経営綱領と行動の指針」が制定されるまで，"店憲"として踏襲されるようになった。

　ところで，明治末期から大正・昭和初期にかけてはわが国百貨店の成立期であった。1904年に三井呉服店が「デパートメントストア宣言」をしたのを皮切りに，呉服店の百貨店化が進んでいた。伊勢丹は，1895年にあまさけや，1898年に川越屋などの同業他社を吸収合併して順調に業容を拡大していたが，時代の趨勢は明らかに百貨店化に向かっていた。それゆえ，丹治も百貨店化に関心を抱き，その実現に向けて構想を練っていた。ただ東京のビジネス・センターが丸の内，日本橋，京橋方面に移行しつつあったことで，神田明神下にある伊勢丹は百貨店としては不適であった。そこで1910年に丹治が日比谷に1000坪を借地したが，細田半三郎や番頭たちは百貨店への転換にきわめて消極的で，丹治に反対した。そしてその丹治も1916（大正5）年，58歳で亡くなった。彼が描いた百貨店化の道は，長女ときの婿養子である小菅儀平（二代小菅丹治）に委ねられることになった。

2　二代小菅丹治の経営改革

(1)　生い立ちと修養時代

　二代小菅丹治は，1882（明治15）年4月，神奈川県足柄上郡川村字岸（現在の山北町岸）に農業を営む高橋苦右衛門とよしの三男として生まれた。幼名は儀平といった。地元の尋常小学校を卒業後，11歳で母が勧めた近隣の呉服商（太物店）に奉公に出た。しかし，ここでの仕事に物足りなさを感じた儀平は，1年足らずで店を辞めた。そして小田原に出て洋傘屋に勤めたが，ここもすぐ

に辞めて同じく小田原にある内野呉服店に入店した。

　同店は，1887年に内野幸左衛門によって創立され，儀平が入った頃は小田原で5本の指に入るほど繁盛していた。儀平はここで26歳まで修業し，小僧から一番番頭に昇進するまでになった。なお，この間，彼は日露戦争に召集され，東京近衛歩兵第4連隊に入隊，奉天の会戦で左わき腹に機関銃弾を受けて大けがをするという体験をした。

　内野呉服店での儀平の勤めぶりは実直そのもので，とくに番頭になった際の呉服の鑑識と経済眼には主人も頭が上がらなかったという。儀平はすぐれた頭脳をもち，知恵・才覚，創意・工夫に優れ，大実業家になろうとする大志と進取の気性とをもつ反面，接する人すべてに対して温かい情愛をもった人物であった。

　ある同僚は，儀平のことを「身体は強健で体格よく，肩がはってきびきびした活動ぶりで，すべて積極的で，いうことがしっかりしており，いつか仲間でも『あの男は偉くなるぞ』と尊敬するようになりました。商売熱心で，道楽にはまったく無関心でした。品行方正で，読書が唯一の趣味のようでした。議論はつよく，頭がするどく，気性がはげしいから，一たんいいだしたらあくまできかないという強い性格の反面，友情に厚く，友達は多かったようでした」と語っている（伊勢丹［1961］）。読書については，漢籍だけでなく実業雑誌として『実業之日本』をよく読み，中でも渋沢栄一の随筆や論文にふれ，彼の実業思想に深く感銘を受けたという。

（2）　伊勢丹呉服店に入店

　儀平は1908（明治41）年，26歳のときに小菅家に入婿するとともに，伊勢丹呉服店に入店した。この入店については，次のようないきさつがあった。

　1908年春，伊勢丹の販売員が取引先の内野呉服店を訪れ，「これは店売りしない品物で，卸値は1本150円」と言って帯を売り込んだ。これに対し番頭である儀平は，交渉のうえ1割引の135円で20本を仕入れた。しかし数日後，所用で上京した儀平は，この店売りしないと言われたはずの帯が，伊勢丹の店頭で，しかも120円の正札をつけて陳列・販売されているのを見かけた。

　そこで儀平は先の店員を呼び出し，小田原での言い分との食い違いを追及した。弁解を繰り返す店員の態度に儀平は納得せず，代わって細田半三郎が儀平

の相手になった。儀平の主張は、「店売りせぬとおっしゃったのもウソ、1割引くとおっしゃったのもウソということになるじゃありませんか。二重にウソをつかれ、だまされて仕入れたものを、お客さんに売っては、お客さんに申し訳ないのみならず、私どもの恥になるし、それ以上にあなたのお店の恥になりましょう。どうしてももう1割あまり引いてもらって、それだけお客さんへ値引きサービスしなければ、お客さんにも主人にもすまないのです」というものであった。結局、細田が折れて、差額分を値引きすることになった。そのやり取りの間に、細田は儀平の頭脳の明晰さ、道理を尊ぶ正義感の強さ、買主と主人への誠実さ、そして応対の態度の立派さに強く惹かれたという。加えて容姿・体格も立派な青年であることも注意をひいた。

　というのも、初代丹治は、この頃自分の後継者となるべく長女ときの婿にふさわしい人物を探していた。丹治の子ども5人はすべて女子だったので、娘たちに婿養子を迎える方針を決めていたのであった。しかも、店内から選ばないこと、なるべく東京以外の土地で実直に勤めている同業の人物であることの2点を条件とした。丹治が、細田からの儀平が長女の婿にふさわしいという判断を信じたので、細田は数日後に小田原の内野呉服店を訪れ、小菅家への入婿を懇請した。なおこのとき儀平は26歳、ときは24歳であった。

　この申し出に対し、儀平は、婿養子は一生肩身のせまい思いをしなければならないとして断った。しかし細田の度重なる訪問を受け、丹治自身が養子であることと、彼が儀平を本当の息子同様に商売に自由に腕を振るってもらおうと考えていることを聞き、儀平は心を動かされた。そして1908年4月に丹治の婿養子となり、同年10月にときと結婚したのであった。なお、小菅家ではときに続き、次女愛子も1912年に伊勢丹と親交の深かった八王子の問屋・久保田商店に勤めていた八木千代市を婿として迎え入れた。

（3）　二代小菅丹治を襲名

　伊勢丹に入店した儀平は、丹治の下で教育と感化を受けながら努力を重ねていった。仕入れには夜行列車の三等車に乗って京都や桐生などに赴いた。問屋兼営であるので、小僧のひく卸の車のあとについて卸商いのイロハを体得させられた。経営難に陥った高田馬場にある絹綿工場の再建に携わったこともあった。ときには儀平の存在が面白くない古参の番頭たちと多少の軋轢や悶着が

あったものの，丹治や義母，妻の励ましを受けながら歯を食いしばって頑張ったという。いずれにせよ厳しい状況を乗り越えることにより，儀平には伊勢丹でやっていくという自信が構築され，かつ自然と統率力がつくようになっていた。

儀平にとって，丹治からの徹底した教育・訓練は，その後の二代丹治としての人間形成の基礎をなし，実業家としての才覚をいっそう磨かせるものだった。とくに儀平は丹治から，「景気のいいときには誰が何をやっても儲かる。それは景気のおかげで儲かるので，商人が自力で儲けるのとはちがう。不景気のときに，人の何倍も苦労し，知恵・才覚をはたらかして儲けるのでなければ，本当の商人とはいえない」との言葉をしっかりと胸に刻んだのであった。

そのような折，伊勢丹では百貨店へ転換するか否かの問題が生じた。先に述べたように，転換を進めようとする丹治に対して，細田らが反対していた。儀平は，古いかたちの呉服屋はもはや時代おくれであり，いずれは近代的な百貨店に転換しなければならないだろうと前向きな姿勢をみせた。そもそも神田旅籠町は，交通事情の変化のため，万世橋とお茶の水を結ぶ線の外に置かれ，呉服商としての立地条件は悪化しつつあった。そのため外売りに力を入れて補っていたが，根本的対策がどうしても必要なことは明らかであった。

しかし，1916（大正5）年2月25日に，丹治は病がもとで58歳で永眠した。伊勢丹呉服店を日本一のものにすることが丹治の希望だったが，その実現は儀平をはじめとする全店員に引き継がれた。

丹治の死去に伴い，二代小菅丹治を襲名した儀平（以下二代丹治）は，同族の結束を図りつつ，経営の近代化に着手した。まず，家業と遺子の将来について細田と相談した末，儀平，千代市をはじめ丹治の三女かつ子，同四女智恵，同五女喜代，細田半三郎，その長男徳太郎の7人を社員とする小菅合名会社を組織し，伊勢丹を継承することにした。資本金は30万円，合名会社設立の日付は丹治死去から1年後の1917年2月にした。定款は，第1条「本社ハ呉服太物類ノ製造並ニ卸小売ヲ為スヲ以テ営業ノ目的トス」から始まり，全部で30条から構成された。また，同時に「小菅合名会社社員申合規約」（社員すなわち小菅一族の申合せを規程したもの），「伊勢丹呉服店特殊店員規約」（幹部社員について定めたもの），「営業細則」が設けられた。

(4) 百貨店化への模索

　合名会社を設立して経営近代化への一歩を踏み出したものの，現業部門に関しては，先に挙げたような立地条件の悪化を打開できるような抜本的な解決策を模索していた。また，同業他社が陳列販売方式を取り入れて成功しているのに対して，伊勢丹はいまだお座売りを行っていた。

　そうした中，1920（大正9）年3月に，株式市場の暴落に端を発する経済恐慌が発生した。産業界が大きな打撃を被り，呉服反物も大暴落し，百貨店も手持ちの商品の値下がりによって深刻な状況を迎えた。伊勢丹では，二代丹治が機敏に反応し，間髪を入れず問屋の手持ち商品を大量に安値で仕入れ，他社に先がけて大々的な臨時大売出し「天運的仕入品底値大売出し」を実施した。顧客が殺到し大硝子戸が割れるほどの盛況ぶりだったという。また民間の飛行家に依頼して，空から大安売りの広告ビラを数万枚撒布するという思い切った宣伝方法で東京市民を驚かせるなど，積極的な営業政策をとった。だが繁盛したものの実態は厳しく，相変わらず外売りに頼らざるをえない状況が続き，さらに伊勢丹の得意とする花柳界とくに芸妓屋の払いが悪く，集金が思うようにいかなかった。義父・丹治の言葉である「本当の商人」になるために，二代丹治はさらに努力しなければならなかった。

　しかし，二代丹治に再び大きな試練が訪れた。1923年9月1日に発生した関東大震災である。この震災で，神田店の店舗と全商品，芝愛宕町にあった家屋，下谷の織物工場など，丹治から受け継いだ資産の大部分を失ってしまった。二代丹治は，この試練に対して勇猛心をふるいたたせ，伊勢丹の再興に全身全霊をかける決意をした。そこで，彼は2つの方針を打ち出した。1つめは「帯と模様の伊勢丹」の方針を受け継いでその伝統を維持・発展させること，2つめは根本的な復興策として神田旅籠町の焼け跡に百貨店を開設することであった。

　関東大震災以後，三越，松屋，白木屋など東京の百貨店は店舗の「大型化」を図り，かつ高級呉服だけでなく日用品や実用品も充実させるという「大衆化」を進めていた。伊勢丹に関しては，細田半三郎が震災を機に経営の主導権を二代丹治と千代市に任せるようになったことも，百貨店化をスムーズにさせた。そして1924年4月，2階建て木骨鉄鋼コンクリートの洋風建築の神田店が完成した。総延べ面積904平方メートルと手狭だったが，新たに子ども服，玩具，

肩掛，洋傘，化粧品，雑貨，文房具，食料品を取り揃え，2階を呉服，1階を日用品・雑貨類売り場とし，従来の座売り販売方式から陳列販売方式に改めた。

さらに震災後の区画整理が進む中，二代丹治は隣地を買収し，鉄筋コンクリート造りの新館の増築を計画した。そのうえで1927（昭和2）年6月に，定款の事業目的を「呉服太物類ノ製造並ニ卸小売ヲ為スヲ以テ営業ノ目的トス」から，「呉服太物類ノ製造並ニ和洋織物，糸，綿，洋服，雑貨類，食料品及ビ官製煙草其ノ他百貨ノ販売業ヲ営ムヲ以テ目的トス」に改めて，伊勢丹の百貨店への転換を明確に示した。同年10月に落成した新館は，地下1階地上3階の延べ面積1003平方メートル（304坪）だった。

百貨店に転換したとはいえ，伊勢丹の販売の主力である呉服類は店頭販売の8割前後も占めていた。呉服類が多いことは，同業他社に比べて小規模ゆえ，大衆必需品の大量販売を展開することができないことが主な理由だった。それゆえ，慢性的な不況と重なっていることもあって，売上げは徐々に減少していった。さらに伊勢丹にとって最大の問題は，神田という立地にあった。神田はもはや東京の中心繁華街ではなくなっていたのである。新館を建てたばかりだったが，二代丹治は神田からの移転を決意した。二代丹治は後に以下のように語っている。

「せっかく新店舗をこしらえたのだからとか，父祖の地を捨て去るのも惜しいとか，店内にもむろんいろいろな意見が出た。けれども，私はこの際商売が生きるか死ぬかの瀬戸ぎわで，父祖伝来の地もハチのアタマもあったものか。ともかく一刻もすみやかにこの地を捨てて，しかるべきショッピングセンターに進出しなければならぬと決心のほぞをかためた」（伊勢丹［1990］49頁）。

(5) 新宿進出と本格的百貨店の確立

二代丹治は，1929（昭和4）年頃から千代市と店舗の移転先を検討した。銀座，京橋，日本橋地区などいくつか候補地として挙がったが，最終的には新宿の将来性に着目した。ただし，都心の銀座周辺や上野はもちろんのこと，副都心となりつつあった新宿も，三越支店，ほてい屋，武蔵屋，二幸などの百貨店が開設されていて，新たな百貨店参入の余地はないように思えた。伊勢丹の番頭たちも相変わらず保守的で，新宿よりも祖業の地である神田に執着していた。

しかし二代丹治は他の百貨店との競合になろうとも，震災直後新宿 1 丁目に分店を一時的に出した経験に加え，早稲田大学の学生に依頼した交通人口などのリサーチから，新宿出店に自信をもったのである。

　出店候補地を新宿に絞り込む一方，資金の捻出方法として資本金を増額するため，小菅合名会社は 1930 年 10 月に株式会社伊勢丹に改組された。資本金は 50 万円で，このとき定款に「当会社ハ百貨店陳列販売業及之ニ附随スル事業ヲ営ムヲ以テ目的トス」と記され，伊勢丹が明確に百貨店としてスタートしたことを宣言した。

　新宿での土地取得は難航したが，1931 年 7 月にほてい屋に隣接する東京都電気局（現在の伊勢丹の場所）の所有地約 3500 平方メートルを落札して，念願の新宿進出が決定したのであった。なお，開業の準備にかかる際，資本金を 200 万円に増資する必要があった。世界恐慌で新株式の募集が困難な中，二代丹治らは地方の取引先をまわって零細な資金を集めて必要な額を得た。さらに，本格的な大規模百貨店経営に必要な人材を確保するため，同業他社あるいは外部から百貨店経営者や店員を積極的に登用（スカウト）した。そして店舗内のレイアウトなどについて彼らの意見を取り入れて，経営に生かすように努めたのであった。

3　「新宿の伊勢丹」へ

　1933（昭和 8）年 9 月 28 日，伊勢丹新宿店が開店した。地下 2 階地上 7 階，鉄筋鉄骨コンクリート造りのアール・デコ調近代式建築で，総面積は当時の新宿地区で最も広い約 1 万 6500 平方メートルであった。開店直後の 30 日に臨時株主総会が開催され，定款を「当会社ハ百貨陳列販売業及ビ之関連スル物品ノ製造加工卸売請負業　代理業　賃貸業　写真業（官庁ノ許可ヲ要スルモノハ之ヲ除ク）煙草　食卓塩小売　度量衡器計量器薬品売薬販売　化粧品売薬部外品製造販売　飲食店（和洋支那料理喫茶和洋酒）営業　診療所経営，以上ニ附随スル一切ノ業務ヲ営ムヲ以テ目的トス」に改められた。同時に神田店を閉店し，本店を新宿に移して，「新宿の伊勢丹」として発展する礎を築いたのであった。

　そして二代丹治は，新宿地区での同業他社，とくに隣接するほてい屋との競争に対処していった。その姿勢は「よい品だけを集めて，いつも顧客を念頭に

表2　伊勢丹の売上高推移

（単位：千円）

年	金額
1930	
31	1,595
32	1,353
33	4,721
34	8,668
35	10,209
36	15,149
37	17,304
38	18,380
39	22,555
40	22,506

出所：伊勢丹［1990］380頁。

置き，問屋ともよい関係の取引をする」ことを旨とした。つまり，顧客第一主義を重んじて，適正価格で商品を売る，一時しのぎの商売は絶対やらないという商法に徹したのであった。廉売大見切りといっても，それは自分の利益の中から切って期末ごとに奉仕するものとし，問屋との共存共栄を崩してまで行う安売り商法は必ず破綻すると確信していた。義父である丹治から受け継ぎ，二代丹治が大切にした教えだった。一方のほてい屋は，伊勢丹への対抗策としてむやみな安売りを行った末に競争に敗れた。1935年にほてい屋を買収した伊勢丹は，総面積3万3000平方メートルを超す新宿を代表する本格的百貨店となり，その後も順調に成長を遂げた（表2）。

　伊勢丹の特色は，これまで同様，「帯と模様の伊勢丹」といわれる呉服類を核とした衣料品中心の商品構成にあった。ただし，二代丹治は商品開発を積極的に行わせて，他社にはない伊勢丹独自の商品を生み出していった。それゆえ伊勢丹では，三越と異なり高級品に加えて中産階級（大衆顧客）をターゲットとした幅広い品揃えや営業展開を行い，新宿，杉並，渋谷，中野，世田谷などを中心とする山の手から国分寺，立川にいたるまで広範囲にわたる顧客の獲得に成功した。

　第二次世界大戦後，二代丹治は，「新宿第一主義」に徹して店舗の拡張に努めた。1957年9月には，総面積5万6000平方メートルとし，近代設備を有する業界でも屈指の百貨店を築いた。商品構成でも衣料の比重を高くし，呉服商売で培った知識や経験に加え，新しいマーチャンダイジング手法による市場・売場開発に関する若い経営陣の考えを取り入れていった。そして伊勢丹は，ベビー・子ども用品，ティーンエイジャー，婦人ファッション衣料といった新市場，とくに若い世代をターゲットにした市場を開拓し，オリジナル商品を開発して業界をリードする存在となった。「帯と模様の伊勢丹」という伝統が「ファッションの伊勢丹」へと受け継がれたのであった。

❏ おわりに

　本ケースでは，百貨店創成期における呉服店系百貨店の代表的な企業家として，三越の日比翁助と伊勢丹の二代小菅丹治を取り上げ，両者が百貨店を創設し，その発展の礎を築き上げるプロセスを追った。

　三井銀行から三井呉服店に転じた翁助は，三井の呉服店政策に翻弄される中，1904（明治37）年に「デパートメントストア宣言」を行い，ハロッズで学んだ百貨店の手法を取り入れて，わが国に最初の近代的百貨店の経営を確立した。彼は百貨店経営に新機軸を打ち出し，客が来店したくなるような店舗をいかに構築するかに努めた。そして福沢の教えである「士魂商才」の言葉を守り，社会貢献をも視野に入れた経営を展開した。残念ながら道半ばにして病に倒れたが，「今日は帝劇，明日は三越」のフレーズに象徴される「夢の空間」を提供する姿勢はその後の三越ならびに他の百貨店にも引き継がれた。

　丹治（初代）亡き後に伊勢丹の経営を担った二代丹治は，彼の理念を継承しつつ，経営近代化に着手した。そして丹治がなしえなかった伊勢丹の「百貨店化」を，周囲の反対を受けながらも素早い判断力と行動力でもって実現した。店舗の立地については当時新たな繁華街として発展しつつあった新宿に着目し，そこに大規模な店舗を構築，多くの顧客を獲得する素地をつくった。さらに「帯と模様の伊勢丹」という姿勢を大切にし，それが後に「ファッションの伊勢丹」として受け継がれることになった。

　両者が百貨店に転換させる時期の違い，両者の出自・キャリアの違い，すなわち専門経営者である翁助と家族経営者である二代丹治の経営手法・理念，財閥系の三越と独立系の伊勢丹などといった違いはあった。ただし，両者が百貨店経営において「顧客第一主義」に徹しながら独自のポジションを築いたこと，ひいては大衆の消費行動のあり方にインパクトを与えた点は共通している。

　ところで，三越と伊勢丹は，2008（平成20）年4月に株式会社三越伊勢丹ホールディングスを設立して経営統合し，2011年4月に株式会社三越伊勢丹に商号を変更した。統合した背景として，三越側では（とくに若者向けの）ファッションに強い伊勢丹の徹底されたマーチャンダイジングのノウハウを取り入れることで売上げの上昇と商品の調達力向上につながること，伊勢丹側では三越の老舗としての全国ブランド，年配，とくに50代以上の富裕層（高級志向）

の顧客獲得が見込まれること，などといった双方のメリットがあった。そこにも，三越と伊勢丹という百貨店化に尽力した両社の方針の違いが顕著に表れているが，経営統合により相乗効果をもたらすことが期待される。

★参考文献
- テーマについて
  - 初田亨［1993］『百貨店の誕生——明治大正昭和の都市文化を演出した百貨店と勧工場の近代史』三省堂。
  - 石井寛治［2003］『日本流通史』有斐閣。
  - 石原武政・矢作敏行編［2004］『日本の流通100年』有斐閣。
  - 末田智樹［2010］『日本百貨店業成立史——企業家の革新と経営組織の確立』ミネルヴァ書房。
- 日比翁助について
  - 三友新聞社編［1972］『三越三百年の商法——その発展のものがたり』評言社。
  - 作道洋太郎［1997］「日比翁助と中内功——流通業界にみる東西の革新的行動」同著『関西企業経営史の研究』御茶の水書房。
  - 星野小次郎［1951］『三越創始者　日比翁助』創文社。
  - 株式会社三越編・刊［1954］『三越のあゆみ——株式会社三越創立五十周年記念』。
  - 株式会社三越編・刊［2005］『株式会社三越100年の記録——デパートメントストア宣言から100年：1904-2004』。
- 二代小菅丹治について
  - 前田和利［2008］「創業者からの継承とビジネスの進化——伊勢丹と二代小菅丹治」橘川武郎・島田昌和編『進化の経営史——人と組織のフレキシビリティ』有斐閣。
  - 土屋喬雄［1969］『二代小菅丹治（上）』株式会社伊勢丹。
  - 土屋喬雄［1972］『二代小菅丹治（下）』株式会社伊勢丹。
  - 株式会社伊勢丹編・刊［1961］『伊勢丹七十五年のあゆみ』。
  - 株式会社伊勢丹編・刊［1990］『伊勢丹百年史——三代小菅丹治の足跡をたどって』。

CASE 7

船成金の出現と企業家活動

内田信也（内田汽船）と山下亀三郎（山下汽船）

❏ はじめに

　明治期以降の日本経済の目覚ましい発展を主導した企業家たちの功績については，多くの研究者や作家・ジャーナリストなどによって，おおむね敬意をもって紹介されている。しかし敬意をもたれていない企業家もいる。「成金」と呼ばれる人たちである。

　「成金」とは，「急に金持になること。また，その人」で，「多く，その人を軽蔑して用いる」（『広辞苑』第6版）とされる。この言葉ができたのは比較的新しく，日露戦争後だという。始祖は鈴木久五郎（鈴久）という相場師で，株式投機で大儲けし，「野放図もない馬鹿遊びや奢侈を極めた」ことに対し，「世間の人が一種の反感と侮蔑とを以て『彼は成金だ』といったものに始まる。即ち将棋の歩が一躍にして金に成ったようなものだといったのである」。そして鈴久は株式ブーム崩壊に際しあっけなく没落し，「侮蔑と嘲笑をあびせ」られた（越山堂編輯部編［1925］）。

　この鈴久にみられる「成金」の特徴は，①金を得る手段が投機的で，虚業家的性格が強いこと，②金にまかせた品格を欠く浪費，③ブームの終焉に伴う没落，の3つであろう。

　第一次世界大戦の際のブームは，日露戦争後のブームとは比べものにならない規模であったため，そこで生まれた成金もケタ違いに多く，大規模であった。そして「多くは第一次大戦後の反動恐慌のなかで泡のように消えていった」（『日本歴史大事典』小学館）。たとえば大戦前には零細貿易商であった山本唯三郎は大戦中に船で儲けたが，成金と呼ばれることを嫌がり，「俺は成金ではない，こんなに努力したのだぞといふことを知らせる為だといって」，総勢200余人の「征虎隊」を引きつれて朝鮮半島で虎狩りを敢行し，天下の名士を帝国ホテルに招待して虎肉の試食会を催した。しかし1920（大正9）年の反動恐慌に際して破綻し，没落した（越山堂編輯部編［1925］）。

　第一次世界大戦期の成金の代表は船成金で，とくに山下亀三郎，内田信也，勝田銀次郎の三人は三大船成金と呼ばれた。本ケースでは前二者について，①いかにして金を得たか，②その金の使い方とその品格，③ブーム終焉に際しての対応，の3点を検討してみたい。

内田 信也
船成金から大臣へ

内田信也　略年譜			
1880（明治13）年		0歳	茨城県行方郡麻生町に誕生
1905（明治38）年		24歳	東京高等商業学校卒業，三井物産に勤める
1910（明治43）年		29歳	山田満壽子と結婚
1914（大正3）年	7月	33歳	三井物産退社，内田信也事務所開設
	12月	33歳	内田汽船株式会社設立
1915（大正4）年		35歳	下期に内田汽船60割配当
1917（大正6）年	2月	36歳	内田商事株式会社・帝国窯業株式会社設立
	4月	36歳	株式会社内田造船所設立
1924（大正13）年		43歳	政友会入党，総選挙に立候補，当選
1934（昭和9）年		53歳	鉄道大臣（岡田内閣）就任
1944（昭和19）年		63歳	農商大臣（東条内閣）就任
1945（昭和20）年		64歳	公職追放（1950年解除）
1952（昭和27）年		71歳	総選挙に自由党から立候補，当選
1953（昭和28）年		72歳	農林大臣（吉田内閣）就任
1971（昭和46）年		90歳	死去

1 サラリーマンから船舶ブローカーに

　内田信也は，1880（明治13）年12月，茨城県行方郡麻生町（現・行方市）で，内田寛の九人兄弟の末っ子として生まれた。父寛は，麻生藩士平野家の出で，同じ麻生の内田家を継ぎ，官吏となったが，病気療養のため郷里に帰っていた。その後，病気が回復し，1885年に内国勧業博覧会書記として家族とともに東京に出てきた。

　信也は，東京で小学校を卒業，正則中学に入学したが，4年生のときに教師とぶつかり，自ら退学届を出して麻布中学校に転校してしまった。1899年に同中学校を卒業，猛勉強の末，東京高等商業学校（一橋大学の前身）に入学した。

　1905年，東京高等商業を卒業し，三井物産株式会社に就職，神戸の船舶部に配属された。他の新入社員たちが郷里に帰り，新たな仕事に就く準備をしている間に内田は，三井物産の本社に出社して強引に仕事を始め，後から出社した同僚に対し先輩であるかのように振る舞った，と自慢げに語っている（内田[1951]）。

　三井物産船舶部では，上司に認められ，1910年には，事実上の傭船部長であった傭船主任となった。三井物産船舶部は，自らも船舶を所有してこれを運航すると同時に，1〜2隻の船舶を所有してこれを貸していた一杯船主といわれる人たちから多くの船を傭船してこれを運航していた。海運業は，貨物を運んで荷主から運賃をとるのが本来の姿であるが，集荷能力をもたない一杯船主たちは，自らリスクを負って船舶を運航するより，自営運航のノウハウをもつ大規模な海運業者に船舶を貸船して傭船料を受け取る場合が多かった。内田はここで傭船業務のノウハウを身につけ，多くの海運業者の知己を得た。

　1914（大正3）年7月，内田は三井物産を退社した。自伝によると，北海炭鉱社長の磯村豊太郎から営業部長として就任するように「懇望」されたが，物産の福井菊三郎常務が「三井から手放せぬ」と頑張り出し，板ばさみとなった。たまたま「欧州の戦雲急なり」という号外を見て，「これぞ天の命なりと考え」，「いさぎよく宮仕えをやめ」たのだとされている（内田[1951]）。しかし内田がシンガポール支店への異動を拒否し，磯村が北海道炭鉱で引き取ろうとした

が，福井がいったん決定した人事を一社員のわがままで覆すことを認めなかったのだ，ともいわれる（イハラキ時事社編輯局編［1935］）。

内田は退社後，神戸で傭船業務のノウハウを生かした船舶ブローカー・内田信也事務所を開設した。自らの退職金と兄から借りた金をあわせた2万円足らずが元手だった。

2　第一次世界大戦景気と船成金・内田信也

(1) 大戦景気と60割配当

退社後1カ月もたたない7月28日，第一次世界大戦が勃発した。世界経済は大混乱に陥り，この影響を受けて，日本経済は恐慌状態となった。

開戦当初の内田の企業者活動について，自伝で次のように語られている。すなわち，大戦勃発と同時に運賃は暴落した。海運運賃の指標となる門司浜（門司・横浜間）石炭運賃もトン38銭にまで暴落したが，内田はこれを「一時的な現象とにらみ」八馬汽船の第八多聞丸を8月から1年間，月4200円で傭船契約した。この目論見が当たり，この船を山本唯三郎と月8000円で1年間の貸船契約を結ぶことができ，早速5万円近い利益を上げた。そしてこの金を元手に「手当り次第，船を次から次へとチャーターして利喰いにかかった」（内田［1951］）。内田の的確な状況判断と傭船ブローカーとしての手腕が発揮されたのである。

しかし，船舶をもたず，他社の船舶を借りてこれを転貸し利ざやを稼ぐ，という経営形態だけでは事業の拡大に限界がある。自ら船舶を所有することによって利益はさらに期待できるが，高価な船舶を買ったとして，海運市況が好転しなければ利益は上がらない。問題は，戦争がいつまで続くか，ということである。

この時期のことと思われるエピソードがある。「氏の理想からいへば，金を儲けて忠孝の実行に資するにあるので，神明も斯の赤誠をば認めて下さるに違いない」と，「斎戒沐浴し，神棚に対して静坐し」，熱心に念じたところ，「『戦争は永びく』の神託があった」（イハラキ時事社編輯局編［1935］）というのである。内田は神託に従い，1914（大正3）年12月，16.6万円の中古船・大正丸を購入し，資本金25万円（払込済12.5万円）の内田汽船株式会社を設立し

図1　本邦傭船料（中型船）の推移

（単位：円／トン）

出所：畝川［1927］507頁。

た。

　開戦以来，海運市況は気迷い気味に推移した。1914年7月末に76銭だった門司浜石炭運賃は，日本の対独宣戦（8月23日）と同時に95銭に，9月には1円50銭にまで急騰した。しかしその後，ドイツ艦艇による商船攻撃が激しくなり，さらに11月7日に青島が陥落して以降，徴発されていた船舶が解除されて市場に復帰したこともあって，年末には65銭にまで下落した（畝川［1927］）。

　しかし内田の「赤誠」を神が認めたのか，門司浜間石炭運賃は，1915年1月には80銭，2月には1円20銭と徐々に好転し，前年末以来下がり続けていた傭船料も図1に見られるように，1・2月から上昇し始め，3月頃から急速に上昇した。内田は5月には三井物産から彦山丸を27.7万円で購入した。そして前述の大正丸とあわせた2隻の船を貸船するとともに他社から傭船した船を貸船（転貸）し，着々と利益を積み重ねた。

　そして1915年度下半期（15年6月1日〜11月30日）には，新たに購入した4隻（空知丸，愛国丸，第二欧羅巴丸，第二雲海丸）を加えた6隻の船を「傭船主義」（『営業報告書』）により，貸船中心に運用し，「六十割という日本開闢以来のレコードを樹立」（内田［1951］）して世間をアッといわせた。

　表1から，60割配当の詳細を見たい。まず総収入金58.5万円のうち利益が

160

表1　内田汽船払込資本金・総収入・利益および利益処分

(単位：千円)

	払込資本金	総収入	利益金	前期繰越金	利益処分金			
					積立金	配当金	その他	繰越金
1915 年上期	125	94	4		3	0	1	0
下期	125	585	402		20	375	7	0
16 年度	500	2,275	1,102		60	131	106	805
17 年度	2,875	8,834	5,463	1,170	300	5,029	200	1,104
18 年度	10,000	13,839	1,759	1,104	200	898	150	1,615
19 年度	10,000	21,499	1,140	1,615	150	2,000	100	505
20 年度	10,000	11,852	△ 414	505	0	0	0	91

注：各年度は 12 月 1 日から 11 月 30 日。
出所：『営業報告書』各期版から作成。

40.2 万円だった。売上高利益率は 69％という驚くべき数字になる。そしてこの大きな利益のうち，内部留保したのは法定積立金 2 万円のみで，利益の 93％に当たる 37.5 万円を配当してしまっている。内部留保をしなかったのは翌年度の傭船契約がすでに成約しているため「本期以上の成績を予期するを以て敢て其必要を認め」ないからだという（『営業報告書』）が，いささか乱暴であるように思われる。

そして同社の払込資本金は 12.5 万円であるから，配当金 37.5 万円は，年率で 60 割となるわけである。利益金 40 万円というのは，当時の船会社の利益としては飛びぬけて大きいわけではない。にもかかわらず，同社の規模がまだ小さかったため，そして配当性向がきわめて大きかったため，60 割という配当率となり，世間を驚かせたわけである。あるいは，世間が驚くことを想定した内田のパフォーマンスだったのかもしれない。なお，この期末の発行株式総数 5000 株のうち内田と長男の勇あわせて 3000 株を所有し，他に実兄の 3 人と実姉の嫁ぎ先をあわせて，9 割近くを親族で占めていたから，配当はある種の内部留保として機能したのかもしれない。

その後の配当政策はばらつきをみせた。1916 年度は一転して 3 割配当（13.1 万円）に抑え，80.5 万円を繰り越した。1917 年度には再度，利益金の 92％に相当する 503 万円（35 割配当）を配当した。

内田汽船は，第 2 期以降も自営運航はわずかで，社有船の貸船を中心とした営業を行った。傭船料（貸船料）収入は総収入に対し，1916 年度には 69.4％，

表2 5000トン型標準採算

(単位:円)

	新造船	中古船
船　　価	4,250,000	3,750,000
収入（傭船料）	2,300,000	2,185,000
支　　出	781,000	837,000
航　費	42,000	42,000
保険料	192,000	225,000
金　利	510,000	450,000
修繕料	37,000	120,000
差引利益	1,519,000	1,348,000
船価償却	33カ月半	33カ月半

注：収入・支出は1年間分。
出所：畝川［1927］429頁。

18年度は91.9％を占めていた。

その後，図1に見られるように，1916年には傭船料はさらに高騰した。また船価も著しく高騰した。1915年前半にはトン当たり100円をそれほど上回らなかった中古船の船価は，17年前半には400円を超えた。内田が完成と同時に野口汽船に売却した新造船3200総トンは147万円（トン当たり459円）の値がついたが，新造船の相場はその後も上がり続け，17年8月に勝田汽船が神戸商船に売った新造船はトン当たり780円だった。それでも船舶を買って貸船すれば，大きな利益が見込まれた。

表2は畝川［1927］の試算である。トン当たり850円の新造船，750円の中古船を購入して貸船した場合は，ともに3年弱で船価を償却しうることになる。ただしそれは戦争景気が続けば，ではあった。

内田汽船はこのようにして巨利を得て，1916年には資本金を25万円から50万円に，翌17年には一挙に1000万円に増資した。また同じ1917年2月に内田事務所を内田商事株式会社とし，本店を神戸においた。

さらに同じ1917年4月，株式会社横浜造船所を買収して内田造船所とした。このころの内田の資産は，「所有船舶だけで約一億円，借金を差引き七千万円と査定された」（内田［1951］）という。

1917年から18年にかけて，運賃・傭船料および船価はさらに上昇した。これに伴い船成金の資産もウナギ上りとなった。前述のとおり，当時，世間は内田と，山下亀三郎，勝田銀次郎を三大船成金と呼び，誰が最初に1億円の資産を手にするかと噂していたという。

(2) 須磨御殿，「神戸の内田だ」

日本経済が急速に発展したこの第一次世界大戦期に多くの船成金が登場し，儲けた金を競争するように浪費したが，内田も負けていなかった。まず「須磨御殿」の建設で，成金ぶりを世間に見せつけた。神戸市の郊外，大富豪の別邸

が立ち並ぶ須磨の5000坪の土地に延床面積686坪，大広間は廊下を抜くと100畳あるという大邸宅の建設を開始したのである。

さらに「名士を招待して屢々大盤振舞をなしたとか，友人を招いて芸妓の総上げをしたとか，箱根行に一列車買切ったとか，庭園の一石に萬金を投じた」り，多くの話題を世間に提供した。さらには独立一年祭と称して，「自動車数十台に楽隊や芸妓を満載し，市内を練り歩き，母校の一橋高商庭に練り込」む（イハラキ時事社編輯局編［1935］）など，どう考えても無意味な成金ぶりを示した。

他方，社会的意義を見出せる成金ぶりも見せた。神戸病院や母校・東京高等商業の研究所建設資金，郷里・茨城県の水戸高等学校創設資金を寄付するなどが注目を浴びた。とくに水戸高等学校創設資金に対する寄付は100万円という巨額なもので，「茨城県はもちろん，県外にも大きな話題を呼んだ」。しかしこの寄付について，茨城県は「百万円はいらぬ，八十万円あれば沢山だと辞退したが，それは困る，百万円とまとまらねば宮内省の方の何とか都合が悪いからと，強いて百万円を提供した」ともいわれている（越山堂編輯部編［1925］）。成金にはせっかくの寄付行為にまで悪評がついてまわる。

また1919（大正8）年8月，内田が母親と乗車していた東海道線東京行きの列車が転覆した。このとき，列車内に閉じ込められた内田が，外にいた国鉄職員に，「神戸の内田だ，金はいくらでも出す，助けてくれ！」と叫んだと新聞で報道され，その成金らしい言動が世間の評判となった。もっとも内田自身は，「神戸の内田だ，助けてくれ」とは言ったが，「金はいくらでも出す」とは言っていない，同じ列車に乗っていて救助が後回しになった憲政会の横浜市会議員の作り話だと言っている。ちなみに，当時，内田は政友会に接近していた。いずれにしても，本人も認めるように「船成金という言葉と内田という言葉は，世間的には異句同音に響いた」（内田［1951］）ことは確かであった。

3　1920年恐慌に際する内田の見事な手じまいと政界進出

(1) 手じまい

1918（大正7）年11月，大戦は終結し，大戦景気は幕をとじた。しかし，その後しばらくすると，運賃，傭船料は再度高騰し始めた。ヨーロッパの戦後復

興に対応した戦後景気である。1919年には，50万円で買った福井丸をフランスに2年間30万円で賃貸し，これが大戦中を含めて最高の貸船料となった。

1920年3月，突然，恐慌が発生し，没落しかけていた多くの船成金たちにとどめを刺した。

内田は大戦後半の1917年に多くの新造船を発注していた。これは内田の勇み足だった。これらの新造船が竣成したのは1918年から20年にかけて，海運ブームは終焉しかけていた時期だったからである。内田は大戦終結前から，この新造船を少しずつ売却しようとしていた。『営業報告書』によると，1918年度には社船売却差益が6.8万円であるのに対し，社船売却手数料が34.1万円計上されている。そして1919年度には社船売却差益18.7万円，同差損55.5万円と差損が大きく上回っている。この1919年には利益が114万円だったが，繰越金を取り崩して200万円を配当した。事業の手じまいを見越していたと思われる。

1920年恐慌が起こる3月中旬を前にして，内田はその早耳で，恐慌の到来を事前に察知し，持前の迅速な決断と際立った行動力を発揮して破綻を免れた。すなわち，3月初め，日本興業銀行を訪れた際，内田は「どうも財界の様子が変だよ」と聞かされた。また次に訪れた原敬首相からも，「どうやら経済界の様子がおかしくなったよ。茂木惣兵衛君など山本達雄君を通じて前から選挙資金を頼んでおいたのだが，引受けてはくれていたものの，それがどうも出せなくなったようだからね」と教えられた。

こうなると内田の行動はきわめて迅速だ。内田商事の国内外の全支店に「恐慌近し，手持品全部売払え」と電命し，この指示に速やかに従わなかった大阪とカルカッタの支店については，台銀，正金銀行に頼んでクレジットを停止させ，被害の拡大を最小限に抑えた。

また内田汽船の持ち船の売却を進めた。当時，内田汽船は16隻の船をもち，その船価が1億円ぐらいであったが，借入金も3000万円あった。恐慌到来により船価が下落すれば大幅な赤字となり，破綻の危機に陥る。内田はこの借入金の処理を急いだ。ロンドン支店の北村正太郎に売船相場を問い合わせると，「トン当り38ポンド」と返電があった。相場はまだ下がると予想した内田は，35ポンドで所有船5隻を売り払えと指示した。北村は「電信間違いなきや」と問い合わせたという。こうして借入金を返済し，痛手は免れえなかったもの

の，破綻にはいたらなかった（内田 [1951]）。この 1920 年度は，社船売却差損を 223.8 万円，社船売却手数料を 32.8 万円計上している。

その後，内田汽船の資本金を 1000 万円から 200 万円に減資し，8 万トンあった所有船舶を 2.2 万トンに減らし，さらに経費節減を行った。内田造船所は日立造船所に無償譲渡し，資本金 500 万円と貸付金 500 万円，あわせて 1000 万円の損失となった。もっとも，横浜にあったこの造船所は譲渡後，関東大震災で壊滅状態となった。内田は強運であった。

須磨御殿は，完成後間もない 1922 年に，およそ 100 万円で売却（同上）した。

(2) 政界進出

こうして事業の整理を終えた内田に，海運業への未練はなかった。また，ブームに乗って傭船料で稼ぐ内田のビジネスモデルには，傭船料が著しく低下した不況下で事業を継続する余地はなかった。

内田の 7000 万円とも 1 億円ともいわれた資産は「約半分に激減した」（内田 [1951]）。また「骨董品を売って立候補した」ともいわれる（越山堂編輯部編 [1925]）が，ともかくも金の力で政界にのりこむ程度の財力は残していた。上昇意欲は旺盛であった。1924（大正 13）年，立憲政友会から衆議院に立候補して当選，以後，敗戦時まで連続 7 回の当選を果たし，岡田内閣の鉄道相，東条内閣の農商相に就任した。戦後は一時，公職追放にあうが，1950（昭和 25）年に追放が解除され，再度総選挙に出馬して当選し，吉田内閣の農林大臣となった。

1955 年，議員生活にも幕を下ろし，1971 年，死去した。享年 90 歳であった。

山下　亀三郎
船成金から海運王へ

山下亀三郎　略年譜

1867（慶応3）年	0歳	南伊予吉田藩河内村（現・愛媛県宇和島市）に誕生
1882（明治15）年	15歳	家出し京都へ
1884（明治17）年	17歳	東京へ出て池田文次郎に奉公
1892（明治25）年	25歳	朝倉カメと結婚
1897（明治30）年	30歳	竹内兄弟商店の石炭部を譲り受け，横浜石炭商会と改称して独立
1903（明治36）年	36歳	喜佐方丸を所有
1905（明治38）年	38歳	小樽木材株式会社設立
1908（明治41）年	40歳	同社倒産
1910（明治43）年	44歳	豊富丸・彰化丸購入，所有船3隻に
1911（明治44）年	45歳	山下汽船合名会社設立
1917（大正6）年	50歳	山下合名会社設立，傘下に山下汽船株式会社設立
1918（大正7）年	51歳	台湾定期航路進出
1943（昭和18）年	76歳	東条内閣の顧問に就任
1944（昭和19）年	77歳	死去

1 「沈みつ浮きつ」の前半生

(1) 船をもつ

　山下亀三郎は1867（慶応3）年4月，南伊予吉田藩河内村（現・愛媛県宇和島市）の庄屋・山下源次郎の四男として生まれた。

　小学校を卒業した亀三郎は山向うの南予中学校に入学し，寄宿舎生活を送るが，在学2年，落第して退学した。家に戻った落第生にとって村は居心地悪く，都会に出て一旗揚げたいと家出して京都に出た。1882（明治15）年12月，満15歳であった。

　さらに1884年には横浜を経て東京に出た。その間，職を転々とした後，横浜に戻り，貿易商池田文次郎に奉公，目先がきくと池田から可愛がられた。1892年に朝倉カメと結婚した。

　1894年，池田の店が倒産したため，亀三郎は横浜で洋紙売買の山下商店を始めた。しかし，さしたる経験をもたないまま始めたこの商売もうまくゆかず，借金がかさみ，同年中に夜逃げ，横浜の竹内兄弟商店に勤めた。1896年には長男・太郎が生まれた。翌年に同店石炭部を譲り受けて独立し，間もなく横浜石炭商会と改称した。

　さらに1897年には，同じく石炭販売業を始めた松永安左エ門や福沢桃介たちと知り合い，着々と商売の土台を広げていった。後の電力王桃介は，この当時は30歳を少し過ぎた頃だった。亀三郎は，福沢諭吉の養子である桃介に近づいて損はないと考えた。まず桃介の部下に接近して紹介状を手に入れ，松永を招待した。そして8歳年下の，まだ20歳そこそこの松永を上座に据えておだてあげ，福沢に近づくことに成功した。こうした人脈づくりと，後に見るようなその活用こそが亀三郎の企業家活動を支えた。

　この頃，亀三郎は船をもつことを夢見るようになった。1896年3月，日本郵船会社の土佐丸がヨーロッパ航路に就航した。亀三郎はこれを眺め，「自分も他日男になったら，自分の船でロンドンと横浜を繋いで見たいなと」思った。その後，石炭商売が徐々に軌道に乗り，1899年には門司から石炭を横浜へ引き取った。その際，荷物の受け取りは代金と引き換えという海運業の商習慣に驚き，「こんな小気味の好いことはない，これは石炭などやるよりか是非船を

やりたい，船持になりたいと云ふ熱が燃えて来た」（山下［1943］）．

　1902年6月，岸本五兵衛の持船「神威丸」を，御前商店と損益折半で6カ月傭船したが，海運不況に遭遇したこともあって，1万2000円の負債（亀三郎は半額の6000円）を背負い込み，大変な苦労をした．しかし，これくらいでめげる亀三郎ではなかった．翌1903年，福沢桃介に「船をもちたい」と相談した．桃介は，横浜の外人商社が2373総トンの中古船を12万円で売りに出している，という情報をもたらした．しかし亀三郎の自己資金は1万円しかなく，帝国海上から船を担保に7万円，石炭の取引先から1万円を借り，桃介から紹介された第一銀行横浜支店長心得の石井健吾から3万円を借りることができてようやく船を手に入れ，故郷にちなんで「喜佐方丸」と名づけた．しかし，未経験の海運業で，集貨能力をもっておらず，赤字が続き，石炭業の儲けを食いつぶしてしまう．喜佐方丸をもてあました亀三郎は，政府の御用船に徴用された船の話を聞き込み，伊藤博文首相の秘書をしていた遠縁の古谷久綱を通じて，徳富蘇峰に頼み，海軍次官斎藤実あての紹介状を得て，1903年12月末，御用船の命を得ることに成功した．

　こうして持船からの赤字を解決した亀三郎は，同時に，海軍が御用船をとるということは戦争が近いのだと判断し，翌年1月にかけて，都合できた金をすべて石炭の買占めに注ぎこんだ．案の定，2月5日，日露戦争が勃発して石炭価格は高騰し，15万円の利益を得た．この利益をもとにさらに船を買い，第二喜佐方丸と名づけて，これも御用船に充てた．

　並行して，1904年後半には，外国船を6カ月間傭船し自らのリスクでこの船を運航した．「後に世界屈指のオペレーターとなった山下汽船の萌芽は，このころには，すでに芽生えていたといえよう」（山下新日本汽船［1980］）．こうして亀三郎は，日露戦争が終わる頃には，純益150万円を得ていた．

（2）　事業の多角化と失敗，そして再度の事業拡大

　こうして日露戦争を経て石炭業と海運業で利益を上げ，事業家としての地位を確保した亀三郎は持前の事業拡大意欲を燃え上がらせた．1905（明治38）年暮，渋沢栄一の依頼で，北海道雄武の山林を経営していた木材会社を買収し，大倉喜八郎たちと資本金150万円の小樽木材株式会社を設立した．翌年2月には，これまで個人経営だった横浜石炭商会を合資会社横浜石炭商会（未登記）

とし，同時に山下倉庫を設立した。1909年11月には山下倉庫を母体に，合資会社横浜石炭商会を設立し，登記した。1907年初頭には，朝鮮に迫間房太郎たちと韓国倉庫を資本金200万円で設立した。こうして手当り次第に手を広げ，「一時期には好況に乗じて数百万円の利益を挙げたといわれている」(山下新日本汽船[1980])。

しかし，この1907年には不況が到来し，海運部門は損失を免れたが，その他の部門は莫大な損失を被り，小樽木材は08年に倒産した。負債総額は百数十万円にのぼった。こうしてまた挫折した亀三郎は，横浜の店を引き払い東京で再起をめざすことになった。

1909年以降，運賃が漸騰した。業績を回復した亀三郎は，「その生き甲斐を船に見出したかのように，大胆に積極的に船腹の拡充を図」り，1910年3月豊富丸 (2338総トン)，同年12月彰化丸 (2550総トン) を購入した。彰化丸は船齢30年近い老朽船で，売価4万5000円と安かったが，多額の借金を抱えていたため「金策が容易につかず，その苦労のほどは山下汽船草創期の語り草の一つに数えられている」(同上) という。

こうして大戦前夜の亀三郎の扱船は，所有船7隻，傭船・受託船5隻，計12隻にまで増強されていた。しかし，そのうち所有船はほとんどが日本郵船と大阪商船への貸船であり，自営運航は内地中心，せいぜいインド洋以東に限られていた。それでも，自営運航の拡大がめざされていたことに注目したい。

2　第一次世界大戦と海運事業の急拡大

(1)　船成金・山下亀三郎

1914 (大正3) 年7月28日，ヨーロッパで第一次世界大戦が勃発した。

大戦初期，山下汽船は，社有船すべてをヨーロッパの海運業者に貸船し，その貸船料 (傭船料) によって大きな利益を上げた。しかし，この貸船の意義は莫大な利益だけではなかった。世界航路に就航させたことで，船長以下のスタッフが海外配船に関する「多くの知識と経験」を得て，海外配船への自信を深めた (山下新日本汽船[1980])。自営運航を主とするオペレーターへの道をさらに一歩踏み込んだのである。

大戦勃発後しばらくは，日本経済は停滞し，海運市況も気迷い状態で推移し

た。その 1914 年 11 月初旬,亀三郎は幹部を集めて自社の方針を訓示した。すなわち,第 1 に,一杯船主たちと酒を飲み,仲良くして傭船を確保し,オペレーター部門の充実を図れと指示した。これには幹部たちも納得した。第 2 に,1 万トン級の大型新造船をもつという展望を語った。しかし,新造船には 2 年程度の時間がかかる。その前に大戦が終結したら万事休す,である。当時,世間では大戦は 1 年以内に終わると予想する者が多かった。幹部たちは当然のことながら,心配した。

もちろん亀三郎も,戦争がいつまで続くか,という判断には苦慮していた。その頃,亀三郎はロンドン出張員から,当時急成長していた鈴木商店が大量の鉄を買っているという電報を受けて,すぐさま鈴木商店のワンマン番頭である金子直吉を訪ねた。直吉は亀三郎に,戦争が 2 年以上続くとの見通しを明かした。自信を得た亀三郎は,すぐに資金を銀行から借りるめどを立て,翌 1915 年 1 月,吉田丸（5870 総トン,8990 重量トン）の建造を川崎造船所に発注した。

案の定,やがて輸入,輸出ともに増大し始め,海運需要が急増して運賃が高騰し始めた。山下汽船の社有船・傭船ともにフル稼働した。さらに亀三郎は,第二吉田丸（4745 総トン）,第三吉田丸（4753 総トン）を浦賀船渠に発注するなど,新造船を増やした。また比較的新しい中古船を,1915 年に 4 隻,16 年に 6 隻,17 年に 1 隻を購入して船質の向上を図った。

さらに亀三郎は,自らの持ち船を高く売って利益を上げた。すなわち,135 万円で発注していた前述の新造船・吉田丸を,1917 年 4 月の完成と同時にイタリア政府に 388 万円で売却した（八木 [1986]）。また大戦以前に購入していた彰化丸（2550 総トン）,加賀丸（2309 総トン）,中越丸（1212 総トン）,武州丸（2656 総トン）と大戦勃発後に購入した帝国丸（5174 総トン）,厳島丸（3859 総トン）を売却して,大きな利益を上げた。うち彰化丸は 1910 年に 4 万 5000 円で購入した,船齢 36 年の古船であったが,16 年 12 月に 80 万円前後で売却した。18 倍になったわけである。

また社有船がドイツ軍に撃沈され,その保険金でも利益を上げた。すなわち 1917 年 1 月,第三喜佐方丸がフランスの鉄道会社に傭船されて英仏間の輸送に従事していた際に撃沈された。大戦前に 18 万円で購入したこの古船の時価は高騰していたため,受領した戦時船体保険額は約 100 万円だった（山下新日本汽船 [1980]）。

表3　傭船による自営運航の採算試算（1917年6月，4500重量トン標準）

運賃収入		315千円	45ドル（雑貨1トン）×3500トン×2
総支出		266千円	
内訳	傭船料	225千円	往復40日，神戸積込3日，桑港揚荷5日，予約2日
	燃料炭代	24千円	15円/トン×一昼夜40トン×40日
	諸掛費用	15千円	積込30銭，荷物4円
	その他	2千円	
差引利益		49千円	

注：原資料では運賃収入が305千円となっているが，315千円に訂正した。
出所：畝川［1927］410-411頁。

このようにして亀三郎は，社有船を貸して，あるいは高く売って，さらには保険金によって，巨利を得て，三大船成金と呼ばれた。しかし亀三郎の企業家活動はこの種の投機的・虚業家的な色彩の強いものにとどまらなかった。ブーム崩壊後にも通用するビジネスモデル，世界中から貨物を集め，自らの所有船や傭船によってこれを運送するオペレーターへの道を着実に歩んでいったのである。

表3は，傭船による自営運航の採算を試算したものである。運賃が高騰しており，高い傭船料を支払っても相当の利益が上がることが見て取れる。

1917年5月に山下汽船株式会社を設立した。その第1期（1917年5月1日から11月30日まで）には，表4のように，500万円近い利益を得て15％の配当を行った。この第1期末には所有船15隻5万8000重量トン，定期傭船27隻6万6000重量トン，計42隻12万4000重量トンにまで増え，その3分の2を自営運航していた（田中［1964］）。

亀三郎は1916年に，東南アジア海運界の中心であったシンガポールに立野儀光を出張員として派遣した。三井物産が独占していた香港以南の近海二区に進出しようとしたのである。翌年秋，立野は，東南アジアからインドにかけての地域に，ヨーロッパやインド，南洋向けの「滞貨の山」がある，と報告してきた。山下汽船の幹部はこの情報に飛びついた。亀三郎の裁断を得て，早速「この異常滞貨の一掃と三国間輸送の一手引受けを計画」して，シンガポール出張所を支店に昇格させ，営業部の事実上のトップである白城定一を先頭に営業部の主力約20余人を一挙に現地に送り込み，東南アジア各地から遠くはアレクサンドリアにまで出張員を派遣して，他社を圧倒した（山下新日本汽船

表4　山下汽船の年度別営業利益および配当年表

(単位：円，％)

年度 期	年	資本金	総収益	総支出	利益金	配当率
1	1917	10,000,000	5,214,705	268,688	4,946,017	15
2	18	20,000,000	40,669,023	33,176,711	7,492,312	25
3	19	〃	49,647,242	48,705,318	941,923	0
4	20	〃	15,648,788	17,913,499	△2,264,710	0
5	21	〃	10,287,256	9,388,143	899,114	0
6	22	30,000,000	14,273,171	13,598,709	674,461	0
7	23	〃	21,454,454	20,499,416	955,038	0
8	24	20,000,000	26,624,253	26,878,957	△254,705	0
9	25	〃	20,170,725	19,650,252	520,473	0
10	26	〃	28,505,334	27,665,017	840,317	0
11	27	〃	27,300,843	26,668,427	632,416	0
12	28	〃	23,793,318	22,970,405	822,913	0
13	29	〃	27,187,166	26,524,139	663,027	0
14	30	〃	17,564,130	18,463,476	△899,346	0
15	31	〃	21,159,274	21,523,249	△363,975	0
16	32	〃	27,246,019	27,056,084	189,935	0
17	33	〃	36,055,175	35,197,021	858,154	0
18	34	〃	39,500,647	36,983,619	2,517,028	0
19	35	〃	42,976,245	40,643,305	2,332,940	0
20	36	20,320,500	42,863,015	41,133,534	1,729,480	0
21/22	37	27,660,250	51,964,831	44,114,839	7,849,992	22
23/24	38	〃	75,478,946	68,709,399	6,769,547	16
25/26	39	〃	76,647,814	67,866,496	8,782,318	16
27/28	40	35,100,000	90,749,617	77,306,886	13,442,731	13・14
29/30	41	〃	92,965,244	75,644,563	17,320,681	12・10

注：第1期は1917（大正6）年5月1日から11月30日までの7カ月間，第2期以降は1年間。
出所：山下新日本汽船［1980］463頁。

［1980］)。こうして表4に見られるように大きな利益を得るとともに，遠洋航路における本格的な不定期船オペレーターとしての経験を積み，「三井のように商社として，多方面に貨物を持つ会社でなくとも」，「立派に，トランパー向き世界的貨物に，たずさわり得るという実績を示した」(田中［1964］)。

また1918年夏には，日本郵船，大阪商船と三井物産船舶部の大手3社が独占していた台湾糖移入のための定期航路にも割り込みを策し，3社が現地の糖業連合会との運賃交渉で折り合いがつかないでいた間隙をぬって，契約に成功

した。結局この台湾航路進出は失敗に終わり「五百万円位の損となった」(同上) が，大手3社に挑戦し続けた新興・山下汽船の心意気を示した。

(2) 組織の整備と他事業への進出

1915 (大正4) 年11月，合名会社横浜石炭商会 (資本金5万円) を山下石炭株式会社 (資本金30万円) に改組した。翌1916年6月に奔別炭鉱株式会社を買収，さらに12月に福島鉱区を取得して福島炭鉱株式会社を設立した。1918年12月には山下汽船の石炭部を継承した山下鉱業株式会社 (資本金600万円) を設立し，ここに山下石炭，奔別炭鉱を吸収し，資本金を2000万円に増資した。また1917年初め，渋沢栄一の依頼で，渋沢系が所有する浦賀船渠 (資本金80万円) の株式5383株 (約34%) 全株を肩代りし，山下汽船の傘下に収めた。

1917年5月1日，前年11月に設立した統轄会社である山下総本店を改組して山下合名会社 (以下，山下合名と呼ぶ) とした。グループの統轄機能をもち，資本金1000万円，本店を東京市に置いた。亀三郎はこの山下合名によって，大戦中から1920年代にかけて，「海運の市況産業としての不安定さを補うため，海運関連事業への投資はもちろんのこと，グループとして多くの山林，土地，不動産を購入し，不況に備えた」(山下新日本汽船 [1980])。

そして山下合名の傘下に山下汽船株式会社 (以下，山下汽船と呼ぶ) を設立した。資本金1000万円で，その株式の大半を山下合名が所有した (同上)。本店を神戸市，支店を東京市に置いた。その頃には，社有船14隻 (他に建造中の船3隻)，定期傭船12隻に増えていた。

こうして大戦景気に乗って海運事業を拡張させ，巨額の利益を手にした亀三郎の事業拡大意欲も拡張した。海運事業の日常の経営は神戸の山下汽船幹部たちに任せ，自らは東京で政・財・官界の重要人物と接触し，各界の情報収集と，必要に応じて政財官界工作を行って事業を助けるとともに，東京の山下合名によって手当り次第，事業の多角化に突き進んだ。その際の資金源は，全株式を所有する山下汽船からの配当金と借入金だった。

(3) 別荘と大宴会

亀三郎もまた，金を浪費することでも内田に負けない成金ぶりを発揮した。

たとえば，1916（大正 5）年末の大宴会では，一人前 100 円の料理を招待客たちに御馳走した，と新聞に報じられた（梅津 [1978]）。月給 100 円あれば女中つきの暮らしができたという時代に，である。

また亀三郎は多くの豪華な別荘を建設した。内田が須磨御殿を建築しており，勝田銀次郎が神戸に豪邸の新築を計画していることに対抗して，神戸の熊内に 2 万坪の敷地を確保して邸宅の建設を開始した。この豪邸は，政財官界工作を得意とした亀三郎が，政財官界の大物たちを招待するため，という意味ももっていたが，ブーム終焉後の 1921 年に建設工事を中止して「建て腐り」となった。後に亀三郎は自ら，この別荘建設を，壮年の頃の「思慮を欠きたること」の最たるものとして挙げている（山下 [1943]）。

また小田原にも別荘を買い取った。これは山県有朋の古稀庵と同じ水道を使うもので，山県の知己を得ることをも目的としており，さっそく山県に接近し，「対潮閣」という名をつけてもらった。

3　1920 年恐慌と 20 年代の発展

(1)　強気の傭船政策で危機打開

1918（大正 7）年 11 月，大戦は終結した。運賃，傭船料は急落し，19 年になると，海運業者の中には破綻するものも出ていたが，山下汽船は，表 4 に見られるように，かろうじて 94 万円強の利益を上げた。しかし前年の 8 分の 1 にすぎず，無配当とせざるをえなかった。

この事態に山下汽船は経営規模の減量を行った。すなわち，1919 年 8 月には 16 年に購入した中古船・第二小樽丸（2739 総トン）を売却し，新造船・第三吉田丸（4753 総トン）を日米船鉄交換船に組み入れ，3 隻の新造船（計 1.6 万総トン）を国際汽船に現物出資した。

翌 1920 年 3 月に恐慌が起こったが，亀三郎は内田のような事前の機敏な行動はとれず，巨額の赤字を出した。恐慌発生後の 3 月下旬から 1923 年までに中古船 10 隻 2 万総トン余を売却するとともに，新造船についても，20 年 8 月に第二吉田丸（4745 総トン）を「海外に有利売却」し，4 月に第二・第三南洋丸（1274 および 1277 総トン）を買戻し条件で海外に売った。船価と証券市場の暴落に伴い，評価損として，船腹 18 隻 463.6 万円，有価証券 268.6 万円，計

732.2万円を計上し，これに経常損失205.2万円をあわせて937.4万円を繰越損失とした。これは1936（昭和11）年度の決算でようやく消去された。

ただし，この時期に山下汽船は減量を進めただけではなかった。浦賀船渠に発注していた3隻の新造船（中華丸2191総トン，華南丸2192総トン，大華丸2197総トン）が1920年から21年にかけて完成した。さらに1922年1月，船齢の比較的若い大型船5隻をイギリスから輸入して，輸入関税を免れるため，大連に山下汽船合資会社を設立し，その名義とした。この苦境にあっても，積極的に船腹の若返りを図っているのである。

1922年末の山下汽船所有船腹は，社有船15隻5万6030重量トン，準社有船（大連の山下汽船合資会社所有）5隻3万9450重量トン，計20隻9万5480重量トンとなっていた。以後，昭和初期まで社有船の規模は10万重量トン程度で推移し，それ以上の必要船腹は傭船によって確保した（山下新日本汽船［1980］）。当時，運賃は戦前の水準以下に下がったが，傭船料はさらに低下した。船舶需要が激減したのに対し，大戦中に船を増やした一杯船主たちの船舶が過剰となっており，また彼らは船舶以外にも資産をもつものが多く，傭船料の引下げを甘受しうる状況にあったからである。この状況を生かし，山下汽船は，傭船量を増やし，運賃と傭船料の差額を稼ぐという経営方針をとった（中川［1980］）。

(2) 1920年代の多角化と山下汽船の危機

1920年代の不況下にあっても亀三郎の事業拡大の勢いは止まらなかった。1928年（昭和3年）12月，山下汽船傘下に不動産および有価証券の売買・利用などを行う昭和興業株式会社を，資本金50万円（4分の1払込）で設立した。1929年2月には山下汽船と同社の元社員堀五郎との半額共同出資で扶桑海運株式会社を資本金50万円（5分の4払込済）で設立した。同年3月には，浅野系東京湾埋立会社と山下汽船との共同出資で，資本金1000万円（4分の1払込）を設立し，その30％を所有した。さらに7月には，山下汽船と南満州鉄道株式会社との共同事業として阪神築港株式会社を資本金1000万円で設立し，山下は50％を出資した。こうしてこれだけでも二百数十万円の出資となった。また，大戦中に購入していた東京・代々木の土地26万坪の開発も計画された。

この多角化の資金は，ブーム下ではドル箱だった山下汽船の無配が続いたため，山下汽船から山下合名への貸付金，さらには山下汽船株を担保とした銀行借入によって進められ，「やがて山下汽船の資金繰りまでも圧迫するに至った。そこで当社は，昭和初期にかけて合名会社と連名で第一銀行にしばしば返済猶予を申請する羽目に陥」（山下新日本汽船［1980］）った。
　このような事態に，山下汽船営業部担当常務田中正之輔を中心とする営業部の若手たちが反発し，山下合名の幹部であり，山下汽船経理担当常務であった福本貞喜を中心とした経理部や営業部の一部と対立した。
　1929年末には第一銀行からの借入金累計がほぼ1000万円にまでなった。翌年6月に同行から9か条の覚書が出され，人員整理と傭船料の値引きで経営の危機を打開するよう要求された。社内両派による激論の末，8月，田中正之輔を先頭に営業部門20余人が退社し，12月には太洋海運常務の石田貞二らとともに，傭船によるオペレーター専門の大同海運株式会社を設立した。山下汽船創立以来の危機であった。
　ここで田中たちに代わって山下汽船の事業再建の先頭に立ったのは，新たに専務となった福本貞喜たちだった。まず傭船料の引下げを大阪船主などの貸船主に懇願して了解を得た。大阪船主たちは資産家で，恐慌下でも比較的余裕があったことが幸いした。そのうえで第一銀行の借入金の返済猶予をしてもらい，最悪の事態を回避した。
　その後の1930年代半ばからの景気回復と戦時経済化によって，山下汽船の業績は回復し，37年には配当を復活した。その後，黄金時代を迎え，亀三郎は「海運王」と呼ばれた。
　1943年，亀三郎は東条内閣顧問に就任した。体調を崩しながら，破壊された石炭の内地輸送網を再建するため全国を巡察したが，無理がたたって1944年12月，77歳で死去した。

❏ おわりに

　内田信也，山下亀三郎の二人は，第一次世界大戦に伴う海運運賃・傭船料，および船価の暴騰に際し，これを他人より早く予測し，他人より大胆に資金を注ぎ込んで巨利を得た。この意味では，投機的な色彩が濃く，成金の第1の特徴を共有している。ただし二人のビジネスモデルには相違点がある。内田は，最初は傭船した船舶を貸船して利ざやを稼ぎ，やがて自ら船舶を所有してこれを貸船して貸船料（傭船料）を稼ぐ，手っ取り早い投機的ビジネスモデル，「傭船主義」に徹した。亀三郎は，大戦前から自営運航するオペレーターをめざしており，ブーム下で，このビジネスモデルの確立をめざし，三井物産などの大手に挑戦し続けた。

　成金の第2の特徴である，品格を欠く浪費という面でも二人は当てはまる。ただし，この浪費は必ずしも私的な欲望だけに基づくものではなかった。政財界の要人たちとのコネづくりと情報収集という意義をもっていたのであり，あえていえば，一緒に興じた要人を含めた政財界人社会全体が成金的だったといえるのではないだろうか。

　成金の第3の特徴である，ブーム後の没落という面では，二人とも世間の期待を裏切った。確かに痛手は受けたが，内田は巧みな手じまいによって，亀三郎はオペレーターとしての事業をしぶとく継続することによって，この危機を乗り切ったのである。

　二人の企業家活動を比較すると，大戦ブームの下では傭船料が高騰し，手っ取り早く金を稼ぐ内田の「傭船主義」ビジネスモデルが勝っていた。しかし大戦後の不況下で，傭船料の暴落が激しく，「傭船主義」の生き残る余地はなかった。内田のビジネスモデルはあくまで大戦ブームという特殊な時期にのみ対応した，虚業家的，成金的なものであった。これに対し，亀三郎のオペレーターとしてのビジネスモデルは，不況下でも一杯船主たちから安く傭船できることを生かして，山下汽船を成長させることに成功した。ただし亀三郎は，事業であればなんでも手を出す，という性格が強く，それが1920年代末から30年代初頭の山下汽船の危機を招いた。しかし戦時経済化という状況にも助けられて，この危機を克服し，やがて「海運王」と呼ばれるまでになった。

★参考文献
- テーマについて

    越山堂編輯部編［1925］『明治大正成金没落史』越山堂。

    畝川鎭夫［1927］『海運興国史』海事彙報社。

    佐々木誠治［1961］『日本海運業の近代化——社外船発達史』海文堂。

    梅津和郎［1978］『成金時代——第一次世界大戦と日本』教育社。

    中川敬一郎［1980］『両大戦間の日本海運業——不況下の苦闘と躍進』日本経済新聞社。

- 内田信也について

    寺谷武明［1979］「内田造船所」同著『日本近代造船史序説』巖南堂書店。

    イハラキ時事社編輯局編［1935］『風雲児内田信也』内田鉄相伝刊行会。

    内田信也［1951］『風雪五十年』実業之日本社。

    有竹修二編［1973］『内田信也』内田信也追想録編集委員会。

- 山下亀三郎について

    田中正之輔［1964］『大道——大同生成の由来，環境，その志向と実践』大同海運株式会社。

    八木憲爾［1986］『日本海運うら外史　第1巻』潮流社。

    鎌倉啓三［1996］『山下亀三郎——「沈みつ浮きつ」の生涯』近代文芸社。

    山下亀三郎［1943］『沈みつ浮きつ（天）』山下株式会社秘書部。

    山下新日本汽船株式会社編・刊［1980］『社史——合併より十五年』。

CASE 8

都市型サービス産業の開拓者

五島慶太(東急電鉄)と堤康次郎(西武鉄道)

❏ はじめに

　東日本大震災の発生は，東京への首都機能の過度の集中を再認識させることとなった。首都直下型地震のような大規模災害が発生した場合，その影響は政府機能の麻痺にとどまらず，公共交通機関が遮断することによって650万人もの大量の帰宅困難者（帰宅難民）が発生すると，内閣府は推計している。そもそも，江戸と呼ばれていた頃の東京の人口は，100万人足らずであった。それが，明治時代末には200万人を超え，大正末から昭和初期にかけて一気に膨れ上がり，1932（昭和7）年に北豊島，荏原，豊多摩，南葛飾，南足立の5郡82町村を合併して東京市が成立したときには600万人近くになっていた。急激な人口増加の主たる要因の1つが都心から郊外にかけての鉄道網の充実である。通勤可能なエリアが広がったことにより，市街地の郊外への拡張が可能になったのであった。

　一方で，鉄道網の発達は市民のライフスタイルの転換をもたらした。第一次世界大戦後，都市化の進展の中でサラリーマンを中心とする都市中産階級が形成され，住宅地が郊外へと展開される。「郊外から満員電車で都心に通うという，日本のサラリーマンのライフスタイル」（猪瀬［1988］）が定着し，東京のターミナル駅である新宿，渋谷，池袋などに新しい盛り場が誕生した。そして，ターミナル駅には通勤客や沿線住民をターゲットとする百貨店が開設され，沿線郊外では住宅開発事業や遊園地などのレジャーランドが展開され，沿線全域に新たな消費生活様式が創造されたのである。

　東急電鉄の五島慶太と西武鉄道の堤康次郎は，鉄道事業者であったばかりでなく，その事業領域には住宅・土地開発，流通，レジャー，観光事業が含まれるなど，共通する部分が多い。阪急電鉄の創業者である小林一三の思想のある部分，すなわち「地域開発事業としての電鉄」（堺屋［2006］）という日本独自の概念を拡大するかたちで踏襲した7歳違いの二人は，終生のライバルであり続けた。明治から大正，そして昭和と，激動する時代に翻弄されながらも，自らの野心を追及し続けることで日本特有の郊外生活とターミナル文化を築き上げる。東京への人口の集中とそれに伴う新しい消費社会の到来をいち早くとらえて，新産業を興していったという点において，"都市型サービス産業の開拓者"と呼ぶにふさわしい企業家であった。

五島 慶太
企業買収と沿線開発

五島慶太　略年譜

1882（明治15）年	0歳	長野県小県郡青木村に誕生	
1911（明治44）年	29歳	東京帝国大学（現・東京大学）法学部卒業，農商務省に	
1913（大正2）年	31歳	鉄道院（後・鉄道省）に転じる	
1920（大正9）年	38歳	武蔵電気鉄道（後・東京横浜電鉄），常務取締役に就任	
1928（昭和3）年	46歳	目黒蒲田電鉄，専務取締役に就任	
1936（昭和11）年	54歳	東横電鉄，目蒲電鉄両社，社長就任	
1942（昭和17）年	60歳	東横電鉄，小田急電鉄，京浜電鉄が合併し，東京急行電鉄に	
1944（昭和19）年	62歳	運輸通信大臣就任 京王電気軌道（現・京王電鉄）を東京急行電鉄が合併	
1947（昭和22）年	65歳	公職追放	
1948（昭和23）年	66歳	東横百貨店，京王帝都電鉄，小田急電鉄，京浜急行電鉄を分離	
1951（昭和26）年	69歳	追放解除，東急相談役就任	
1952（昭和27）年	70歳	東急，会長就任	
1953（昭和28）年	71歳	東急不動産を設立，会長就任	
1958（昭和33）年	76歳	白木屋と東横百貨店が合併	
1959（昭和34）年	77歳	死去	

CASE **8**　都市型サービス産業の開拓者

1　青年期の五島慶太

(1)　官僚からのスタート

　五島慶太は，1882（明治15）年4月18日，長野県小県郡青木村の農家に父・小林菊右衛門，母・寿ゑの次男として生まれた。五島姓は，後に妻となる五島万千代の母方の姓で，万千代との結婚に伴い改姓したものである。

　慶太自身は「千戸余りしかない山中の一寒村では，村一番の資産家であった」（日本経済新聞社［1957］）と振り返っているものの，当時の農家の生活は決して楽なものではなかった。加えて，菊右衛門が製糸事業に手を出して失敗したこともあり，小林家の家計は常に火の車という状態だった。したがって，通常であるならば慶太も小学校の卒業後は家業を手伝うか，丁稚奉公に出されるところであったが，「父に特別に頼んで上田中学に入学させてもらった」（同上）という。

　そのような状況であったがために，中学卒業後は，小学校の代用教員をしながら上級学校進学のチャンスに備えることとなる。1902（明治35）年，慶太は東京高等師範学校（現・筑波大学）英語部に入学する。経済的に余裕のない慶太にとって同校への進学は，学費がすべて官費支給という点において魅力的なものに映ったのであった。

　1906年，東京高等師範学校を卒業した慶太は，三重県立四日市商業学校に英語教師として赴任した。しかし，これは1年で退職し，東京帝国大学法科大学の撰科に入学する。撰科制度とは，1886（明治19）年に帝国大学が創設されると同時に設けられたもので，高等中学校（旧制高校）を卒業していない者にも学士になる機会を与えようという制度だった。撰科生となった者は高等中学校において実施される学力検定試験に合格すれば，正科生として帝国大学の正式な学生となれる。東京帝国大学に撰科生として入学した慶太は，第一高等中学校卒業程度の学力があるか否かを試す検定試験に合格し，帝国大学法科大学正科へと転じることに成功した。

　奨学金と家庭教師からの収入によって賄われた慶太の大学生活は，決して経済的に余裕のあるものではなかったが，1911（明治44）年，東京帝国大学を卒業，高等文官試験に合格し，農商務省へ入省する。すでに，29歳となってい

た。同期生には，重光葵（外相），芦田均（首相），石坂泰三（経団連会長），正力松太郎（読売新聞社長），河上弘一（日本興業銀行総裁）などがいた。

(2) 鉄道事業との出会い

　五島慶太は，新たに施行される工場法に基づく工場監督官に就く腹づもりで農商務省へと入省するが，山本権兵衛内閣の緊縮財政政策により同法の施行が3年間延期されてしまったために高等官になれない。このため，1913（大正2）年，入省からわずか1年あまりで鉄道院（後・鉄道省）へと移籍することとなる。そして，鉄道院監督局総務課の副参事として高等官となる。その5年後には，総務課長へと昇進しているが，年齢から考えるとその昇進は決して早いものではなく，入省年次で昇進が決まる官僚組織においては慶太の入省年次の遅れ，すなわち大学卒業の遅れが大きなハンディとなっていた。

　慶太は鉄道院監督局総務課長として，1919年の地方鉄道法の施行に携わる。地方鉄道法は，鉄道国有法（1906〔明治39〕年施行）によって国有鉄道の充実を図る一方で，残った民営事業会社については政府の権限を弱めてその自主性を尊重するよう定められたもので，そこでは大都市周辺の鉄道網を国策から除外するとしていた。このとき，自らの官僚としての限界を感じとる一方で，慶太の先見性は大都市圏を中心とした私鉄経営に高い収益性と明るい未来を見出していたのだった。その後，逓信省の1部局にすぎなかった鉄道院は，1920年5月，鉄道省として独立した機関となる。しかし，その4日前，慶太は鉄道院を退官する。まだ土地の一部を買収したのみで，鉄道工事への着工すらできずに経営が行き詰っていた武蔵電気鉄道（後・東京横浜電鉄，東京急行電鉄）の常務取締役への転進であった。

　後に鉄道経営者として成功した慶太は，①能力が高く，②よく教育されており，③組織のあり方についてよく理解している，との理由で多数の官僚出身者を事業経営の中で重用する。しかしながら，自らの官僚経験については，「そもそも官吏というものは，人生の最も盛んな期間を役所の中で一生懸命に働いて，ようやく完成の域に達するころには，もはや従来の仕事から離れてしまわなければならない。若いころから自分の心にかなった事業を興してこれを育て上げ，年老いてその成果を楽しむことのできる実業界に比較すれば，いかにもつまらないものだ」（日本経済新聞社［1957］）と，否定的であった。

2 「鉄道王」への道のり

(1) 武蔵電気鉄道と荏原電気鉄道

　武蔵電気鉄道の常務取締役に就任するにあたり、五島慶太は5万円を投じて同社株を購入している。ただ単に転職をするということではなく、経営を担うという決意の表明であった。現実の同社の経営は、鉄道敷設免許こそ申請して受理されていたものの、資金不足から増資が喫緊の課題となっていた。ところが、そこに1920（大正9）年3月の株式の大暴落に端を発する戦後恐慌が起こったため、とても増資などできるような状況ではなかった。後に慶太が、「鉄道の建設どころではなく、大正十二年の地震まえまでぐずぐずしておった」（五島［1953］）と指摘するような悪戦苦闘の日々となっていた。

　同じ頃、渋沢栄一の提唱によって設立された田園都市開発株式会社も、経営上の問題を抱えていた。同社は、東京郊外を開発して総合的なまちづくりをすることで、急激な人口増加によって深刻となっていた市民の住宅不足を解決しようと、すでに東京郊外に48万1000坪（約160万m²）もの土地を確保していた。さらには、荏原電気鉄道を設立して、この土地の効率的な開発を進めるために必要な鉄道敷設免許も得ていたが、現実の鉄道敷設やその運営に関する専門家が社内におらず、事業に行き詰っていたのだった。

　このとき、渋沢らは、田園都市開発の大株主ともなっていた第一生命の社長・矢野恒太を介して、関西の阪急電鉄で成功した小林一三に相談をもちかけるが、小林は多忙を理由に社長就任を断り、ふさわしい人物として慶太を推薦する。慶太は小林から「東京・横浜間の武蔵電鉄をやろうとしているが、これはなかなか小さな金では出来ないぞ。それよりも荏原電鉄を先に敷設し、田園都市計画を実施して、現在田園都市会社が持っておる土地四十五万坪を売ってしまえばみんな金になるのだから、まずこれをさきにやれ。そして成功したら、その金で武蔵電鉄をやればよいではないか」（同上）と説得された。そして、1922（大正11）年9月、荏原電鉄の専務取締役に就任する。社名も荏原電気鉄道から目黒蒲田電気鉄道へと改めた。

　1923年3月、目黒蒲田電鉄は、目黒―丸子間8.3キロメートルの開通にこぎつける。そして、8カ月後の同年11月、路線は蒲田まで延伸し、全13.1キロ

表1 目黒蒲田電鉄と東京横浜電鉄の開業路線

年月日	路　線	区　間	距離	備　考
1923年3月11日	目蒲電鉄目黒線	目黒―丸子	8.3 km	
1923年11月1日	目蒲電鉄蒲田線	丸子―蒲田	4.9 km	目蒲線全通
1926年2月14日	東横電鉄神奈川線	丸子多摩川―神奈川	15.2 km	
1927年7月6日	目蒲電鉄大井町線	大井町―大岡山	4.8 km	
1927年8月28日	東横電鉄渋谷線	渋谷―丸子多摩川	9.1 km	渋谷―神奈川間開通　東横線と呼称
1928年5月18日	東横電鉄	神奈川―高島	966 m	
1929年11月1日	目蒲電鉄二子玉川線	自由ヶ丘―二子玉川	4.0 km	
1929年12月25日	目蒲電鉄二子玉川線	大岡山―自由ヶ丘	1.6 km	大井町―二子玉川間全通　大井町線と呼称
1932年3月31日	東横電鉄	高島町―桜木町	1.3 km	東横線（渋谷―桜木町間26.3 km）全通

出所：東京急行電鉄［1973］より筆者作成。

が開通した。蒲田までのこの路線は，当初，9月に開通予定であったが，関東大震災の影響で開業がずれ込んだものだった。

　東京をはじめとした京浜地域を壊滅状態に陥れた関東大震災であったが，慶太はこれを奇貨として飛躍のチャンスを摑むこととなった。まず，同電鉄の被害が比較的少なかったことと慶太が陣頭に立っての不眠不休の復旧作業の結果，目黒蒲田電鉄は震災から最も早く復旧，開通した電車として社会から多大な信用を得ることに成功する。加えて，壊滅状態となった都心部から郊外へと移住しようとする人たちが激増したのだった。開業当初では1日平均1万人程度だった乗客数は，翌1924（大正13）年度には2万4000人，25年度には3万4000人，26年度には5万人と，増勢の一途を辿った。

　目黒蒲田電鉄が資金的に潤沢となると，慶太はその資金で武蔵電鉄の株式の過半数を買収して傘下に収めるとともに，社名を東京横浜電鉄と改めて，その建設に着手した。同社の丸子多摩川―神奈川間15.2キロは，1926年2月に完成し，営業を開始する。

　慶太は，東京横浜電鉄と目黒蒲田電鉄の路線を開通させるとともに，この2つの会社の経営の実権を手中に収めた（表1）。そして，自らが陣頭に立って，この2社の新規鉄道路線の敷設工事に奔走し，ついには1932（昭和7）年3月，

東京横浜電鉄の渋谷—桜木町間 26.3 キロを全線開通させるにいたる。

(2) 学校誘致による沿線のイメージアップ

鉄道経営と沿線開発について薫陶を受けた小林一三のことを指して，五島慶太は，「小林氏は私の事業活動を通じて，私のいるところ，私のなした事業には，必ずいないことがない。事業的には，私の第一の恩人である。この人の知慧を得て働いてきたようなものである」（三鬼 [1955]）と評している。また，外部からは，「東急の経営はすべて小林イズムを踏襲してきた」（堺屋 [2006]）との評価もある。そのような慶太の事業の中で特徴的なのが，沿線への学校誘致である。

1927（昭和 2）年，慶應義塾大学評議員会は大学予科を郊外に移転することを決定していた。その候補地として，神奈川・横浜市と東京・下高井戸の 2 カ所が挙げられていた。そこで慶太は，目黒蒲田電鉄と東京横浜電鉄の 2 社が協力して，日吉台の土地 7 万 2000 坪（約 24 万 m²）を無償で提供する用意があることを慶應義塾大学側に申し出た。手間をかけて買い集めた土地ではあるが，沿線に学校を誘致すれば定期乗客の増加に結びつき，安定した収益対策となると考えたからであった。

慶應義塾大学への寄付は，大学側が必要としていた残りの土地の買収についての負担分も含めると，その金額が 95 万円にも及ぶものとなる。この年の東京横浜電鉄の年間運賃収入 51 万円を大きく上回る莫大な金額であった。しかし，慶太は日本医科大学，法政大学予科，青山師範学校，多摩美術学校の沿線への誘致にも乗り出し，これに成功する。学校を沿線に誘致するという慶太の戦略は，学生という継続的で確実な顧客を確保しただけでなく，著名な学校が来ることによって沿線のイメージアップにも繋がっていった。

慶太は，「田園都市計画，ターミナル・デパートなどというものは，みな阪急のマネをしたものだが，ただひとつだけしないものがある。それはなにかというと，学校を持ってきたことである。私は色街や三業組合を持ってくるのはやめて，学校を誘致しようと考えていた」（五島 [1958]）と振り返っている。

(3) 買収・合併による拡大戦略

五島慶太は，ただ単に新規路線を敷設するだけではなく，数ある中小の鉄道

会社を一本化し，それらを総合的・多角的に経営していくことをめざした。このために，当時では珍しかった企業の買収や合併，いわゆる M&A をその手段として利用している。

1934（昭和 9）年，目黒蒲田電鉄は，池上電鉄の総発行株数 14 万株のうち，大株主であった川崎財閥の下に日本火災保険，日華生命保険が所有していた 8 万 5000 株を譲り受け，同社を吸収合併する。目黒蒲田電鉄と池上電鉄は，ともに省線蒲田駅（現・JR 蒲田駅）を起点として競合していたが，この買収で慶太は池上電鉄のバス路線も手中にした。

次いで，1936 年には，千代田生命，日本徴兵保険が所有していた玉川電鉄の株式それぞれ 5 万株をはじめ，内国貯金銀行からも同社株式を譲り受け，総発行株式の 60％あまりを取得する。玉川電鉄に関しても，蒲田駅での池上電鉄同様に，省線渋谷駅（現・JR 渋谷駅）において，東京横浜電鉄と競合していた。とくに，渋谷にターミナル・デパートを建設し，地下鉄用の駅を新設する計画をもっていた慶太にとって，玉川電鉄が渋谷駅周辺に所有していた広大な土地はこの計画に必須のものだった。株式取得から 1 年半後の 1938 年 4 月，東京横浜電鉄は玉川電鉄を合併した。そして，1939 年 10 月，東京横浜電鉄と目黒蒲田電鉄が合併する。名称は東京横浜電鉄，資本金は 7250 万円となっていた。

買収や合併で事業拡大を図る慶太は，この頃から"強盗"慶太とあだ名されるようになっていたが，その異名を決定的なものとしたのが早川徳次が率いていた東京地下鉄道の株式の買い集めと，同社からの早川の追放，そして実現した地下鉄の浅草—渋谷間（後・営団地下鉄，現・東京地下鉄銀座線）の直通運転だった。

新たに東京高速鉄道を設立して，渋谷—虎ノ門間の地下鉄を開通させた慶太は，この路線の新橋までの延伸を計画するが，早川によって妨げられていた。そこで，大日本電力の専務・穴水熊雄が保有する東京地下鉄道の株式の 35 万株に着目する。そして，これを手中に収めることに成功し，1940（昭和 15）年 8 月の東京地下鉄道の臨時株主総会において，日本の"地下鉄の父"とも称されていた早川を解任し，新橋駅での東京高速鉄道から東京地下鉄道への乗り入れを実現させた。当初，世論は創業者である早川を追放した慶太に批判の矛先を向けるが，地下鉄が浅草—渋谷間の直通運転を始めるとその利便性が認識さ

れるようになり，批判の嵐もしだいに収まることとなっていった。

なお，東京メトロ銀座線となった新橋駅近くには，70年後となる現在も1本の引込み線が残っている。東京地下鉄道との直通運転が可能になったことで，不要となった東京高速鉄道の新橋駅ホームである。一般の立ち入りは不可であるが，東京メトロの会議室や清掃用具置場として使用されている。

(4) "大東急"グループの形成

1937（昭和12）年7月の盧溝橋事件をきっかけにして日中戦争が勃発する。戦線の拡大とともに日本国内の戦時統制色も強まり，翌38年には国家総動員法が公布される。このとき，陸上交通事業調整法という法律も，同時に公布されていた。同法は，大都市圏での交通事業における無駄な競合を避け，鉄道・バス会社の整理統合の政策的促進を図ることで，経営資源を有効に利用することを主たる目的とする法律だった。五島慶太にとっては，苦労して手に入れた地下鉄を手放すことにはなるものの，この法律によって大規模な合併・統合を迅速に実行することが可能となった。

1941年9月に小田急電鉄社長，同年11月に京浜電気鉄道社長に就任すると，翌42年5月には，東京横浜電鉄（5路線，79.5キロ），小田急電鉄（3路線，122.9キロ），京浜電気鉄道（4路線，67.6キロ）の3社を合併し，合併後の東京急行電鉄社長に就任した。総営業キロ数270キロ，1日の平均乗車人員136万3336人を数える路線が慶太の管轄下となっていた。この年の「関係会社一覧」を見ると，それらは鉄道にとどまらず，バス，ホテル，劇場などあらゆる分野にわたっていることがわかる（表2）。

そして，"大東急"グループへの仕上げともいえるものが，1944年5月の京王電気軌道（現・京王電鉄）との合併であった。『東京急行電鉄50年史』は，「合併の結果，京王電気軌道の京王新宿—東八王子間，調布—京王多摩川間，北野—多摩御陵前間の計四五・九キロメートルを加えて当社の鉄道・軌道の総営業キロは三二〇・四キロメートルとなった。また，資本金は一九三五万円増加して，二億二四一五万円となった」と記している。東京都内とその近郊を走る私鉄のほとんどが「東急」のマークをつけて走ることとなったのである。

表2　1941年8月時点での東急の関係会社

関係会社一覧
・京浜電鉄　・湘南電鉄　・東京高速　・京浜地下鉄道　・東京地下鉄道　・京浜湘南証券　・小田急電鉄　・南部鉄道　・東京環状乗合　・富士山麓電鉄　・東都乗合　・鳩ヶ谷自動車　・東京交通　・後楽園スタジアム　・新京第一ホテル　・東京宝塚劇場　・大阪電軌　・参宮急行電鉄　・東武鉄道

出所：東京急行電鉄［1973］より作成。

3　第二次世界大戦後の多角化

(1)　公職追放と"大東急"の解体

"大東急"という巨大企業は，戦中から戦後というきわめて特殊な社会情勢下での存在として終わる。それは，成立からわずか4年で姿を変えることとなった。GHQ（連合国軍総司令部）による民主化の推進により労働組合の結成が許可されると，東急電鉄にも激烈な労働争議の嵐が吹く。その嵐の中，五島慶太をはじめとする全取締役は，1946（昭和21）年退任する。また，慶太は，第二次世界大戦中の1944年2月から東条英機内閣で運輸通信大臣に就いていた。運輸通信省は，戦時中に鉄道省と通信省を統合して発足した省庁で，慶太が大臣を務めたのはわずか5カ月間という短い期間ではあったが，東条内閣で大臣を務めたことが災いして1947年8月公職追放となり，それから4年間にわたり社会的活動ができなくなっていた。

そのような状況下で，"大東急"は解体される。過度経済力集中排除法は，陸上交通事業調整法に基づいて合併，成立した鉄道会社については，その法の適用から除外していた。しかしながら，GHQの財閥解体の方針に加えて，第二次世界大戦中の空襲による沿線被害が甚大であったため，東急が一企業として復興のための資金調達を行うことには限界があり，会社を分離，独立させることを余儀なくされることとなったのだった。1948年6月，東京急行電鉄から，京王帝都電鉄（現・京王電鉄），小田急電鉄，京浜急行電鉄の3社が分離，独立した。

3社の独立後も，各社の幹部人事は慶太の指示に従っており，慶太の長男であり後継者となる五島昇がそれぞれの取締役に就いていた。しかし，慶太の事

業に対する倦むことのない関心は，百貨店，ホテル，そして宅地開発へとしだいに移っていくこととなる。

(2) 百貨店，ホテル事業の拡大

現在の東急グループを見ると，その事業領域は鉄道事業にとどまらず，百貨店，ホテル，そして不動産事業など幅広い。1951（昭和26）年8月，五島慶太は追放解除となると，すぐさま東急電鉄の会長に復帰するとともに，これらの事業の拡大へと邁進する。

慶太は，戦前から東京・渋谷に東横百貨店を開業し，すでにデパート経営に進出していたが，1956年，日本橋の老舗・白木屋の株式330万株，発行株式総数の3分の2超を買収して傘下に収め，新経営陣を東急電鉄と東横百貨店から派遣する。その後，白木屋は，1958年に東横百貨店と合併する。白木屋は形式上存続会社となったが，1967年あらたに東横百貨店と改称し，日本橋にあった本店を含めて白木屋の店舗は新しい東横百貨店の店舗となった。

ホテル事業においては，1956年，アメリカのホテル王コンラッド・ヒルトンとの間で，東京にヒルトンホテルを開業する仮契約を締結した。1963年に開業した東京ヒルトンホテル（後・キャピトル東急ホテル）は，敷地と建物は東急が所有し，その運営をヒルトン側が受託するという方式を採用するが，日本初の外資系ホテルとして，近代的なホテル設備とその運営方式ゆえ，注目を集めることとなった。また，ホテルマン養成機関として幾多の有能な人材をホテル業界に送り出しただけでなく，経営の中央管理方式や科学的なホテル経営の手法などのノウハウが東急ホテルズの展開するチェーン経営にと生かされるなど，その果たした役割は大きい。

そして，慶太率いる小田急電鉄傘下の箱根登山鉄道と，堤康次郎率いる西武鉄道傘下の駿豆鉄道が，箱根でバス路線および芦ノ湖での湖上輸送をめぐって争い，「箱根山戦争」と呼ばれたその抗争が世間の耳目を集めたのも，この頃であった。1956年，ライバル関係にあると目されていた二人の代理戦争は，伊豆半島での鉄道敷設での競願というかたちでの正面衝突へと発展する。最終的には，鉄道事業の免許は慶太率いる伊東下田電気鉄道（現・伊豆急行）に与えられ，1961年に伊東—下田間が全線開通している。申請の記者会見で慶太は，「この鉄道敷設は，私の企画した会心の仕事であり，終生の事業」（猪瀬

[1988]）と宣言していた。

(3) 「多摩田園都市計画」と田園都市線

　五島慶太は，1959（昭和34）年8月，77歳にしてその生涯を閉じる。会社数70社，年間売上700億円あまり，従業員数3万3000人を超す東急グループは，慶太の後継者としてすでに東急電鉄の社長に就任していた長男・五島昇に託された。

　その最晩年，慶太は「多摩田園都市計画」に情熱を注いだ。この計画は，東京南西部に位置する多摩丘陵一帯の土地500万坪（約1653万㎡）を，鉄道の新設と一体化するかたちで開発しようという都市計画で，国家事業にも匹敵する一大構想であり，規模でもあった。

　1953年1月，慶太による城西南地区開発趣意書の発表を起点として始まった都市計画は，59年に野川第一地区（川崎市宮前区）の土地区画整理事業に着手したのを皮切りに，53地区2983万㎡を開発し，2006年3月の犬蔵地区（川崎市宮前区）の土地区画整理事業の完了によって，開発は1つの区切りを迎えている。

　一方で，1966年に溝の口―長津田間が部分開通した田園都市線は，84年に，つきみ野―中央林間間が開通したことで，21駅からなる22.1キロが全線開通した。慶太の没後25年目のことである。近郊の土地を買収し，まず鉄道を通す。しかる後に，そこを住宅地として開発していく。そこにまったく新しいまちを形成していく。慶太にとって，土地は，あくまでも事業投資の手段であり，その目的ではなかったのであった。

堤　康次郎
土地開発と輸送・流通・観光事業

堤康次郎　略年譜

1889（明治22）年	0歳	滋賀県愛知郡八木荘村に誕生
1902（明治35）年	13歳	八木荘小学校高等科卒業，農業に従事
1913（大正2）年	24歳	早稲田大学政治経済学部卒業
1917（大正6）年	28歳	長野県東長倉村で区有地60万坪を購入
1919（大正8）年	30歳	神奈川県箱根町強羅で土地10万坪を購入
1920（大正9）年	31歳	箱根土地（後・国土計画興業，コクド）を設立
1924（大正13）年	35歳	衆議院議員，初当選
1926（昭和元）年	37歳	箱根土地が国立学園都市の分譲を開始
1928（昭和3）年	39歳	多摩湖鉄道設立
1932（昭和7）年	43歳	武蔵野鉄道（後・西武農業鉄道，現・西武鉄道）の経営に参画
1940（昭和15）年	51歳	京浜デパート所有の「菊屋」を買収し，武蔵野デパート（現・西武百貨店）に改称
1943（昭和18）年	54歳	旧・西武鉄道を買収
1946（昭和21）年	57歳	公職追放
1951（昭和26）年	62歳	追放解除
1953（昭和28）年	64歳	衆議院議長，就任
1964（昭和39）年	75歳	死去

1　青年期の堤康次郎

(1)　農業からのスタート

　堤康次郎は，1889（明治22）年3月7日，滋賀県愛知郡八木荘村（現・愛荘町）の農家に父・猶治郎，母・みをの長男として生まれた。4歳のときに猶治郎が急死したため，以来，康次郎と2つ違いの妹・ふさは，祖父・清左衛門と祖母・きり夫婦の手で育てられることとなった。

　1902（明治35）年，小学校を卒業した康次郎は，中学校への進学が決まり入学手続きまで終えたものの，若者の都会暮らしを心配する祖父に遠慮して，進学を諦めることとし，祖父とともに農業に従事する。自らが過燐酸石灰を利用して二毛作を試みるだけでなく，畔が曲がりくねっているために歪んだ形をしていた水田の耕地整理に取り組むなど，その地域農業の生産性向上を図ろうとする姿勢からは，後の康次郎の旺盛な企業家精神の一端を垣間見ることができる。

　およそ4年間にわたり農業に専念した康次郎は，再び祖父の許しを請い，京都の海軍予備学校に入学する。1年で同校を修了した康次郎は，1907（明治40）年4月，愛知郡の郡庁の職員として採用されている。県や郡の役所は，能力と意欲のある地方の若者にとって安定した可能性のある勤務先であっただけでなく，康次郎にとっては農作業を手伝いながら八木荘村の自宅から通勤できる職場でもあった。しかしながら，康次郎が郡庁に勤務するようになって間もなく，祖父・清左衛門が死去する。すでに祖母を失っていた康次郎にとって祖父をも失ったことは，それ以上，八木荘村にとどまり農業を続ける必要のないことを意味していた。康次郎は郡庁の職を辞し，上京することを決意する。

(2)　異色の大学生活

　1909（明治42）年4月，郷里の資産を処分して上京した堤康次郎は，早稲田大学の高等予科第一（大学部政治経済学科に進学する者の予備科）に入学する。弁論部（雄弁会）と柔道部に所属した。将来，政治家になることを志していた康次郎にとって，演説の能力は不可欠であり，雄弁であることが何をおいても必要だったのである。その後，授業には欠席することが多くなった康次郎も，

雄弁会の活動には熱心であり続けた。早稲田大学雄弁会は，1902年に大隈重信を総裁，高田早苗を顧問として設立され，後には永井柳太郎がリーダー格となって政治家やジャーナリストを志望する者のための格好の修行の場となっていた。康次郎も，弁論や演説の能力を身につけただけでなく，知己を得ることや政治の場での活動の機会を実現することに成功した。大隈重信とも，雄弁会の活動を通じて見知られるにいたっている。

　一方で，向学心こそ高かったものの，康次郎は大学の授業には欠席しがちとなっていった。大学の講義内容は有用であると考えていたが，講義自体が担当教員の公刊文献の内容とあまり変わらないことが多いことに気づくと，授業のテキストやノートを入手して勉強することで試験をパスできると考えたのだった。康次郎は，「ノートなどは五日間分くらいはわずかの間に読めるもので，毎日々々学校に行って，先生のいうことをただ筆記して帰るよりは，この方がはるかに時間が有効だ。これが私の主義だった」（日本経済新聞社［1957］）と振り返っている。

　そして，本来であるならば大学の講義に出席すべき時間は，東京でのビジネスにおける機会の獲得やそれへの挑戦にと費やされるようになる。当初のビジネスへの関心の対象は，郷里でも多少の経験のあった商品や株式の取引だった。商品取引こそ失敗に終わるが，株式取引では大きな成功を収める。康次郎は，1910（明治43）年，関税法の改正によって毛織物に保護関税が課されることで国内企業に競争上の優位が与えられると考え，毛織物企業として当時の有力企業だった後藤毛織物株式会社の株式を購入し，同社の株主総会に出席した。この総会での康次郎の発言が同社の経営者の目にとどまり，同社株の買い集めに加担することで多額の資金を手にすることに成功した。1911年，康次郎はこの資金を元手にして，22歳にして日本橋の蛎殻町郵便局長となった。郵便局経営は，一定の利益が確実なことに加え，電報の取扱いを通じて情報に接することができること，局施設を住居として利用可能なことから，合理的な康次郎の主義にも適ったものであった。1913年7月，康次郎は早稲田大学を卒業する。

(3) ジャーナリスト兼実業家として

　学生時代から桂太郎による新党・立憲同志会の創立員の一人となるなど，活

動の場が早稲田大学の枠を越えるものとなっていた堤康次郎の関心は，大学卒業後はもっぱら政治へと向けられていく。1914（大正3）年11月，大隈重信の公民同盟という組織において，『公民同盟叢書』の編集・発行の主宰者となった。しかし，同書の経営は，発刊当初こそ順調であったものの，大隈をはじめとした関係者たちが無料で大量配布するなど経営上の問題も多く，発刊から1年数カ月で廃刊となっている。

　この後，康次郎は雑誌『新日本』の編集責任者として社長に就く。同誌は，1911年の創刊以来，大隈が主宰して永井柳太郎が補佐し，当時の指導的な識者の論説を中心にして編集された月間総合雑誌であり，すでに知識人の中に一定の評価を確立していたが，経営状況は芳しいものではなかった。康次郎は，発行部数1万部を目標として，『新日本』の編集と経営に新機軸を打ち出すが，しだいに他のビジネスに多忙となり同書の経営に割く時間も少なくなっていった。1918年12月，同書は廃刊となり，康次郎のジャーナリストとしての活動も終わった。

　一方の企業経営に関しても，失敗続きの状況となっていた。1917年には東京護謨株式会社を設立し，翌18年には名古屋の海運会社・浪越汽船を買収する。当初こそ，第一次世界大戦の特需から業況は順調に推移するが，戦後の不況が到来すると一転して経営難に陥り，撤退を余儀なくされた。その他にも，石炭事業や真珠の養殖なども手がけるが，いずれも失敗に終わっている。

　唯一，着実な利益をもたらした事業が，土地への投資であった。1914年に日本橋の郵便局を売却した康次郎は，豊玉郡落合町（現・新宿区下落合）で土地の購入を始めた。まず，地元の地主などから2667坪（約8800㎡）を買い付け，その後，数年間もこれらを売却することなく土地を買い増し続けた。1919年末には，一帯で1万4235坪（約4万7000㎡）の土地を確保するにいたっている。康次郎の不動産開発の第一歩であった。

2　不動産開発と鉄道事業

（1）　軽井沢と箱根の別荘開発

　第一次世界大戦末期の好況と大正デモクラシーの高揚を背景とした中で，堤康次郎による本格的な不動産開発事業は，軽井沢と箱根での別荘地開発から始

まった。

　康次郎が軽井沢の開発に乗り出したのは，雑誌『新日本』の経営をしていた1917（大正6）年のことだった。大隈重信や永井柳太郎，後藤新平などの支援を受けて，長野県北佐久郡東長倉村沓掛区の区有地60万坪（約200万㎡）を3万円で購入する。これと同時に，康次郎は，資本金20万円（払込5万円）で沓掛遊園地株式会社を設立した。康次郎が計画した土地付き別荘は，「簡易別荘」と呼ばれる中産階級向けのものだった。別荘地開発に先立っては，信越線沓掛駅との間に幅12ｍの「七間道路」を通したのをはじめ，水道や電話，日用品を扱うマーケットを建設したり，発電所を設置して送電を行うなど，地域のインフラ整備にも尽力した。康次郎は，これら一連の開発工事に用地買収価格の7倍近い20万円近くの資金を投入し，千ヶ滝遊園地の簡易別荘40戸を完成，販売にこぎつけている。後に"道路の堤"と呼ばれるようになる康次郎が，「開発とは何にかというと，それは道路だ。道路をよくしないで観光開発はなりたたない」（由井・前田・老川［1996］）と考えるようになるきっかけであった。

　箱根については，1919年，康次郎は箱根・強羅地区で山林10万坪を購入し，続いて仙石原で70万坪，芦ノ湖畔の箱根町で100万坪，さらには元箱根，湯ノ花沢と土地を買収していった。強羅地区では，この頃すでに小田原電鉄が別荘地の分譲を行っていたが，それは上流階級向けの高級別荘であった。これに対して，康次郎が計画した別荘地は，箱根においても中産階級向けの「簡易別荘」だった。

　1920年3月，康次郎は資本金2000万円（払込500万円）で箱根土地株式会社（後・国土計画興業，現・コクド）を設立する。同社は，箱根の開発を担うのみならず，軽井沢の開発も同社に移管され，その開発規模は一段と大きなものとなった。箱根土地の所有する土地は，設立からわずか1年あまり後の1921年5月時点で，箱根方面に269万坪，軽井沢方面に371万坪，総計640万坪にも及んでいた。

(2)　「文化村」や「学園都市」の開発

　軽井沢や箱根の別荘開発の一方で，堤康次郎は，東京の市内ならびにその近郊での住宅地や学園都市の開発など，新たな方向にも事業規模やその範囲を広げていった。

1922（大正11）年から，康次郎は「目白文化村」の分譲を始めている。この年に東京・上野で開催された平和記念博覧会における住宅展覧会が「文化村住宅展」と称して好評を博したことから，「文化村」の名称を使用するにいたった。第1回の分譲は，それまで康次郎個人が購入してきた所有地を縁故者向けに販売したもので，1929年にかけて計5回の分譲で3万7137坪（約12万㎡）が販売されている。分譲地では，道路，電気，ガス，上下水道，電話などのインフラに加え，クラブハウス，テニスコートも整備されており，新聞，雑誌への広告掲載が話題となった。

「学園都市」の構想にあたっては，理想の教育を実現するという康次郎の関心がその端緒ではあるが，それ以上に教育機関の設置とその関係者の居住による地域のステータスの向上で住宅分譲を促進するという戦略的意図があった。1924年，大泉学園都市と国分寺学園都市（現・小平学園都市）の開発を開始した。大泉に東京商科大学（現・一橋大学），小平に津田英語塾（現・津田塾大学）と明治大学が移転するとの情報から，土地の取得と分譲へと動いたのだった。両計画とも土地分譲こそ順調であったが，土地付建売住宅の販売は進捗しなかった。

「国立学園都市」については，康次郎自身が「私の自慢の一つは国立の開発である」と評価している。それは，神田一ツ橋の敷地が手狭になり郊外への移転を検討していた東京商科大学を北多摩郡谷保村へと誘致したもので，1925年の同大学と箱根土地との契約では，国分寺・立川間に国立駅を開設して鉄道省に寄付すること，駅からの幅24間（約44m）の幹線道路と幅6間（約11m）の東西への放射状の道路などのインフラを整備することが約束された。完成した道路は，それぞれ大学通り，富士見通り，旭通りと名づけられ，現在にいたっている。斬新かつスケールの大きな学園都市開発の理想は実現したが，その分譲は想定通りには捗らなかった。「敷地も百万坪は用意」したにもかかわらず，「結局坪四十円に売出す予定のものが五，六円にしか売れず損をして売ってしまった」（日本経済新聞社［1957］）と振り返っている。

(3) 鉄道事業への本格進出

堤康次郎は，「元来土地の開発と交通機関とは，不可分の関係にあるものだ」（日本経済新聞社［1957］）と評しているが，鉄道事業が土地開発事業に並ぶ重

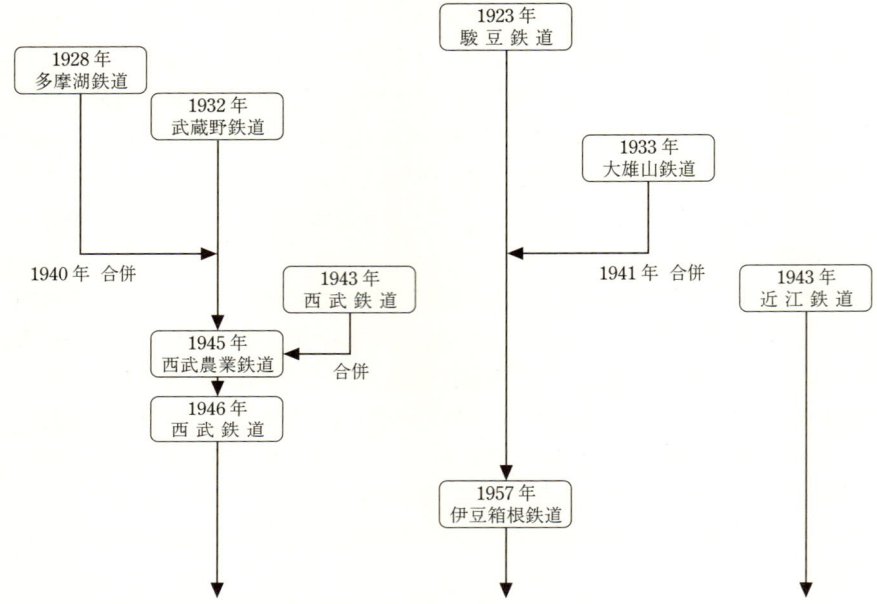

図1　堤康次郎と鉄道事業との関わり

```
1928年              1923年
多摩湖鉄道           駿豆鉄道
    │
    │    1932年
    │   武蔵野鉄道          1933年
    │       │             大雄山鉄道
    │       │                │
  1940年 合併              1941年 合併    1943年
          │    1943年                   近江鉄道
          │   西武鉄道
          ▼      │
       1945年    │
      西武農業鉄道 ← 合併
          │
          ▼
       1946年
       西武鉄道
                    1957年
                   伊豆箱根鉄道
```

出所：由井・前田・老川［1996］より作成。

要な中核事業としての位置を占めるようになるのは，1932（昭和7）年に武蔵野鉄道（後・多摩湖鉄道，西武鉄道と合併し西武農業鉄道，現・西武鉄道）の経営に参画してからのことであった。それまでにも，1923年から静岡県三島町—沼津間に路線をもつ駿豆鉄道の経営に関与したり，1928年には多摩湖鉄道を設立して国分寺—村山貯水池間9.2キロの鉄道を敷設したりしてはいたが，これらはあくまでも土地開発の促進のためであった（図1）。

　武蔵野鉄道との関わりは，「大泉学園都市」の分譲にあたり，1924年に石神井—保谷間に東大泉（現・大泉学園）駅を建設，寄付するとともに，25年に康次郎と箱根土地が同社の株式を保有したことに始まっていた。1932年，業績不振から経営陣が退陣することを契機に，康次郎は大株主となり経営権を掌握した。しかし，康次郎によるコスト削減，債権者への利払いの延期要請などの措置にもかかわらず同社の再建は捗らず，1933年には社債の償還が不能となり鉄道財団の管理下に置かれることとなった。そこにいたっても，康次郎はな

おも債権者や金融機関と交渉し，1936年に強制和議を成立させるとともに，翌年には減資と負債整理に踏み切り，経営再建に成功する。康次郎自身も，1939年に取締役，40年には社長に就任した。

3　政治家「堤康次郎」と戦中・戦後の企業家活動

(1)　衆議院議員「堤康次郎」としての一面

したたかに，しかも強引に事業を推し進める一方で，堤康次郎には政治家としての一面があった。「人生で最高の仕事は政治だと思っている。金をかけて事業をやってみたところで，それは国全体のある一部分でしかない。……私は早くから政治を志していた。しかし，金をもらって歩いていたのではとても政治はできない。それでまず金をもうけようとしたわけだ」（日本経済新聞社[1957]）と述懐する康次郎は，1924（大正13）年から故郷である滋賀県選出の衆議院議員となっている。以来，当選を重ね，戦後の1953（昭和28）年5月からは衆議院議長に就任し，政治家として大きな足跡を残した。

政治家としての康次郎は，まず1932年，斎藤実内閣において永井柳太郎拓務大臣の下で政務次官を務めている。二・二六事件など軍部の台頭著しい時代背景の中でも，康次郎は一貫した軍縮論者として軍部の政治介入を批判し続け，民政党員として国際派であることを貫き通した。しかし，戦後1946年，GHQによる軍国主義者の公職追放が指令されると，康次郎はその該当者として追放指示を受ける。追放解除となり政界に復帰するのは，1952年の第25回総選挙のときのこととなった。改進党に所属した康次郎は，翌1953年5月から54年12月まで，衆議院議長の職にも就いている。政治家としての康次郎は，戦前，戦後を通してリベラルであり続けた。

康次郎の次男である堤清二は，「日ソ国交回復（1956年）に憤慨して，議員の辞表を提出して，岸信介に慰留されたりしてね。慰留されるのを計算して辞表出したのかと思っていたら，どうもわたしの父は政治についてはまじめなところがあって，本心だった。ビジネスでは相当ひどいことをやっているんですよ。けれど，政治は，あの年代の日本男児としては，一種の理想的行為でなければならなかったんだろうなあ。大隈重信の弟子ですからね。親父は，派閥を作ったり，駆け引きしたりしていない。正直一本やり」（堤・三浦[2009]）だ

ったと評価している。

(2) 戦中・戦後の事業展開

　堤康次郎は、戦時下の交通調整が進展する中で、1943（昭和18）年、旧・西武鉄道を傘下に収めた。同社はその沿線において武蔵野鉄道との競合、対立が著しく、康次郎はこれを解消すべく東武鉄道が所有していた同社株を譲り受け、経営権を掌握するとともに、自らが社長に就任した。武蔵野鉄道と旧・西武鉄道は、1945年に合併して西武農業鉄道となり、現在の西武鉄道へと続いている。

　また、1940年には、京浜急行電鉄が兼営する京浜デパートの分店であった菊屋を買収し、武蔵野デパートと改称して、食料品、日用雑貨中心の小規模百貨店の経営に進出している。また、これを拠点にして池袋駅周辺の土地買収にも着手し、1948年には池袋駅東口を中心に1万6000坪（約5万3000㎡）を所有するにいたっていた。この頃、池袋で西武百貨店の建設をしようといた康次郎に、銀座・松屋の株式購入の提案がもたらされているが、この買収は成立にいたっていない。その事情について堤清二は、「戦後になっても、当時の康次郎はなによりも不動産経営に重きを置いていた。百貨店をつくるのも、百貨店の経営そのものに関心があるのではなく、それが土地の価値を高めるというかぎりで関心をもっていた。したがって、池袋以外の百貨店にはそれほど関心がなかった。なぜなら銀座で松屋を買収しても、康次郎が所有している西武鉄道沿線の土地の開発には関わりがないからである。康次郎が西武百貨店の経営を始めたのは、西武鉄道沿線の土地の価値を高めるという波及効果に着目してのことだった」（由井編［1991］）と解説している。

　そして、戦後の康次郎の土地買収は、旧皇族や旧華族の邸宅地にも向かった。「プリンスホテル」の命名の由来は、旧皇族の邸宅跡地であることにある。GHQの方針によって臣籍降下（皇籍離脱）することとなり免税特権を失った各宮家は、その財産税の支払いを迫られていた。利用価値が高く広い土地を購入できる好機だととらえた康次郎は、積極的にその購入に取り組んでいる。臣籍降下した11宮家のうち、朝香宮家、竹田宮家、北白川宮家、東伏見宮家の4家と、李王家が、康次郎にその邸宅地を託す結果となっている（表3）。

　ところが、これらの宮家の邸宅地買収にあたって、康次郎はきわめて不透明

表3　西武グループの旧・宮家所有資産

	譲受年月日	その後の使用形態
朝香宮別邸	1947年 8月12日	千ヶ滝プリンスホテル
朝香宮邸	1950年10月 7日	東京都庭園美術館（西武鉄道が買収後，都に転売）
竹田宮邸	1951年 2月 7日	高輪プリンスホテル
北白川宮邸	1953年 7月24日	新高輪プリンスホテル
東伏見宮別邸	1954年 1月 7日	ホテルニューオータニ
李王家邸（旧・北白川宮邸）	1954年 9月29日	赤坂プリンスホテル

出所：猪瀬［1986］，由井・前田・老川［1996］より作成。

な手法をとっていた。北白川宮邸のケースで見ると，1万2000坪（約4万㎡）の土地の購入代金9600万円は，内金などとして1500万円を支払っただけで，残額は支払猶予金として年1割の利息を支払うだけという形式となっていた。加えて，その所有権移転登記は26年後の1979（昭和54）年になってからのこととなる。このことによって，康次郎にとっては多額の資金の流出が抑えられる一方，北白川宮家にとっては「北白川宮家所有」という形式を偽り続けることができるのであった。さらに，邸宅地の売却を担当した執事長をはじめとする宮家の職員は，西武鉄道などのグループ会社へと就職が斡旋されていた。

　軽井沢や箱根における土地取得が成功への端緒となったことが象徴的であるが，康次郎は事業においては土地にしか関心がなかったといってもいいだろう。彼の生涯は，ただひたすら所有地を増やすことにあったといっても過言ではない。

(3)　堤康次郎の事業承継とその後

　堤康次郎は，1964（昭和39）年4月，「人生で最高の仕事」だと考えていた衆議院議員として現職のまま75年間のその生涯を閉じる。1957年に三男・堤義明を国土計画興業の代表取締役に，次いで1961年には義明の異母兄である次男・堤清二を西武百貨店の代表取締役に就任させることで，それぞれの事業の後継者を明確にしていた。また，第二次世界大戦の開戦1年後の1942年12月8日には，『家憲』を残していた。そこでは，堤家の相続人には，財産を「私有財産として与へるもの」ではなく，それは「堤家の事業の管理人と云ふ

観念に外ならぬ」とし，「たとえ国家が滅びても，堤家は守らなければならない」とされていた。

　二人の後継者は，その後，競い合うがごとく事業の拡大に没頭した。西武百貨店を率いた清二は，従来の百貨店事業の枠を越えて，自動車販売，ヨットハーバーの運営や分譲住宅の販売などの新規事業に進出し，生活に必要な衣・食・住に関わる商品やサービスを網羅する西武流通グループを組織した。そして，さらにそれを拡大させることで，流通を核とする「生活総合産業」セゾングループへと進化させていった。1988年にはインターコンチネンタルホテルを2800億円で買収するなど，ホテル経営やリゾート開発にも事業領域を広げたが，バブル崩壊後は多額の借入金から急速に経営を悪化させることとなった。1995年，清二は，セゾングループ各社の株式からなる私財100億円を提供するとともに，グループ内企業の全役職を退任し，セゾングループは崩壊した。

　片や，西武鉄道と国土開発興業を率いた義明は，プリンスホテルのブランドの下に，首都圏や東北，北海道を中心にして，数多くのシティホテルや大規模なスキーリゾート，ゴルフリゾートを建設していった。1980年代の地価高騰は，土地の含み益を増大させることを通して，プリンスホテルのビジネスモデルにさらなる積極的な事業展開を可能とさせる。1987年発行の雑誌『フォーブス』は，西武鉄道グループを支配する義明が210億ドルの資産を有する世界一の金持ちであると報じた。

　しかしながら，西武の手法，つまり事業を興すために借金をする，そしてその金で土地を買う，という康次郎伝来の経営手法は，平成の時代に入るとしだいに通用しなくなっていく。リゾート，不動産などの義明が得意としてきた事業は平成不況の影響を強く受けた。

　そして，2005年，康次郎の後継者であり西武グループの総帥として君臨してきた義明は，証券取引法違反（有価証券報告書の虚偽記載，インサイダー取引）の容疑で東京地方検察庁特捜部に逮捕される。康次郎の没後40年間にわたり，グループの結束と堤家の財産保全のために行われてきた名義借り株式の問題が白日の下にさらされた。それは，取りも直さず，「株の多数を買収せられたり，過半数の株を買収して乗っ取られない様にせねばならぬ。五島慶太の陰謀は計画遠大，到底普通の者では防ぎきれぬものではない」と，軽井沢や箱根のリゾート開発や伊豆半島での鉄道敷設で争ったライバル五島慶太のことをわざわざ

堤家の『家憲』に書き残した康次郎の教えを忠実に守ってきたことの証であったのだった。
　2006年，西武鉄道グループは，新設された西武ホールディングスの下，再編されている。

❏ おわりに

　五島慶太と堤康次郎の二人は，その強烈な個性と，なにものにも屈しない強固な信念と，強力なリーダーシップをもって，それぞれ国家的事業にも比肩するような規模と範囲を擁する巨大企業グループを一代で築き上げた。阪急電鉄の小林一三の描いた「地域開発事業としての電鉄」という日本独自の概念を踏襲した慶太と康次郎の事業展開には，驚くばかりに多くの共通点があった。慶太の支配下にあった箱根登山鉄道と康次郎の支配下にあった駿豆鉄道が，箱根開発の主導権を握ろうと蝸牛角上の争いを演じたのは，終戦から間もない1950年代のことだった。「箱根山の交通が，山カゴと人力車だけの間は，何の騒ぎもなかった。道が開け，ガソリンのにおいがし始めてから，ケンカの時代となった」（獅子［1962］）と小説にまで取り上げられたことで，二人が事業面でライバル関係にあることは広く社会の知るところとなっていた。

　しかしながら，二人が"強盗"慶太，"ピストル"堤と仇名されるほどにエキセントリックで，目的達成のためには手段を選ばない交通事業者らしからぬ性格の持ち主であったという点は奇妙なまでに似通っていたが，慶太が鉄道路線の伸長と住宅開発を一かたまりにした経営方式に重点を置き，一方の康次郎が電車の終点の彼方に拓かれたリゾート地開発を中心に事業を展開するという点において，両者の違いは明らかであった。このため，この２つの電鉄会社の鉄道事業における競合は少なかったといっていい。二人が衝突したのは，主に戦後の観光開発やリゾート開発における事業展開においてであった。

　また，戦時中に多くの事業家たちが軍需産業へと傾注し，その利益を追求した中で，慶太と康次郎は直接軍需産業に手を染めることをしなかった。戦時体制下においても，慶太と康次郎は積極的にその事業の規模と範囲を広げようとしていたし，すでに大規模に事業展開していた二人に幾多の誘惑があったことは想像に難くない。自らの構想の実現のためにはその手段を厭わなかった二人であるが，鉄道事業を通して国家に貢献するという信念を共有していたということは，偶然の一致であったとしても，きわめて興味深い。

　一方で，その企業経営においては，人材の登用，資本政策の２点において対照的であった。人材面において慶太は，積極的に官僚出身の人間を重用する。グループの枢要なポストは，鉄道省，内務省，大蔵省や海軍省から慶太が直接

ヘッドハントしてきたメンバーが占めるようになっていた。片や康次郎は，晩年にいたっても自らが専制的に支配，経営し続けることを選択した。このため，各企業のトップ・マネジメントにはもっぱら血縁関係者が選任されることなり，組織的には戦前からの同族企業の色彩を強く残していた。

　資本政策においても，両者には大きな差異が見て取れる。慶太には，企業が特定の企業を支配するためにその株式を取得するという意識こそあったものの，これを通じて一族支配をもくろむという発想がなかったとみてよいだろう。現実に，慶太とその後継者であった五島昇が保有した株式は，東急電鉄をはじめとする各社において1％に満たなかった。そして，その価値観は昇にも色濃く引き継がれていた。ところが，康次郎においては，慶太とは正反対の発想をしていた。事業，すなわち所有する土地を堤家の「家産」と見なして，それらを保有する会社の株式の支配を通じて，その支配を永続させようと考えていた。康次郎の「家産」の継承者であった堤義明も，その手法，価値観を『家憲』として墨守していたにすぎなかったのだといえよう。

　慶太と康次郎という二人のライバルは，生前からそれぞれの息子をその後継者として指名していた。そして，五島昇と堤義明という二人の後継者はその役割をともによく果たした。しかしながら，慶太と康次郎の没後からおよそ50年が経過した現在，東急グループ，西武グループの経営陣には，その創業者の血を引いた者はいない。

★参 考 文 献
● テーマについて
　　越沢明［1991］『東京の都市計画』岩波書店。
　　獅子文六［1962］『箱根山』新潮社。
　　南博編［1965］『大正文化　1905-1927』勁草書房。
　　堺屋太一［2006］「小林一三 "夢追い人" が企業家に」日本経済新聞社編『経営に大義あり──日本を創った企業家たち』日本経済新聞社。
● 五島慶太について
　　三鬼陽之助［1955］『五島慶太伝』東洋書館。
　　猪瀬直樹［1988］『土地の神話』小学館。
　　五島慶太［1953］『七十年の人生』要書房。
　　日本経済新聞社［1957］『私の履歴書　第1集（五島慶太）』日本経済新聞社。
　　五島慶太［1958］『事業をいかす人』有紀書房。

東京急行電鉄株式会社編・刊［1973］『東京急行電鉄50年史』。
- 堤康次郎について

由井常彦編［1991］『セゾンの歴史——変革のダイナミズム（上）（下）』リブロポート。
由井常彦・前田和利・老川慶喜［1996］『堤康次郎』エスピーエイチ。
堤清二・三浦展［2009］『無印ニッポン——20世紀消費社会の終焉』中央公論新社。
猪瀬直樹［1986］『ミカドの肖像』小学館。
日本経済新聞社［1957］『私の履歴書　第1集（堤康次郎)』日本経済新聞社。

CASE 9

水産講習所出身の清廉経営の実践者

高碕達之助（東洋製罐）と中島董一郎（キユーピー）

❑ **はじめに**

　明治政府は近代国家建設に向けてさまざまな勧業政策を展開した。1870（明治3）年に工部省が，3年後に内務省が設置され，工部省は主として重工業を，内務省は繊維工業と農業を所管した。明治初期の勧業政策は両省を中心に行われたが，水産業は蚊帳(かや)の外に置かれ，国際的にもその地位は低いといわざるをえなかった。水産行政の専門部局が設置されたのは1877年のことで，81年の農商務省の新設を機にようやく水産行政が本格化することになった。

　そうした中，水産知識および技術を広く波及し向上させることをめざし，1882年に大日本水産会が設立された。大日本水産会は地方漁業振興に力を注ぐとともに，水産業振興には人材育成が不可欠との見地から，1889年，水産専門学校・水産伝習所（現・国立大学法人東京海洋大学）創設に踏み切った。

　水産伝習所は実業に従事する漁業者の速成機関として学理（学問上の原理・理論）よりも実理（実地や実業から得た原理・理論，実習）を重んじる教育を展開し，とくに小資本の地方漁業家の育成に貢献した。1897年に農商務省所管の水産講習所に引き継がれた後も，政府の遠洋漁業奨励策に歩調を合わせながら実業振興本位の教育方針を貫いた。

　明治期後半より漁業の中心が沿岸・沖合漁業から遠洋漁業へと転換される中，大資本による企業活動が展開されるようになった。それとともに水産講習所卒業生の就職状況は実業従事者に代わって民間企業への就職者が増加傾向を示し，大資本会社において漁労や製造の担い手となって活躍する人材や，今にいたる一大事業の礎を築いた企業家や事業家を多数輩出するにいたった。

　その代表例が東洋製罐株式会社を立ち上げた高碕達之助(たかさきたつのすけ)，キユーピーマヨネーズの創始者・中島董一郎(なかじまとういちろう)，ニチモウ株式会社の基礎を築いた岩本千代馬や林田甚八，日本水産株式会社を一大水産会社に育て上げた国司浩助，植木憲吉などである。明治末期に水産講習所に学び，大正期に企業家としての活動を開始した彼らに共通するのは，食糧事情改善による国民福祉向上，日本の近代化と富国に貢献しようとの志があったことである。

　ここではその中から，缶詰産業を中心に水産国・日本の確立に寄与し，かつとくに清廉な経営を行い，食品産業界で大きな存在感を示しつつ公益の追求に邁進(まいしん)した二人の企業家，高碕達之助と中島董一郎を取り上げる。

高碕　達之助
製缶専業企業の確立により缶詰業界の発展に貢献

高碕達之助　略年譜

年	年齢	事項
1885（明治18）年	0歳	大阪府高槻市柱本にて誕生
1906（明治39）年	21歳	水産講習所を卒業し，東洋水産に技師として就職
1912（大正元）年	27歳	メキシコ万国漁業に水産技師として就任し，大正4年に帰国するまでメキシコおよびアメリカにて見聞を広める
1917（大正6）年	32歳	東洋製罐設立
1934（昭和9）年	49歳	東洋鋼鈑設立
1938（昭和13）年	53歳	東洋罐詰専修学校創立
1941（昭和16）年	56歳	満州重工業開発副総裁就任
1942（昭和17）年	57歳	満州重工業開発総裁就任
1945（昭和20）年	60歳	終戦と同時に満州にて日本人会会長となり，在満邦人の帰国に奔走
1952（昭和27）年	67歳	電源開発総裁就任
1954（昭和29）年	69歳	経済審議庁長官就任
1955（昭和30）年	70歳	衆議院議員初当選，経済企画庁長官就任
1957（昭和32）年	72歳	東洋製罐取締役会長，東洋鋼鈑会長就任
1958（昭和33）年	73歳	通商産業大臣就任（すべての会社重役辞任）
1959（昭和34）年	74歳	通商産業大臣を辞任し，大日本水産会会長，東洋製罐相談役就任
1960（昭和35）年	75歳	東洋製罐取締役会長就任
1962（昭和37）年	77歳	東洋鋼鈑取締役会長兼社長就任
1964（昭和39）年	79歳	2月24日死去

CASE **9**　水産講習所出身の清廉経営の実践者

1 「人類の幸福に寄与する事業に全精力を注ぐ」との事業観を形成

(1) 水産業にかけることを決意した中学時代

高碕達之助は1885（明治18）年，大阪府高槻市柱本に父桧之助，母ノブの次男として生まれた。ノブは桧之助に嫁する前に2児を生み，桧之助とは再婚であった。桧之助との間に7人の子をもうけ，高碕はその3番目の子であった。ノブは高碕が16歳のとき，45歳の若さで亡くなった。

高碕の生家は農業を営むかたわら，紺屋も経営していた。幼少の頃はいたずらっ子で叱られてばかりいたが，母はそれをいつも温かく見守った。母が亡くなったとき高碕は苦労を掛けどおしだった自分を後悔し，心を入れ替えた。後に母の供養のために，母の出生地，大東市野崎にある野崎観音と高碕の生まれた柱本の興楽寺に悲母観音を建立した。

高碕は茨木の養精高等小学校を経て大阪府立第四中学校に進学した。ここで高碕にとって運命の出会いがあった。浜田真名次という英語教師である。あるとき浜田は「これからの日本は人口が増え，食糧を輸入しなければならない。そのために工業製品を輸出しなければならないが，日本の工業製品の中心である繊維製品は近く中国やインドに浸食される。その中で日本人の生きる道は日本の四面を覆う海を開拓して水産製品を輸出するしかない。その水産について世界唯一の専門学校が，農商務省直轄の水産講習所である」と説いた。高碕はこのとき一生の仕事として水産の道に進もうと心に決めた。日本の水産業は，旧漁業法が成立してようやく近代化に向けて動き始めたところであった。

(2) 水産講習所に入所し，学業と実業の結び付きを実感

当時は水産業への理解は十分ではなく，水産講習所の知名度も低かったため，高碕の決意に父をはじめ家族は反対であった。しかも母の亡くなった年に兄と妹も亡くなっており，高碕は実質的な跡取りになっていた。高碕は中学校を卒業すると，9月の入学まで高等小学校の代用教員として勤めた。その間に父はしだいに態度を軟化させ，家督は弟に継がせることとなり，高碕は半ば強引に水産講習所への入所を決めた。

高碕は漁撈科，製造科，養殖科の中から製造科で学ぶことを決めた。期待に

胸を膨らませて入学したものの，水産講習所の教育水準は高碕にとって満足のできるものではなく，独自で北里柴三郎の研究所で細菌学を専門的に学び，日本の代表的化学者であった吉岡哲太郎の元にも通った。

高碕は水産講習所の教育レベルに失望を禁じえなかったものの，学業以上の貴重な収穫を得た。1つは水産講習所の学生たちがもつ高い志と気概である。水産講習所の学生には「日本で唯一の水産専門学校の生徒として日本の水産業振興のために尽くすべし」との強い思いがあり，その団結心と向学心，そこから醸成される校風を高碕は誇りに思った。

いま1つは，学問を通して事業化への道筋を見出したことである。日露戦争開戦に際して軍納缶詰生産に学校を挙げて取り組むことになり，高碕も駆り出された。その経験を通して，有事にあって国家のために昼夜兼行で働くことの喜び，学業と実業との結び付きとを実感することになった。

(3) 日本水産業の先導者・伊谷以知二郎からの影響

高碕にとってのもう1つの大いなる収穫は，当時，製造科で教鞭を執っていた伊谷以知二郎との出会いであった。伊谷は水産講習所の前身である水産伝習所の第1回卒業生で，卒業後は大日本水産会を経て水産伝習所勤務となった。主に缶詰製造の技術向上に力を注ぎ，軍納缶詰生産で采配を振るった。後に水産講習所第3代専任所長となり，水産講習所のみならず日本水産界の発展に大きく寄与する。缶詰事業に携わることになる高碕の企業家活動は，伊谷の存在なしには語れないといっても過言ではないであろう。

伊谷は教え子や卒業生の就職や起業の相談に乗り，技術的支援，人的支援はもとより，事業における社会的使命の重要性について説くなど，物心両面においてサポートした。高碕も人生や仕事の転機などに際しては伊谷の指示を仰ぎ，伊谷を介した人的ネットワークが企業家活動を支えることとなった。

(4) 缶詰製造会社に勤務し，起業のヒントを得る

1906（明治39）年，水産講習所を卒業した高碕は東洋水産株式会社に技師として就職した。東洋水産は軍用缶詰製造をはじめとする缶詰製造会社であった。軍用缶詰工場が三重県津市贄崎にあり，そのほか鳥羽に製缶工場，波切，和具，神崎，島崎などにも缶詰工場があった。高碕は同社勤務を通して，缶詰事業は

原料となる魚の漁獲高に経営が左右されること，缶詰のラベル・デザインによって販売量に影響が出ることなどを学んだ。さらに使用する油の研究，イワシの体質調査などを通じて缶詰製造の知識を蓄積し，技術を磨いた。各地で講習会を開き，自ら缶詰製造法についての講義を行うまでになった。

東洋水産での経験で高碕にとって最も重要であったことは，缶詰に使用する空缶の一括生産を目にしたことである。東洋水産では鳥羽工場において全工場で使用する空缶を一手に生産しており，これが後に高碕が製缶業を起業する際の大きなヒントとなる。

東洋水産は当時社長が空席で，石原円吉が専務を務めていた。石原は三重県志摩町和具に生まれ育ち，郷里の発展を期して缶詰の試作を始めた。高碕は事業に対する根本的な考えを二人の人物から教えられたと言っており，その一人が石原であった。石原は高碕に「これから，若い人が仕事をする時には，儲かるということより，その仕事が将来大きくなるかどうかを考えて，もし将来性があるという見通しを得たならば全精根を打込んでやるべきだ」(高碕達之助集刊行委員会［1965］)と語った。高碕はこの言葉に感ずるところがあり，儲けよりも前途の可能性を見極め，やりがいありとにらんだ事業には全精力を注いで臨むべきことを学んだ。

東洋水産は原料のイワシの不漁，輸出用缶詰の売上不振などが重なり，会社をたたまざるをえない状況となった。それを機に高碕は缶詰技術の習得のために米国行きを決意する。その裏には，心身ともに行き詰まっていた状況を打開したいという気持ちもあった。その頃，高碕は仕事に打ち込むかたわらで荒れた生活を送っており，さらに幼少時から体が弱かったこともあって肺を病んでいた。死を意識した高碕には，死ぬ前に缶詰技術が進歩している米国の実態を見ておきたいとの考えもあった。

外遊について伊谷に相談すると，全面的に賛成してくれた。ちょうど伊谷のもとに，メキシコのロワー・カリフォルニアに漁業権をもつ漁業会社，インターナショナル・フィッシュ・コーポレーションから日本人技術者の派遣依頼がきており，伊谷は高碕を推薦した。さっそく同社から渡米費用を送ってきたが，高碕は放蕩(ほうとう)生活の末につくった借金の返済に充ててしまった。どうにも身動きがとれなくなった高碕は再び伊谷に相談した。伊谷はほかに使用するはずの金を黙って高碕に渡し，高碕は1912年末に米国へ向けて横浜港を出港した。伊

谷はそのとき，水産講習所初代専任所長・松原新之助の銅像建立のために全国から集めた費用を秘密裏に流用したのである。

（5） 先進の缶詰製造のノウハウを究めた外遊時代

　米国に向けての航海途上でハワイに停泊した際，高碕はハワイの缶詰工場を見学したいと考えた。独断でパイナップルの缶詰工場に行き工場内に潜入し，従業員の振りをしつつ4時間の無断見学をやり遂げた。原料から箱詰めまでの一貫作業，自動化された流れ作業など，先進の製造工程と規模に圧倒された。高碕は後に台湾でパイナップルの缶詰事業に携わることになる。

　高碕は12月28日に無事サンフランシスコに上陸し，年明けにインターナショナル・フィッシュ・コーポレーションのサンドバール社長と面会した。最初に提示された月給は60ドルであったが，高碕が試作したエビのびん詰とイワシの缶詰を見たサンドバールは技術の確かさを認め，即座に月給を120ドルにした。

　やがてメキシコのサンタ・マルガリタ島に新たな缶詰工場を作ることを命じられ，高碕は2月にメキシコに向けて出発した。現地従業員たちをまとめて工場を完成させたが，原料のブリキ不足，漁師や漁船，漁具の不足などが重なり，工場としての機能を果たすにはほど遠かった。社長に直訴して本格的な生産体制を整えるべく進言したが，漁業権確保のための工場建設との意味合いが強く，本格操業をする気はないようであった。高碕は仕方なく各種見本缶を作る程度にとどめ，漁業調査などを行ってのんびりとした生活を送った。その間にすっかり健康を回復することができた。

　そのかたわらで，水上助三郎とともにアワビの採取事業を行ったり，コロラド河口に新工場を建設するための準備を行ったり，近藤篤弘のロワー・カリフォルニア漁業を手伝ってマグロ缶詰製造に着手するなど，さまざまな事業を手がけた。水上助三郎は岩手県出身で，オットセイ猟で富を築き，キッピン鮑（あわび）（大船渡市三陸町吉浜産の鮑）を名産に仕立て上げた功績をもつ漁業家であり，近藤篤弘はサンディエゴで遠洋マグロ漁業の礎を築いた企業家である。国際的に活躍する水産企業家とともに事業を手がけつつ交流を深めたことも，高碕の外遊における大きな財産となった。

(6) 高碕の事業観の一端を形づくったフーバーとの出会い

　その間メキシコ革命が起こって政治，経済ともに混乱を極め，サンドバール社長は失脚した。その中にあって高碕は米国からスパイ嫌疑をかけられ，とっさにスタンフォード大学総長，デービッド・スター・ジョルダン博士に身元保証を頼んだ。博士は米国の魚類学者で，かつて来日したときに高碕と交流があった。博士の助力により，高碕のスパイ嫌疑は解消した。そのとき博士を通して後の米国第31代大統領，ハーバート・フーバーと知り合った。

　高碕に根本的な事業観を植え付けた二人のうちのもう一人がフーバーであった。二人で釣りをしていると，「釣は魚を釣ることが目的ではない。それは楽しみであって，魚がとれることはその楽しみの結果なんだ」（高碕達之助集刊行委員会［1965］）と，フーバーはよく口にした。高碕はこの言葉をかみしめ，事業は金儲けが目的ではなく，金儲けはその結果にすぎないと思いいたった。事業の目的は奉仕でなければならないと考え，「その仕事は日本人全体，ひいては人類全体の奉仕になる性質のものであるかどうか」が高碕の事業観となった。

　スパイ嫌疑が晴れて米国に戻った高碕は，当時米国の製缶業界で最大手であったアメリカン・キャン社の製缶技術を見学した。機械化と自動化によって1分間に120個もの空き缶が作られており，手工業生産を行っていた日本とは隔世の感があった。高碕は日本での製缶事業起業の意を強くした。

2　製缶専門会社の起業と企業家活動

(1)　東洋製罐を設立

　高碕は1915（大正4）年に帰国すると，缶詰製造業と製缶業の分離独立のシステムを日本で確立することを決意し，大阪で準備に取り掛かった。缶詰生産の伸長とともにその材料となる空缶需要の拡大が見込まれる中，伊谷や輸出食品株式会社社長・小野金六らの協力を得ることができた。輸出食品は北洋漁業の統制が必要であるとの考えの下，伊谷の主導により水産講習所関係者らが1912年に紅鮭缶詰の製造・輸出を主体事業として設立した会社であった。小野は代理人として阪急グループを築いた小林一三を高碕に紹介し，高碕は早々に小林を訪ねて協力を取り付けた。このとき小林と高碕は初対面であったが，短時間の間にお互いを認め合い，その後，長く交流することになる。

周囲の勧めで結婚したばかりの高碕に用意できる資金はなく，大阪の缶詰業者と缶詰問屋を中心に資本金集めに奔走した。缶詰製造業と製缶業の完全分離という新たな事業形態の意義と将来的可能性への理解と出資を促すことは容易ではなかったが，天満の問屋・徳田政十郎，イカリソースの木村幸次郎，笠屋町の井上吉松，祭原商店の祭原彌三郎，天満の乾物屋・北村芳三郎，松下商店の岩井支配人らが出資をしてくれることになり，同時に発起人も引き受けてくれた。不足分は輸出食品が出資することになった。

　1917年6月25日に東洋製罐株式会社の創立総会を開催した。取締役会長に小野金六，取締役に鍋島態道，小林一三ら6人，監査役に高橋熊三ら3人，高碕は支配人に就任した。工場は大阪市北区の元小学校を払い下げてもらい，機械はアメリカン・キャン社のものを導入した。

(2)　困難を極めた製缶業への理解

　アメリカン・キャンから機械が到着し，旧来のはんだ付けの缶ではなく，二重巻締の「サニタリー缶」の製造を開始したのは1919（大正8）年のことであった。当初は缶詰製造業と製缶業の完全分離の意図が十分に伝わらず，サニタリー缶の普及は困難を極めた。

　高碕はサニタリー缶の普及と並行して，缶型の規格統一を提唱した。当時は同じ1ポンド缶でも200を優に超える種類があり，明らかに中身の量をごまかしているものもあった。高碕は規格統一による生産効率向上と製造コスト引下げを実現し，缶詰業界の健全性を保ち信頼を得ることが業界の発展に繋がると考えたが，長期的展望をもって業界発展を画そうとする缶詰業者は多くはなく，受入れには時間を要した。

　高碕が缶型規格統一を提唱したのは，フーバーの影響であった。フーバーは商務長官時代に商品の規格統一を行って大きな成果を上げたが，かねてフーバーに私淑していた高碕はその合理性と経済性に着目し，規格統一こそが缶詰業界の発展につながるとの確信を得たのである。高碕は地道に反対者を説得し続け，東洋製罐創設時の精神である「缶詰業者の共同の工場」との考えを打ち出して理解を求めた。

　高碕は原料となるブリキの相場変動の激しさにも苦しめられた。ブリキ価格を安定させるべくブリキを買い占め，ブリキ相場を牛耳っていたブリキ問屋か

ら排除されたりしたが，缶詰業界の発展を志向する高碕の真意が徐々に理解されるようになった。さらに高碕はブリキの主要原産国であった米国のU. S. スチール販売会社と交渉し，ブリキ1年分をあらかじめ送ってもらい，そのうち使用した分の代金を払うという契約を取り付けた。同社はブリキ相場の低下に応じて料金の引下げも約束してくれた。

最新の機械で製造されたサニタリー缶の普及，缶型規格統一，原料ブリキの価格安定化など，高碕は質の高い缶を廉価に販売するためにあらゆる努力を惜しまなかった。

(3) 各地に生産拠点を設立し事業拡大

高碕の努力が奏功し，高品質で低廉な東洋製罐のサニタリー缶はしだいに評価されるようになり，1919（大正8）年に函館工場を操業するにいたった。当時，函館では日魯漁業と輸出食品がそれぞれ大規模な製缶工場を稼働させていた。高碕は両社に缶詰製造業と製缶業の完全分離を提案し，東洋製罐が両社へ一手に缶を供給する条件で両社の製缶工場を譲り受けて函館工場とした。その後，両社の事業が小樽に及ぶと，1921年に東洋製罐も小樽に工場を設置した。その折，輸出食品と勘察加漁業株式会社が日魯漁業に合併して日魯漁業株式会社となり，それを機に東洋製罐は北海道の製缶事業を日魯漁業に譲渡することを決めた。日魯漁業は北海製罐倉庫株式会社（現・北海製罐株式会社）を設立して製缶事業に着手したが，もなく北洋漁業の著しい発展に伴って製缶需要が増大し，1925年に地元業者の共同出資を東洋製罐と北海製罐倉庫が援助するかたちで日本製罐株式会社を設立した。

そのほか，1920年に東京工場を設置した。翌1921年，当時，軍用缶詰の主要生産地であった広島に，地元資本の缶詰会社と折半で広島製罐株式会社を設立した。さらに1922年に台湾製罐株式会社を設立（25年に合併），23年に名古屋製罐倉庫株式会社を設立，26年に仙台に工場を設置した。その後も1929年に日本水産と共同出資で戸畑製罐株式会社を設立，37年に清水工場を設置，39年には大連に満州製罐株式会社を設立するなど，逐次，事業を拡大していった。

東洋製罐の売上げは関東大震災を機に急増した。缶詰の消費量が増え，生活必需品として認識され始めたことが大きな理由であった。缶詰産業の1920年

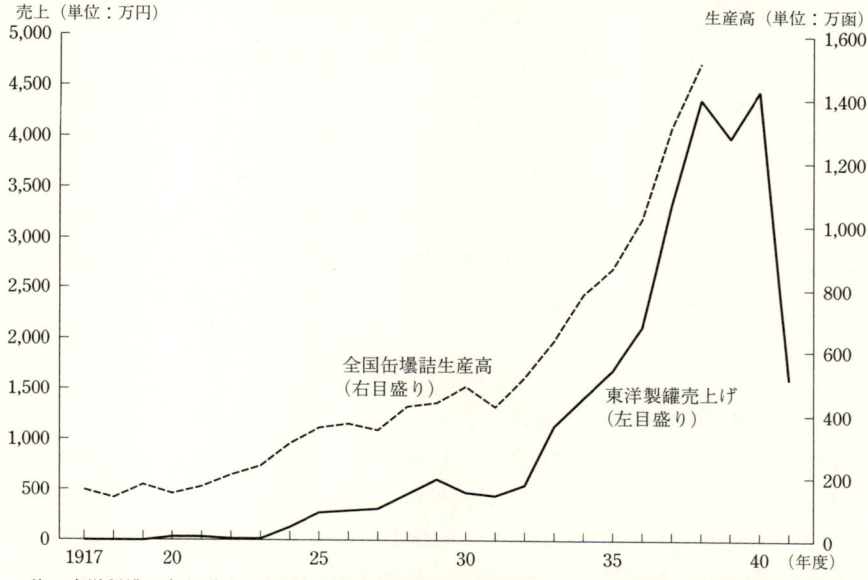

図1 東洋製罐創業から合併統合前までの売上高と全国缶壜詰生産高推移

注：東洋製罐の売上げは，1917年度は当年6月25日〜11月30日，18年度以降は前年12月1日〜当年11月30日，41年度は前年12月1日〜当年4月30日。売上げには営業外収益（利息・雑収入・棚卸）は含まず。小数点以下は切り捨て。缶壜詰生産高は1940年以降のデータなし。
出所：東洋製罐［1917〜41］および日本罐詰協會［1940］より筆者作成。

代から30年代にかけての成長には目をみはるものがあり，国内消費量の増加以上に輸出量が急伸した。とくに1930年代は円為替暴落を追い風に輸出量は大きく伸長し，缶詰市場拡大に寄与した。その背景には，缶詰生産技術の高度化や新商品開発・事業化などがあった。加えて，高品質で廉価な空き缶の安定的供給が缶詰産業の急成長を支えた。それを先導したのは，日本最初の本格的製缶専業会社・東洋製罐であった。

(4) ブリキの自給をめざし東洋鋼鈑株式会社を設立

事業拡張の一方，高碕はブリキの自給について本格的に検討し始めた。国産ブリキの生産量は少なく，かつ缶詰に使用するには品質的に十分ではなかったのである。高碕は自らブリキ製造について試行錯誤するとともに，水産講習所出身で東洋製罐の常務であり事業部長であった進藤義輔にブリキ事業を託し，

1934（昭和9）年に東洋鋼鈑株式会社を設立した。社長に小野耕一，常務に進藤義輔，相談役に小林一三らが就任し，高碕は専務となった。

さらに1939年に東洋機械株式会社を設立し，工作機械製作にも乗り出した。「日本の精密機械工作はアメリカにはるかに劣っている。工作機械は機械工業の基礎であり，いかにしても立派な工作機械をわれわれの手でつくる必要がある」との進藤の意思を受けて設立に踏み切ったものであった。しかし翌年暮に株式を処分し，東洋製罐は経営から手を引くことになった。高碕はこの経験を無駄にすることはなかった。優れた技術やノウハウを海外から取り入れて自国で機械を製造することの重要性を心に刻み，それが後に戦後復興の一助となった。

(5) 戦時下の合併統合と満州行き

1937（昭和12）年の盧溝橋事件を機に日中戦争が勃発すると，戦時色が色濃く漂い始めた。缶詰生産は軍需と輸出用のみに限定され，ブリキも統制下に置かれた。企業の合併統合が進められ，1941年に東洋製罐，北海製罐倉庫，日本製罐，明光堂，鶴見製罐，朝鮮製罐，広島製罐，長瀬商事の8社が1つとなって新東洋製罐株式会社が誕生した。

その間，高碕は日産コンツェルンの鮎川義介より満州進出の誘いを受けた。鮎川は当時満州重工業開発株式会社（満業）の総裁であった。高碕は満州の鉄資源に引かれ，1939年に視察目的で満州を訪れたが，満州でも鉄は軍部に牛耳られており，期待外れに終わった。その後，高碕は鮎川の要請に応じて1941年に満業の副総裁を引き受けたものの，満州では軍部の横行と戦局の悪化のために思うような事業展開はほとんどできなかった。鮎川の総裁任期満了に伴い，1942年，高碕は満業総裁に就任することになった。鮎川の退任と同時に高碕も副総裁を辞任し満業から手を引く意向であったが，軍部から許可が下りなかったのである。

満業総裁の立場で終戦を迎えた高碕は，在満日本人を救済する日本人会総会の会長に推され，満州に残る同胞の救済と帰国とに全精力を傾けた。ソ連軍，国府軍，中共軍と目まぐるしく支配者が変わる中，高碕は人並み外れた交渉力と熱意をもって日本人の無事帰還のために命を賭して臨んだ。

高碕が祖国の土を踏んだのは1947年11月のことである。高碕は帰国後も満

図2　戦後の缶詰生産量推移

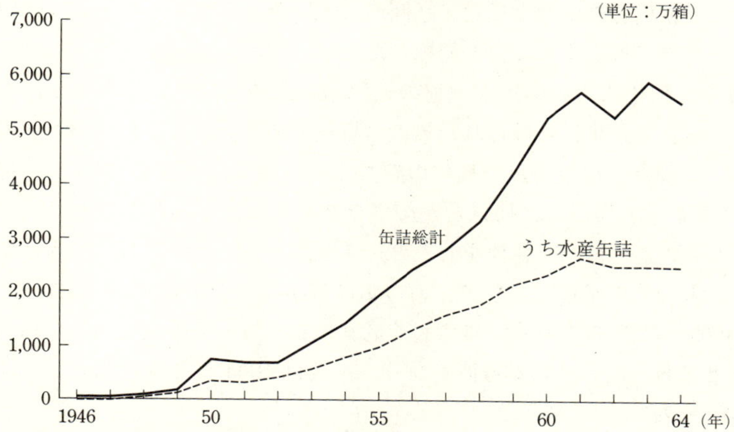

(単位：万箱)

出所：日本缶詰協会［1980］より筆者作成。

州に渡った日本人のための賠償問題や職業問題などに手を尽くした。

(6) 米国より技術導入を行って復興を果たす

　日本に戻った高碕は東洋製罐の立て直しに力を注いだ。戦時中に企業統合を余儀なくされた東洋製罐は，戦後GHQの命により北海製罐と分離していた。高碕は戦争で立ち遅れた技術力を回復するべく，米国製機械を購入するのではなく，同国の先進技術を導入して日本で機械を生産することとした。東洋機械設立の契機となった進藤の意向を汲むかたちとなった。また，戦争による中断で著しく立ち遅れた製缶技術を早急に国際水準にまで引き上げるため，1954（昭和29）年に米国のコンチネンタル・キャン社と技術提携を行った。

　缶詰産業の復興と相まって東洋製罐の業績は飛躍的に伸びた。東洋鋼鈑も復興を果たした。缶詰生産量は増加の一途をたどり，高度経済成長期の波に乗って右肩上がりの成長を遂げた。輸出量も増え，缶詰は外貨獲得に大きな役割を果たした。ここに高碕の思い描いた缶詰事業を通して日本の富国に，社会に貢献するとの夢が現実のものとなったのである。

(7) 政界進出と漁民を救った最後の仕事

　1952（昭和27）年，高碕は求められて電源開発株式会社初代総裁となって佐

久間ダムの建設などを遂行した。その後，経済審議庁長官を経て衆議院議員に初当選し，初代経済企画庁長官，通商産業大臣などを歴任した。とくに中国との国交やアジア外交などに力を発揮した。

　1959年，何千人もの漁民がソ連の巡視船に拿捕されている現状を目の当たりにし，自ら「余生にかけられた最大の責任である」として日ソコンブ協定締結に向けて動き，根室漁民の長年の懸案であったコンブ漁を1963年に再開させた。「大企業の発展には何ほどかのプラスをしたかも知れないが，この零細な漁民たちのために，一体何をしたといえるだろう。この，日本の水産を支える底辺の人たちの幸福なくして，何の水産日本なものか」（高碕達之助集刊行委員会［1965］）と自らを省み，まさしく老軀にむち打って外交交渉に全精力を注いだ結果であった。それから間もなく，高碕は1964年2月に死去した。享年79歳であった。

3　高碕の事業観

　高碕は「日本の食糧問題の解決は水産業にある」との思いを胸に水産講習所に入所し，19歳のときに学校を挙げて日露戦争の軍納缶詰製造に従事する。国のために働く喜び，学業と実業の一致を実感した高碕は働くことの意義を考え，水産業を通して日本の発展のために尽くすことの重要性を確信したものと考えられる。東洋水産および外遊で実務経験を積み事業のノウハウと技術，企業家としての見識を身につけると同時に，石原やフーバーらとの交流を通して，日本人全体，ひいては人類全体の奉仕になる仕事に打ち込むこと，とことん仕事に惚れ込んで全精力を注ぐこと，事業活動の目的は利益ではなく，利益はその結果でしかないという事業観が形づくられる。

　東洋製罐の設立趣意には，先進の米国製機械を導入し，衛生的なサニタリー缶を需要に応じて従来品よりも安価に提供すること，内地にとどまらず東洋に向けて供給することなどが掲げられている。そのベースには「東洋製罐は缶詰業者の共同の工場である」こと，すなわち衛生的で高品質，かつ安価な空き缶を需要に応じて迅速に届けること，ひいては高品質な缶詰製造による輸出進展につなげ，缶詰業界の発展を通して富国につなげようとの考えがあった。ゆえに，東洋製罐の仕事は空き缶を製造して販売すれば終わりではなく，納品した

空き缶が缶詰業者の手で立派な缶詰となって一般大衆に消費されるまで責任があるとの考えで仕事に臨むことを従業員に徹底した。

東洋製罐はサニタリー缶の普及と缶型の規格統一を図るかたわら，研究所を設置して缶詰関連の技術研究を推進し，缶詰業者の支援を行った。空缶価格の低廉化を実現する一方で現金取引を主体とするなど取引条件を厳しくし，業界全体の活性化を促した。各国が自国産業保護や為替管理，関税政策を展開する中，国産缶詰輸出進展には生産・販売統制が必要として業界および政府当局へ働き掛け，あるいは米国缶詰業者との親交を深めて日米間の協調関係構築に力を尽くすなど，ロビー活動も精力的にこなした。

高碕は1933（昭和8）年，東洋製罐の根本精神と従業員服務精神を『東洋製罐の使命』にまとめて刊行した。それによれば，同社の根本精神は以下のように要約される。

「A. 我社の目的は人類を幸福ならしむる結果を齎す処になければならぬ
B. 事業は営利が目的でなく利益は結果であり目的でない
C. 自己の受持により各自が奉仕の精神を尽し此精神を団体的に発揮する事に努め，自己の繁栄を希ふと同様に関係者の繁栄に努力しなければならぬ」

さらに従業員服務精神の核心を以下のように定めている。

「A. 我社は空缶需要者諸彦の共同の製缶工場であり，我社の従業員は是等需要家の忠実なる使用人でなければならぬ
B. 我々の製品は他の何れのものよりも品質優良，価格低廉，且最も迅速に供給する事を心掛けなければならぬ然も製品は売るのではなく嫁がせる考へでなければならぬ。何となれば我等の製品は我等の精神を篭めて育て上げた愛しき子供であるから
C. 小成に安んずるは退歩であって何時迄も若き心と勇猛心を失わず働く事を第1の義務としなければならぬ」（東洋製罐［1997］。旧字から新字への変換，ふりがな等は筆者による）。

缶詰業界の発展のため，日本の水産業振興のため，ひいては富国，世界人類の幸福のためという高碕の起業時の志がストレートに表れている。その前提として社会貢献ならびに従業員の成長，共生が不可欠であるとの考えも凝縮されている。

中島　董一郎

マヨネーズを日本の食文化に育て上げた功労者

中島董一郎　略年譜

年	年齢	事項
1883（明治16）年	0歳	愛知県幡豆郡（現・西尾市）に誕生
1902（明治35）年	19歳	東京府立尋常中学校卒業
1904（明治37）年	21歳	水産講習所に入所
1909（明治42）年	26歳	若菜商店に就職し，北海道や樺太の缶詰製造家を回る
1911（明治44）年	28歳	カムチャツカにて紅鮭缶詰製造
1913（大正2）年	30歳	海外実業練習生として渡英
1915（大正4）年	32歳	英国から米国に渡りマヨネーズに出合い，帰国の途につく
1918（大正7）年	35歳	缶詰仲次業・中島商店設立
1919（大正8）年	36歳	食品工業株式会社設立に携わり，取締役就任
1925（大正14）年	42歳	食品工業にてキユーピーマヨネーズの製造開始
1932（昭和7）年	49歳	株式会社旗道園（現・アヲハタ株式会社）設立
1938（昭和13）年	55歳	中島商店を株式会社中島董商店に改称
1948（昭和23）年	65歳	戦後，マヨネーズの製造再開
1957（昭和32）年	74歳	食品工業をキユーピー株式会社に名称変更
1971（昭和46）年	88歳	キユーピーの社長を藤田近男に，中島董商店の社長を中島雄一に譲り，会長に就任
1973（昭和48）年	90歳	12月19日死去

1 缶詰事業との関わりの中で起業の芽をつかむ

(1) 幼少時，母から精神的な心がけを学ぶ

中島董一郎は 1883（明治 16）年，愛知県幡豆郡大宝村字今川（現・愛知県西尾市）に，父淳太郎，母キンの長男として生まれた。父方は代々医者で，淳太郎は医院を開業していた。医者として信頼が厚く多くの患者が訪れていたが，警察官と学校の先生からは診療代や薬代はもらわず，貧しい人にも診療代を請求することはなかった。親戚から頼まれるままに借金の保証人になったことなどが重なって，総じて貧しい生活を強いられた。

キンの祖父は尾張徳川藩の勤皇の志士，田宮如雲である。キンは中島が 10 歳のとき早逝するが，キンから一生の教えを受けたと中島は語っている。あるとき中島は仲の良い友人が 7, 8 人からいじめられているところに遭遇した。「大勢して弱い者いじめをするな」と果敢に食ってかかったが，砂利をぶつけられたりしてどうすることもできず，自宅の床の間にあった刀を手にとって立ち向かっていったところ，皆逃げ出していった。その後，近所の子どもたちの親から次々と苦情を持ち込まれたが，キンは丁重に謝って帰ってもらった。キンは中島を叱ることはせず，ただ短い文章を書いた半紙を中島に渡し，毎朝，声に出して読むよう命じた。それは『文章軌範』の「留侯論」の初めの部分であった。

「古の所謂豪傑の士は，必ず人に過ぎたるの節有り。人情忍ぶ能わざる所の者あり，匹夫，辱めらるれば，剣を抜いて起ち，身を挺んでて闘う。此れ勇と為すに足らざるなり。天下に大勇なる者有り。卒然として之に臨んで驚かず，故無くして之に加えて怒らず。此れ其の挟持する所の者甚だ大にして，其の志甚だ遠ければなり」（前野［2002］）。

キンは中島に，武士の血を受け継ぐ者としての自覚を促したものと思われる。

中島は小学校時代に練習に練習を重ねて水泳を習得した。これが後に水産講習所に進学する布石となった。中学校時代はもっぱら講談本や大衆本を読みあさり，『唐詩選』や『文章軌範』なども読むようになった。

(2) 水産講習所における恩師との出会い

　中学校を卒業すると父の希望に沿って医者になろうとしたが，受験に2度失敗し，水泳が好きであるとの理由から水産講習所の製造科に入所した。

　中島は水産講習所で寄宿舎生活を送りながら，ひたすら水泳と船の腕を磨いた。水産講習所での中島にとっての大きな財産は，伊谷との出会いであった。中島は卒業し独立した後も，何かにつけ伊谷に指導を仰ぐことになる。また1年次上に在籍していた高碕とは，生涯にわたって深く交流していくことになる。

　水産講習所入所の動機については水泳が好きであることと学費がかからないことを中島自身が挙げているが，それ以外の理由には言及しておらず，大きな志を抱いて入所したようには思えない。また卒業後の身の振り方を決める段においても，水産業発展のために尽くすといったような強い意志は見えず，少なくとも高碕のように水産業に対する確たる思いをもっていたようには見受けられない。伊谷は中島の就職先についてたびたび世話をするが，その際，東南アジア方面に就職先があれば紹介してほしいとの希望を出していることから，開拓者精神のようなものは持ち合わせていたと考えられる。

　中島は幼少期から水産講習所時代を通して，起業に対する志や闘志を表立ってみなぎらせることはなかったが，決して消えることのない熾火のように，企業家としての素養を蓄積し保持していたと思われる。

(3) 若菜商店で缶詰事業のノウハウを習得

　水産講習所卒業後はいくつかの職場を経た後，缶詰販売を手がける若菜商店に就職した。北海道の缶詰製造家や工場を訪ね，さらに樺太にまで足を伸ばし，製造現場の実態や実務を学んだ。製品の買い付けや取引先の開拓なども行った。

　やがて伊谷の勧めもあり，カムチャッカにおける紅鮭缶詰製造に着手することになった。1910（明治43）年に堤商会（現・株式会社マルハニチロホールディングス）が日本初の同地における紅鮭缶詰の製造を行ったが，それに次ぐものであった。

　中島は独立して起業した後，鮭缶詰の内地市場開拓に大きな実績を残し「中島サーモン」と称されるまでになるが，若菜商店における経験はその端緒となるものであった。

（4）　起業の芽を摑んだ欧米遊学

　高碕および伊谷の助言と協力により中島は農商務省の海外実業練習生の試験に合格し，1912（大正元）年11月に英国に向けて出航した。その船中でオレンジ・マーマレードと出合い，ロンドンの下宿先の老婦人から製法を教えてもらった。後に中島はオレンジ・マーマレードの製造を手がけ，1932（昭和7）に立ち上げた株式会社旗道園（現・アヲハタ株式会社）で製品化することとなる。

　ロンドンでは倉庫会社において缶詰の打検（缶詰のふたや底を棒でたたいて不良品を判別すること）・荷造りのノウハウを学んだほか，缶詰工場や有力問屋を訪ね歩いた。やがて戦争が日に日に激しくなり，滞在地を英国から米国へ移した。米国では缶詰工場で働くなどして見聞を広めたが，何よりの収穫はマヨネーズとの出合いであった。

　中島は外遊を通じ，缶詰打検・荷造り，オレンジ・マーマレードおよびマヨネーズの製造・販売などの事業展開を心に描きつつ，1916年の年明け早々に母国の土を踏んだ。

2　缶詰仲次業を起業し鮭缶詰市場拡大に寄与

（1）　中島商店を立ち上げ，鮭缶詰の輸出で信頼を築く

　中島が日本に戻ったとき，若菜商店は鮭缶詰の買入れ過剰によって経営難に陥っていた。中島はその再建を果たした後，独立のために若菜商店を辞した。

　伊谷の口添えで資金4000円を手にした中島は，1918（大正7）年2月11日，「缶詰仲次業中島商店」を創設した。仲次業とは外遊時代に見聞したいわゆるブローカー業であるが，資金が潤沢でなかった中島にとって，在庫をもたずに商売できるという点でうってつけの業態であった。その分，信用が事業成功の重要な鍵となった。

　初仕事は，中島の知人であった英国人，W. H. ギルが営むギル商会からのオーストラリア向けピンクサーモン500函の注文であった。中島はギル商会から口銭（仲介手数料）として売価の1分を受け取ることを決め，仕入先である逸見山陽堂（現，株式会社サンヨー堂）に代金を持参した。そのときギル商会から口銭を受け取るとの理由で，逸見山陽堂からの口銭受領を辞退し，大きな信頼

を得た。

　やがて第一次世界大戦が勃発し，海上運賃が高騰した。横浜―ロンドン間の定期船の運賃が鮭缶詰1トン当たり40円のところ，臨時船は1000円にも達した。中島は定期船の割当てを確保したうえで，顧客先に対してロンドン渡しではなく横浜渡しで缶詰を売ることを提案した。この方法によって顧客先は多大な利益を手にすることができ，それに応じてもっと多額の口銭を受け取るべくいわれたが，中島は通常と同じ額以上は受け取ろうとはしなかった。この手法は中島オリジナルであったため多大な数量をさばくことになり，中島商店は大きな利益を得て経営基盤を構築することができた。

(2)　鮭缶詰の国内外市場開拓で手腕発揮

　大戦終結後，日本は一転して恐慌に見舞われ，堤商会において大量の鮭缶詰の在庫が発生し，中島に相談がもちかけられた。鮭缶詰は当時もっぱら輸出品として製造されており，かつ缶詰の統一品質規格はなく，想像を絶する低品質のものも少なくなかった。日本人は缶詰の味になじめず，品質的に信頼もできず，国内缶詰消費量はごくわずかという厳しい環境下にあった。中島は当時の商習慣を打ち破り，支払いサイトを短縮化して現金の受け取りを早める代わりに価格の低減を図るべく堤商会に提案した。それまでの販売ルートであった食品問屋だけでなく各地の塩乾魚および鰹節問屋をもターゲットとし，「あけぼの印　堤の鮭缶詰」として売り出した。小売店の店先の立て看板や新聞広告などのプロモーション活動も積極的に行った。そうした施策が功を奏し，国内販路を拡大することができた。

　堤商会との取引で成功を収めると，思いがけず三菱商事より仕事を打診された。先々の事業展開を考えるとネーム・バリューのある三菱商事との取引は大きな魅力であったが，中島は堤商会に対して「忘恩の徒」になる恐れがあると考えて断った。このとき中島は三菱商事からの依頼を引き受けるべきかどうか，伊谷に相談をしている。熟考した揚げ句に三菱商事との取引を断るべきとの結論に達して伊谷に報告したところ，伊谷は「誠に残念ではあるが，それが本当の道であろう」と答えた。

　その後，堤商会が輸出食品会社を吸収合併し，あけぼの印の缶詰の取扱いが中島商店の手から離れたのを機に，堤商会の了解の下に三菱商事との取引を開

始した。中島は三菱商事の㊎印缶詰を国内に向けて大々的に売り出し、以降、あけぼの印と㊎印缶詰は好敵手となり、両者の競争によって鮭缶詰市場はますます拡大した。その後も三菱商事から多くの仕事を任され、中島商店はその期待に応えた。しかし1925（大正14）年に三菱商事は北洋商会を設立し、中島商店の仕事を引き継がせることを決めた。三菱商事はそれまでの実績に対して感謝の言葉とともに2万円を中島商店に与え、さらに国分商店、逸見山陽堂に次ぐ特約店として契約を結んだ。

(3) 打検検査会社・開進組を創設

中島商店設立の翌年、中島は缶詰の打検検査を行う開進組創設に関わった。中島は外遊中に学んだ缶詰の打検・荷造りのノウハウをベースに、日本の缶詰業界全体の品質底上げの一環として打検制度が必要であると考え、帰国後、伊谷に進言した。そして伊谷の呼び掛けにより中島商店と堤商会が出資し、販売前の缶詰の打検検査業務を手がける開進組が1919（大正8）年に設立された。

最初は片山俊太郎が支配人に就任し、引き続き中島吉十郎が支配人として運営に当たった。事業が順調に推移したところで一切を中島吉十郎に任せることとなり、中島商店と堤商会は経営から手を引いた。

(4) マヨネーズの製造・販売を開始

1923（大正12）年、関東大震災が起こった。その前後で女学生の服装が和風から洋風へと大きく変化する様を目にし、中島は食生活もしだいに洋風化すると直感した。そして外遊以来考え続けていたマヨネーズの製造・販売を決意した。

それより先の1919年、松岡幾四郎はソースの製造販売を主事業とする食品工業株式会社を設立した。中島は発起人として取締役に就任して支援したが、事業はうまくいかず、中島は株式の大半を譲り受けた。しばらく休業状態であったが、中島はマヨネーズの製造を食品工業で行うことを決めた。

マヨネーズ製造において中島がこだわったのは、原料の厳選であった。中島は米国で口にしたマヨネーズの味は、いまひとつ淡白であると感じていた。そこで日本人の味覚に合うようなマヨネーズを研究し、卵の白身を使わずに黄身だけを使用してコクを出すことにした。「日本人の体格を欧米人に負けないよ

図3　戦前のキユーピーマヨネーズ生産量推移

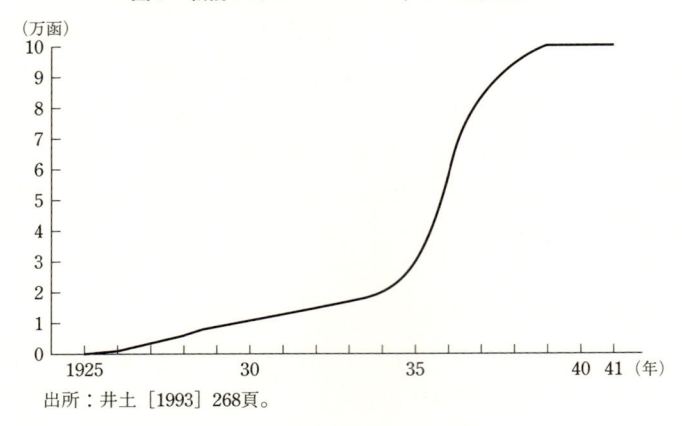

出所：井土［1993］268頁。

うな体格にしたい」との思いの下，栄養価にこだわった結果でもあった。高碕の助言で「キユーピーマヨネーズ」と命名し，1925年に販売を開始した。

　当時，輸入マヨネーズが細々と売られていたものの，日本でのマヨネーズの認知度はほとんどなかった。そこで缶詰の販売促進も兼ね，小売店の店頭で当時かなり高級品であった蟹缶詰を開け，マヨネーズをかけて試食してもらった。小売店に直接アピールすることで認知度が高まり，小売店からの働きかけによって1次問屋や2次問屋の需要を喚起することに繋がった。

　新聞広告も果敢に展開した。人目につきやすい全面広告ではなく，30行の豆広告を毎日掲載した。また有名画家にポスターを描いてもらったり，一流スターをモデルに使うなど，斬新な広告宣伝を展開した。発売初年の売上げは2万円弱だったが，翌年の広告宣伝費に2万円を費やした。中島は「宣伝は資本である」との考えをもっており，広告宣伝にとくに力を入れた。こうして当初年間120函だった販売量は，販売開始後10年を過ぎる頃より急激に伸び始め，やがて10万函に達するまでになった。

(5)　マヨネーズ市場におけるトップシェアを確立

　1938（昭和13）年12月，中島商店を株式会社中島董商店に改称した。資本金は18万5000円であった。マヨネーズの製造は従来どおり食品工業にて行った。

図4　戦後のキユーピーマヨネーズ販売実績とシェア

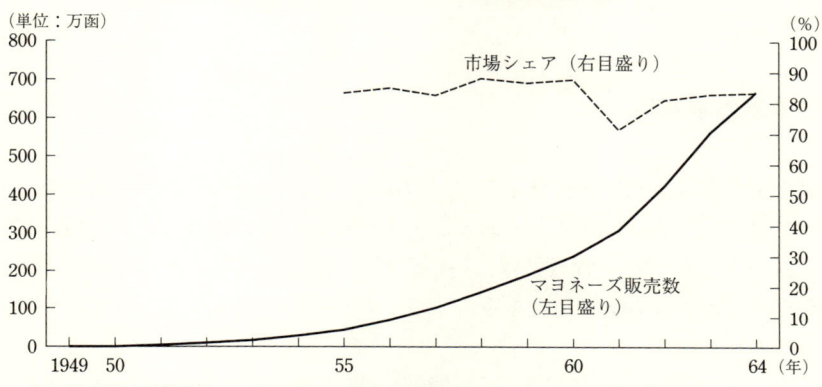

（単位：万函）　　　　　　　　　　　　　　　　　　　　　　　　　　（％）

市場シェア（右目盛り）

マヨネーズ販売数（左目盛り）

注：販売数は小数点以下四捨五入。1954年以前のシェアのデータはなし。
出所：井土［1995］より筆者作成。

　中島は商業道徳に沿わないことは一切行わず，それに抵触することはたとえ相手が軍部であっても断じてその要求に応じなかった。太平洋戦争が勃発すると配給が途絶え，マヨネーズの製造を中止せざるをえなくなった。終戦後も公定価格制度が施行されている間は製造を行わなかった。公定価格では品質を維持できなかったからである。闇商売から原料を入手して事業を行うことも，中島の倫理観に反する行為であった。したがって，なかなか事業再興の目途をつけることができず，退職する従業員が相次いだ。

　1948年に公定価格が撤廃され，マヨネーズ製造を再開した。早々に小瓶130円，大瓶240円という小売価格で東京都から承認を受けた。百貨店や問屋筋のほとんどは値段が高過ぎて売行きはあまりよくないであろうとの予想を立てていたが，それに反して生産が間に合わないほど売上げは好調であった。中島は原料を厳選し品質の向上に力を注ぐかたわらで徹底した合理化策を展開し，値下げに次ぐ値下げを行った。マヨネーズの製造販売を再開して以降1961年3月までに17回値下げを行い，値上げは2回のみであった。これは中島の「利益は結果であって目的ではない」との考えに基づいている。利益は消費者には値下げで，取引先には謝礼金というかたちで還元した。

　マヨネーズの市場拡大に伴って競合品が多数登場したが，高品質で安価なキユーピーマヨネーズを駆逐することはできなかった。1957年に食品工業株式

会社をキユーピー株式会社に社名変更した。以降もキユーピーはマヨネーズ市場におけるトップ・ブランドとして君臨した。

3　中島の事業観

中島の事業観は，利害損得によらず「何が正しいか」という不変のものさしをもって事に当たるということであった。中島はいかなる場合もこれを基準に経営判断を下した。その背景には，「我々が第一に心掛けなければならないのは，利益の追求よりもまず道義を重んずるということである」という考えがあった。

中島は 1973（昭和 48）年に記した「新しく入られた社員の方々へ」において，「戦に敗れても必ずしもその国は滅びないが，もし国民が道義を重んずる心を失った時，その国は必ず滅びると教えられております。（中略）生産でも販売でもそれに携わる人々が道義を顧みない様になれば，如何なる大企業でも必ず没落する幾多の事実が之を示しております」と伝えた。商売の第一義は利益の追求よりも道義を重んずることであり，そのうえで事業を発展させるために創意工夫が必要であることを繰り返し強調した。それとあわせて，「正直者がばかを見て，ずるいものが得をしたりすることがあるが，長い目で見ると，誠実な人，道義を重んずる人が認められるというのが世の中である」とも言い，道義を重んじていればそれを誰かが見ていていつか評価されるとの意味を込めて，「世の中は存外公平である」と事あるごとに口にした。

いまひとつの中島のこだわりは，親を大切にすることであった。高碕達之助が猪苗代湖に出かけた折，野口英世博士の記念館で母親から英世への手紙を見て感動し，その写しを中島に送った。中島はそれに胸を打たれ，従業員の両親に宛てて毎月近況を手紙にしたため，あわせて金壱千円也を添えて送ることを決めた。第 1 回目の手紙は 1954 年 5 月 15 日付であり，以降，毎月手紙を書いて送った。親を大切にする精神は社訓として掲げられており，現在は親元送金に加えてお中元・お歳暮も行われている。親を大切にすることには，人の好意をありがたく感じ，それに報いることのできる人になってほしいとの意味も込められている。さらに，親が子を思う気持ちと同じように消費者に思いを馳せ，仕事に従事してほしいとの意もある。

また、「食品作りに携わる者は、いかなる犠牲を払っても消費者の健康を守ることに徹しなければならない」ことを、食品メーカーとして守るべき固い信念とした。「良い製品は良い原料からしか生まれない」の考えの下、徹底して原料を吟味し、採算を度外視して品質を追求し、わずかの妥協も許さなかった。その分、利益創出のために生産に関係のないところは徹底したコストカットを行った。本社事務所は長らく古いままであり、「中島さんは工場に対して投資を惜しまないが、事務所には金をかけない」と言われた。
　さらに「皆様とともに毎日の仕事を楽しみながら悦びを偕に致したい」、つまり従業員がともに働く仲間と志を同じくし、仕事を楽しみ、悦びを分かち合うことによってやりがいや生きがいを感じてほしいと願って「楽業偕悦」を掲げた。これは現在キユーピーの社是となっている。

❑ おわりに

　缶詰事業という共通点はあるものの，製缶業をベースに缶詰産業発展のために事業展開し，最後は政治に身を投じることになった高碕と，あくまでマヨネーズを主軸とする食品事業に邁進した中島とは，企業家として歩んだ道のりは大きく異なる。しかし，清廉経営を貫いたという点において，二人の経営における考え方にかなりの共通項を見出すことができる。

　第1に，社会的に意義のある事業に従事することを念頭に起業したことである。高碕は缶詰生産増大により日本の食糧事情を向上・安定化させ，輸出拡大による国力増強をめざして缶詰業界，ひいては日本の発展に寄与したいとの思いの下に起業を決意した。中島はおいしく栄養価の高いマヨネーズを日本に普及させることで日本の食生活を豊かにし，日本人の体格を良くしたいとの思いを抱いていた。

　共通点の第2は，需要先・消費者に対する奉仕の精神である。需要先や消費者に対して誠実であること，すなわち，より高品質な製品をできる限り低価格でニーズに応じて提供することを使命とした。

　そして第3に，利益は目的ではなく結果であるとの考えで事業に取り組んだこと，第4に，従業員を大切にし和を重んじたことである。

　二人がともにそうした考えを礎に企業経営を行ったのは，両親からの教え，近代化と富国に邁進した明治～昭和初期の時代背景，日本唯一の水産専門学校である水産講習所で培われたプライド，そして教職の立場から水産業発展に生涯を捧げた伊谷の存在，などの影響が大きいと考えられる。

　高碕は母の愛情を一身に受け，親のありがたさを知ると同時に真っ当に生きる決意をする。中島は父から社会奉仕の精神を，武家の娘として育った母から物事の本質を見極める武士の精神というべきものを学んだ。

　また二人が育った明治期の日本は，国力増強の機運が高まる中で国家奉仕の精神が自然と国民に根づいた時期であった。水産講習所出身者は，水産人として日本の発展に貢献することに確たる志と自負心を自ずともつことになった。

　伊谷は教え子の起業に対し資金面，技術面，人脈面など，あらゆる方面から協力を惜しまなかった。高碕と中島が事あるごとに伊谷に相談したのは，その事業，その選択が「正しい道」であるかどうかを確認し，自省し熟慮する意味

合いもあった。

　最後に，水産講習所で出会ってから60年以上にわたる交流を続けた高碕と中島が，お互いをどのように評価していたのかを端的に表した言葉を記載しておく。高碕は中島を「私はいつ彼を見ても思い出すことは神社仏閣に，あるいは古い庭園の一隅に，風に曝され雨に打たれながら黙々として，幾百年の年月を経，すこしもその形態をかえない巍然としてしかも奥床しく，物静かに立っている石燈籠を思い出すのである。彼のような人こそ，現代の日本が有せる不言実行を実際に示している。そして日本の社会が要求しているもつとも尊敬すべき人であると信ずる」（高碕［1953］）と言い表した。一方，中島は高碕について「高碕さんが自分の損得，自分の利益ということを考えずに，その問題をどうすることが本当か，どうするのが適当だというような立場でそのことをお考えになり，判断なさり，それについての自分の都合とか，自分の利害とかいうような点を，さらさら念頭におもちにならない」（日本缶詰協会［1964］）と述懐している。キユーピーの経営者として地道に企業家活動に邁進した中島と，企業家精神を堅持しつつ政財界で国際的な活躍をした高碕と，各々の企業家としての特性が二人の言葉に凝縮されている。

　東洋製罐の根本方針と従業員服務精神は，既述の『東洋製罐の使命』に高碕が記載したもの，ほぼそのままである。またキユーピーの社訓は，「道義を重んずること」「創意工夫に努めること」「親を大切にすること」であり，中島の教えそのものである。清廉経営，社会奉仕の経営を志した二人の企業家の精神は，起業から約100年を経た今も脈々と受け継がれているのである。

★参考文献
- テーマについて
  日本缶詰協会［1980］『戦後日本の缶詰生産統計集（昭和21年～53年）』。
  日本罐詰協會編・刊［1940］『本邦罐壜詰輸出年報』。
- 高碕達之助について
  渋川哲三［1966］『高碕達之助集』経済雑誌ダイヤモンド社。
  高碕達之助集刊行委員会編［1965］『高碕達之助集（上）（下）』東洋製罐。
  日本缶詰協会［1964］「座談会　高碕さんを語る」『缶詰時報』第43巻第5号。
  高碕達之助［1957］『私の履歴書　第2集（高碕達之助）』日本経済新聞社。
  東洋製罐［1917～41］『東洋製罐営業報告書』。
  東洋製罐編・刊［1967］『東洋製罐50年の歩み』。

東洋製罐編・刊［1997］『東洋製罐八十年の歩み』。
● 中島董一郎について
　　渋川哲三編［1975］『中島董一郎譜』董友会。
　　井土貴司［1993］『続　中島董一郎譜』董友会。
　　井土貴司［1995］『中島董一郎譜　戦後編』董友会。
　　高碕達之助［1953］「石燈籠のような男——キユーピー印マヨネーズ社長　中島董一郎
　　　氏のこと」『PHP』第 68 号。
　　荒木幸三編［1997］『創業者中島董一郎遺聞』中島董商店。
　　高橋敬忠編著［2003］『中島董一郎の世界——西尾が生んだ大実業家』三河新報社。
　　前野直彬［2002］『文章軌範（新版）』（新書漢文体系 9）明治書院。

CASE 10

財閥銀行の歴史的大型合併に関わった銀行家

万代順四郎（三井銀行）と加藤武男（三菱銀行）

❏ はじめに

　1943（昭和18）年4月，三井銀行（預金額普通銀行中第6位）・第一銀行（同第3位）の対等合併による帝国銀行の成立，また同時に行われた三菱銀行（同第5位）による第百銀行（同第7位）の吸収合併は，日本の金融史上戦時期における大型銀行合併として記録に残るものである。本ケースの目的は，太平洋戦争中の同じ時期に，どのような経緯で三井・第一と三菱・第百の合併が行われたのか，当時の外部環境と銀行の内部状況を通して考察することにある。また，その合併に関わった二人の銀行家すなわち三井銀行の万代順四郎と三菱銀行の加藤武男の銀行活動の足跡を辿るとともに，二人はどのような思いで歴史的合併に臨んだのかを比較・検討することにある。

　三井銀行と三菱銀行は典型的な財閥銀行であり，それぞれの財閥に属する大企業の遊休資金を吸収することができ，また三井，三菱という信用力によって容易に預金を集めることができた。したがって，両行は支店が少なくても経営が可能であった。1937年末における店舗数は，三井銀行は24，三菱銀行は27であり，安田の139，住友の82と比較すると，非常に少ない店舗数となっていた。

　しかしながら，戦時経済の進展に伴い，財閥が重化学工業に進出するにつれて，巨額の資金が必要となり財閥銀行一行だけでは旺盛な資金需要に対応できなくなった。1937年7月の日中戦争開戦以降になると戦時体制下，軍部と財閥は協力関係（いわゆる「軍財の抱合い」）に入り，三井銀行は軍需工業の増大する生産拡充資金需要のための資金調達が喫緊の課題となった。

　一方，三菱財閥は，商業中心の三井に対し海運・重工業（軍需産業）を中心として発展したこともあり，戦時経済統制の強化，軍需産業の増強という局面の中では，当初，新たな設備資金対応は三井銀行ほど急務ではなかった。しかしながら，三菱銀行は，1942年末で預金残高・支店数ともに三井銀行より上回っていたものの，預金残高で他の六大銀行中5位と低迷していたため，三菱銀行にとっても軍需産業による資金需要増大に対する対策が必要となっていったのである。

万代　順四郎
財閥銀行から生まれた庶民的銀行家

万代順四郎　略年譜

年	元号	年齢	事項
1883	(明治16) 年	0歳	岡山県に誕生
1907	(明治40) 年	24歳	青山学院高等科卒業 三井銀行入行（大阪支店配属）
1911	(明治44) 年	28歳	横浜支店
1914	(大正3) 年	31歳	広瀬平治郎（日本棋院名誉棋士）次女トミと結婚
1915	(大正4) 年	32歳	本店営業部
1917	(大正6) 年	34歳	大阪支店
1918	(大正7) 年	34歳	神戸支店
1919	(大正8) 年	35歳	下関支店次席
1920	(大正9) 年	36歳	名古屋支店次長
1921	(大正10) 年	38歳	本店営業部内国課次長
1923	(大正12) 年	39歳	英国出張（ロンドン支店開設準備）
1924	(大正13) 年	40歳	名古屋支店長
1927	(昭和2) 年	44歳	大阪支店長
1933	(昭和8) 年	50歳	常務取締役就任
1937	(昭和12) 年	53歳	取締役会長就任
1943	(昭和18) 年	59歳	帝国銀行頭取就任
1945	(昭和20) 年	61歳	取締役会長就任
1946	(昭和21) 年	63歳	取締役会長辞任
1947	(昭和22) 年	63歳	東京通信工業（現・ソニー）相談役就任
1951	(昭和26) 年	68歳	東京通信工業顧問就任
1953	(昭和28) 年	69歳	東京通信工業取締役会長就任
1959	(昭和34) 年	75歳	死去

1　生い立ち

　万代順四郎は，1883（明治16）年6月25日，岡山県勝田郡勝間田町（現・勝央町）に農業の父八郎治，母たけのの次男として生まれた。幼名は金蔵。万代の祖父慶蔵は，なかなかの敏腕家で，村民の人望も高かったが，事業の失敗から莫大な借財をつくり家運が傾くにいたった。そのため跡取りの八郎治に負担がかかったが，家運の挽回に惜しまず努力した甲斐があり，田畑を取り戻すことができた。しかし，家計は楽ではなかった。順四郎はこのような環境で育った。

　万代は，地元の高等小学校を終え，さらに作東義塾で3年間学んだ後，上京して1901年に青山学院中等科4年に編入した。青山学院を志望した理由は，自活して勉強する便宜があること，外国人宣教師との交遊を通して英語の勉強ができ，卒業後は中学校の英語教師になることが可能なことであった。卒業までの6年間は，安物の学生服を着て，この一着で通した。普段は制服，下駄ばきで体操のときだけ靴を履いていた。郷里から学資を送金してもらうことはいっさい念頭になく，牛乳配達・学生食堂の給仕・学院構内や教室の掃除などあらゆるアルバイトをした。いわゆる苦学生だった。

　入学1年後，三田教会の牧師三谷雅之助に洗礼を受け，その後ゆるぎない信仰を晩年にいたるまで持ち続けた。苦学力行型の万代は，教師からも目をかけられ，とくに当時の青山学院院長本多庸一は異質の学生であることを見抜き大変にかわいがった。また，万代も本多に対して敬慕の念を抱き，本多の存在はその後の万代の人生観に大きな影響を与えることとなった。万代自身，青年時代に本多庸一の感化を受けたことで今日の自分があると述懐している。本多は教授として英語と聖書を教えていたが，授業中に政治を語り，宗教を説き質実剛健と博愛の精神を学生に鼓吹した。学生に与えた人格的影響は，計り知れないものがあった。万代は，寄宿舎の自室の机の上に本多の署名入りの写真を置き，また本多から贈られた「中庸」にある句「施諸己而不願，亦勿施於人」（これを己に施すことを願わざれば，また人にも施すなかれ）を自戒の句とした。

　万代は，三井銀行に就職が決まるまでには人知れず就職に苦労をしている。同期の多くは4月からそれぞれの職場に就職していった。万代は取り残され悩

んでいたが，本多の紹介で同期に遅れること6カ月，ようやく三井銀行に採用されることが決定した。

当時，青山学院や明治学院は，キリスト教社会では知られてはいたものの，学院はキリスト教紳士を養成する所で，宣教師も会社員を養成する所ではないとの考えだった。万代は学院の教養科目だけでは不十分と考え，神田の簿記学校に通って黙々と勉強を重ねている。万代は，本多院長の紹介状を持って三井銀行横浜支店に青山学院の先輩間島弟彦を訪れている。もともと青山学院では，銀行関係に学生を推薦する場合，学業成績が優秀であること，家柄，家庭環境が良いことなどが普通であったから，苦学生の万代が推薦されることは異例なことであった。

戦後，万代は自らの苦学時代に想いを馳せ，三井銀行の退職金を全額母校青山学院に寄付している。公職追放解除後には，奨学金制度を創設するなど，本格的に母校の復興と総合大学への支援を行っている（青山学院大学編［2010］）。

2 銀行業務における万代の足跡

(1) 入行から英国出張まで

1907（明治40）年，万代は，三井銀行に入行し，やはり青山学院の先輩米山梅吉支店長がいる大阪支店に最初の配属が決まった。米山は，のちに池田成彬とともに常務となり三井銀行を牽引する存在となったが，万代は米山に終始愛され，万代もまた米山の深い恩顧に対して終生忘れることなく尽くすこととなった。

入行後，大阪支店では万代の猛勉強が始まった。青山学院では高等商業学校などとは違い，商学関係の学科は受けていない。東京帝国大学や慶應義塾出身の同期に交じって銀行実務に着実な心構えで取り組んでいった。

その後，万代は横浜支店への異動後，本店営業部，大阪支店，神戸支店，下関支店次席，名古屋支店次長を経て，1921年9月に本店営業部内国課次長となった。内国課の業務は審査と営業を兼ね備えた課であり，万代にとっては，2度目の本店勤務となった。1923年1月には，ロンドン支店開設準備を目的とする英国出張を受諾して米国経由で渡英している。当初，万代は池田成彬から出張の打診を受けた際，辞退を申し出ている。万代の辞退の理由は定かではな

いが，前年に米山が三井信託の設立に向けた計画を始めており，慕う米山とともに三井信託への転出を考えていたのではないかと推測することもできる。

万代は，英国出張が契機になって自分の銀行というものに対する考えが，しだいにはっきりしてきたと述べている。万代は，英国滞在中にどのようなことを感じ，学んだのだろうか。

万代は，「帝国銀行成立について」（佐々木編［1964］）の中で英国出張で得た成果を次のように記している。

「(a)イギリスの銀行は，いつも"give and take"の原則に従い，無担保で貸すということは殆どなく，事業家のほうも銀行はそういうところと考えていた。堅実なる事業を起こし，ひいて銀行経営そのものを堅実にするには，これでなければならぬと思った。当時の日本はまだ，無担保貸出が相当多く，事業化も無担保で借りるのがやりてのように考えられていたが，これではいけないので，行く行くは日本もイギリスのようにやらなければならないと思った。

(b)イギリスでは銀行に対する一般の信用が絶大であって，些細なことに至るまで，銀行というものは間違いのない所であるというのが，一般の通念になっている。従って，例えばある銀行に預金するとか，送金小切手の依頼をする時など，たいていのお客は　朝ちょっと来て，係の人か，または守衛に，その用件を依頼しておいてそのまま帰り，適当な時にまた銀行に来て，現金なり小切手なりを持って帰るという状態で，銀行を絶対に信用している。自分は銀行というものは，ここまで信用されるようにならなければならないと思った。

(c)イギリスの銀行は，一度相手を信用して取引をはじめると，実におおらかな態度で接してくれる。自分が在英中に最も感心したことは，丁度，大正十二年九月に東京に大震災があり，当時三井銀行は，ロンドンのある銀行から相当まとまった金を借りていたが，震災の報が伝わっても，その銀行は自分に対して，一言も返してくれというようなことをいわず，ただその借入金の担保を，日本銀行へ供託してあったためかどうか知らないが，日本銀行はどうだったかということを聞いただけであった。このような態度は，われわれ日本の銀行の者も，学ぶべきことだと痛切に感じた。

(d)自分はイギリスに行ってみて，『世界の金融の中心はやはりロンドンであ

る。それで，三井銀行が海外に一層の発展をしようと思えば，まずロンドンで信用を得なければならぬ』と考え，その第一着手として，従来，日本銀行に公債を供託してロンドンで金を借りていた方法を改め，ロンドンで英貨公債を買って，それを直接向こうの銀行に担保として提供し，金を借りるようにしたほうがよいと思い，帰京後本店の幹部にそのことを話すと，池田（成彬）さんも非常に賛成された」。

英貨公債を担保に英国から借入を行うことは，池田が1929年の洋行後に実行されるようになった。1924年1月，ロンドン支店が開業する運びとなり，万代は同年3月大阪支店次長の辞令を受け帰国の途についたが，大西洋上で名古屋支店支店長への転勤命令の電報を受けた。異例の抜擢人事だった。

(2) 名古屋支店長時代

万代は英国から帰国後1924（大正13）年5月，2度目の名古屋支店に支店長として着任した。万代の名古屋支店長時代における事績はどのようなものだったのだろうか。名古屋支店次長時代には，1920年の反動恐慌で名古屋支店の綿業界が窮地に立ち，万代も救済融資に努力したことから，名古屋地方の経済界に対する自信をもったようだ。名古屋支店長に赴任してからは，繊維工業との取引や，東邦瓦斯の合理化事業に参画する他，東邦電力，大同電力の電源開発など，多方面にわたって協力して，名古屋地方における三井銀行の地盤を築きあげた。とくに，東邦瓦斯に対しては格別に目をかけており，戦後も顧問として同社の発展に心を配ることになった。トヨタが豊田紡織機製作所から自動車部を独立させ，トヨタ自動車工業を創立する際に金融面で援助を行い，戦時補償の打ち切りで窮地に立ったときも万代は面倒をみている（石川［1984］）。また当時，酒造家盛田久左衛門とも親交があったが，その縁もあり第二次世界大戦後に息子盛田昭夫の東京通信工業（現ソニー）を支援することとなる。

万代は，名古屋支店長時代には銀行経営そのものを国家的または社会的観点から考えるようになったと述べ，英国出張時に優るとも劣らない大きな転換をきたしたとしている（佐々木編［1964］）。当時，少店舗主義をとっていた池田を中心とする銀行首脳部に対して上前津支店（名古屋市中区）の開設を提唱するなど，支店増設を唱えているが，それはその現れの1つと考察できる。上前津支店は，1931年4月開設となっている。

1927年3月には，金融恐慌が起こった。万代は，かなり感じるところがあったようで「銀行を堅実にし，銀行の信用を高めるためには，まず銀行経営者は人格が高くなければならないし，冷静なる判断の持主でなければならないと思った。(中略) 名誉心の強いような人は，到底良い銀行家にはなれないと，その頃から考え出した。銀行の社会的重要性をよく認識して，毎日の仕事に，自分の人格を織りこんでゆく気持で経営に当たり，また進んで自分の銀行だけがよくなればいいというような利己的な考えを捨て，他の同業者とも出来る限り助け合うという連帯の観念を持って，協力してゆかねばならぬということも，この時から痛感し，当時の恐慌の時にも自分として出来る限り，他の銀行を救うために努力したつもりである」(同上) と記している。

　万代は，名古屋支店長としての活躍が認められて，大阪支店長に栄転となった。抜擢した池田は，次のように述べている。

　「大阪といふ所はご承知の様に仲々面倒なところで，何遍支店長を取換へても，どうも成功しない。(中略) とにかく三井銀行といふものは大阪ではどうもうまくいかない。そこで誰か適当な人はないかと物色して居ったが，万代という人はどうかと思ひついて，あの人に大阪へ行って貰った。そのわけといふのは万代君の名古屋支店長時代のやり方を見て居ると，顧客先の人が万代君のところへいろいろの相談に行く。どうもそれは普通の銀行取引以上だ。(中略) 人望がある，さういふことに豫々気がついて居った。そこで此の人を大阪へやってみたらよくないか，と私は思ひついた。これは一寸珍しい例であった」(池田 [1951])。

(3)　大阪支店長時代

　金融恐慌がほぼ収束した1927 (昭和2) 年9月，万代は大阪支店長として着任した。当時，万代が大阪に着任する直前に「大阪市債の一手引受け問題」が起こっている。大阪市債は，1923年に大阪電燈会社の買収費および電灯，電力建設費に充当するために発行した電気事業公債を借り替えるために企画されたものであったが，地元の金融機関との調整が難航し容易に実現にいたらなかった。そこで，前任の山崎大阪支店長から事情を聴取した池田成彬が即断したもので，2億5000万円の巨額の市債を三井銀行が一手に引き受けるというわが国金融界では未曾有の出来事であったことから，新聞もセンセーショナルに

取り上げた。しかし万代は，当時，三井銀行には余裕資金があったとはいえ，同業者と協調すべきとして，そのようなやり方には批判的であった。池田の独占も当然とする考えに対して，万代は大財閥の強者の論理を振りかざすのではなく同業者との同業連帯を主張したのである。

万代の大阪支店長時代の後半は，財閥批判の世論に晒されていた時代でもあった。とくに，三井財閥への社会的批判は大きかった。1931年9月にはいわゆる「ドル買い事件」が起きている。同月に英国が金本位制を停止したことから，日本も再禁止となれば円相場が下落し米ドルが高騰すると予想し，三井銀行や三菱・住友銀行等が横浜正金銀行からドルを買った。そのとき矢面に晒されたのが三井だった。政府は，ドル買いをした三井について国家の危機をよそにドル買いの思惑をやり，財政・金融の状態を危機に陥れる国賊扱いとしたのである。その後も反三井財閥運動は鎮まることなく1932年3月には，三井合名理事長団琢磨が暗殺されるといういわゆる「血盟団事件」が起きている。

また，三井銀行は，従来とかく銀行の立場だけを考えて，資金が窮屈になると資金の回収を急いで，取引先のことを考えてくれないという苦情が多かった。この点について池田成彬は，次のように述べている。

「三井銀行が貸金を遠慮なく回収するというので評判が悪い。しかし回収せざるを得ないのですよ。(中略) たとえば内地のパニックばかりでなく，ヨーロッパ，アメリカに何かがあると物産が一番先にクレジットを収縮させられる。その尻が三井銀行にくる。そういう時には，ほかの銀行は引受けてくれないのです。太平な時には，三井銀行が日歩二銭取るなら，自分の方は一銭八厘でいいというので，物産はほかの銀行へいく。(中略) そこが三井銀行の悲しいところで物産がいけなくなれば三井銀行が潰れる。どんなことをしても喧嘩にならない」(池田 [1990])。

このように，反三井財閥の動きあるいは「貸し剝がしの三井」の評判がある中で，万代は三井の評判の改善に資する活動を行っている。万代は極力，資金の回収はしないようにする代わりに，取引先には担保を提供するよう説得し取引を行った。たとえば，中山太陽堂 (現クラブコスメチックス) 救済の事例がある。昭和恐慌による不況で1932年に同社の関東総代理店近藤浪保商店が倒産した際，中山太一社長は「全資産を洗い出し，これを担保として三井銀行の融資を受け，当面の破局を乗り越えた」(『クラブコスメチックス80年史』)。三井

銀行の本部（内国課）からの新規貸出，手形割引もいっさい禁止という方針に反して，万代は自己保有の株を中山太一に提供し，それを担保に他行からの借入を可能にして急場をしのいだのである。

　大阪支店長時代の万代の評判はいかなるものであったのだろうか。万代支店長の下で次長を務めた竹内福蔵は，万代の取引先に対する姿勢を次のように記している。

　　「（万代さんは――引用者注）外部の取引先等に対しては，つとめて同情の眼をもって接し，己に薄く他に厚く，相手の立場を充分諒察して事に処せられた。貸付先など営業不振に陥り，貸金のとどこおるような際銀行の本店からは貸増し禁止は勿論，即時回収を迫られたような場合でも，その営業状態や資産，信用状態などを厳密慎重に調査して，一たん回生の見込みありと認めた場合は，断固として援助を惜しまなかった。それ故に取引先にして倒産寸前から回生し，今日の隆盛を見るに至った会社，商店が数多くあることは，人の良く知るところである。（中略）ついに自分の持株を店主の中山太一氏に提供して，それを担保に他銀行から借入れさせ自行の貸金に打ち入れさせたことがあった」（佐々木編［1964］）。

　万代の取引先に対する姿勢は，取引先の経営内容に深く入り込んで親身になって支援するというスタンスであった。これは，三井銀行の方針であった「深入りすることでリスクを負うことを避ける」という従来からの考え方とは異質のものである。万代の取引先に対する姿勢は，一片の取引関係にとどめず取引先の経営に参加してこそ銀行の公益的任務が果たせるという考え方であり，従来の三井銀行の主流の考え方とは異なっていた。しかしながら，この異端ともいうべき万代の取引先に対する姿勢こそが，財閥らしからぬものとして受け入れられ，大阪での「貸し剥がしの三井」の評判の改善に寄与していったと考えられる。

(4)　役員時代

　果たして，万代は大阪での業績が評価され，1933（昭和8）年10月常務取締役に就任することになった。「血盟団事件」で殺害された三井合名理事長団琢磨の後任として池田成彬が三井合名の常務理事に就任したことに伴う，常務就任であった。万代の常務取締役への昇格は，銀行内外で意外という受け止めら

表1 六大銀行の預金残高・店舗数

(単位:百万円)

		三井	三菱	住友	安田	第一	三和
預金残高	1937年末（A）	946	933	1,152	1,089	1,120	1,341
	1942年末（B）	2,190	2,774	3,529	3,525	3,068	3,952
	伸び率（B/A）	232%	297%	306%	324%	274%	295%
店舗数	1937年末（C）	24	27	82	139	59	202
	1942年末（D）	46	67	105	149	83	236
	増加数（D－C）	22	40	23	10	24	34

出所：後藤［1968］より作成。

れ方だった。

　その後，1937年2月，万代は取締役会長に就任することとなったが，当時，課題であったのは，準戦時体制下において劣勢となっていた預金の伸びの回復であった。三井銀行は都市を中心とした店舗展開を行ってきており，経営方針として少店舗主義を掲げて地方に店舗の設置を行ってこなかったことが災いしていた。一般大衆の所得が増大し，かつ中小企業も活発な動きをし始めたことから，大企業あるいは三井財閥系の企業だけではなく，広くあまねく預金を集める必要があったが，その流れに対応した店舗展開を行わなかったことが三井銀行の預金不振の要因といわれている。

　ところが，1938年4月，政府が国民貯蓄運動推進のために，店舗の増設を許可するようになったことを契機に，万代の持論である店舗の増設が可能となり，同行も少店舗主義を転換し店舗増設へ方針を変更した。新宿支店を開設したのをはじめとして，1940年にかけて4店舗を増設した他，41年10月には西脇銀行を買収し同行本店を江戸橋支店とした。また，1942年3月には山梨中央銀行の支店を譲り受け日本橋本町支店としている。その他にも出張所などの開設を推進し，1942年12月末に46店舗とし，37年12月末の24店舗と比較して22店舗増加したが，それでも店舗数は六大銀行中最少であり，かつ預金残高も最下位の21億9000万円にとどまっていた（表1参照）。

3 帝国銀行の成立――三井銀行・第一銀行の対等合併

(1) 政府当局の合同政策

1941（昭和16）年7月には財政金融基本方策要綱が制定されている。戦時下における公債の消化を維持しつつ，軍需産業への資金供給をより容易にすることによって，生産拡充政策の行きづまりを打破しようとするものであった。これに伴い，資金の流れを円滑にするための合同政策・銀行の規模拡大が推進されることになった。

1942年5月には，国家総動員法に基づく金融事業整備令が施行され，大蔵大臣は銀行に対して合併などを命じることができるようになり，直接的な手段を講じることにより合併の促進が可能となった。さらには，同時期に全国金融統制会が設立され，国家的資金要請に協力する体制が敷かれた。銀行は必然的に預金増加および公債購入の要請，社債引受・共同融資の斡旋などを通じて軍需生産力拡大のために軍需会社への資金供給という国家的目的のための枠組みに組み込まれることになったのである。

(2) 三井銀行・第一銀行の対等合併の経緯

万代が，最初に第一銀行に対して合併の提案を行ったのは，1938（昭和13）年6月のことである。万代は，結城豊太郎日銀総裁を介して明石照男第一銀行頭取に合併を申し入れた。第一銀行を最も理想的な合併相手と考えたのは，同行は設立以来三井と深い縁故があり，また広範な取引層をもつ財閥銀行ではない優秀な銀行であったからである。しかしながら，このときは謝絶されている。第一にとっては三井家の株式保有を受け入れがたく，三井としては同家持株の公開までは当時としては踏みきれなかった（第一銀行編 [1958]）。もっとも明石頭取からは，万代に対して，個人的には合併の主旨には賛成であり，今後の懸案事項にしたい旨の申し出があった。

政府当局は1940年の全国金融協議会の設置を発端として，同年の銀行等資金運用令の実施，1942年の金融事業整備令の実施および金融統制会の設立など，資金運用に対する統制をますます強化する方針をとっていった。このような国家統制に飽き足らなかった万代は，金融統制会会長（日銀総裁）の結城豊

太郎に日銀を中心とした七大銀行の結束を唱え，結城の合意の下1942年11月に，第1回七大銀行懇談会を開いた。その2回目に当たる同年12月の懇談会の席上，第百銀行に昭和銀行を合併する案が出るなど，合併話が取り沙汰されることになったことから，万代は結城を訪れ持論である大銀行の合併を進言した。三井と第一の合併談が改めて展開する糸口はこのときに見出されたのである（三井銀行編［1957］）。

合併談が出てから8日後の同年12月25日には両行が合意に達し，同月28日に両行は合併の声明書を発表し，翌年4月より新たなスタートを切ることになった。新銀行名は「帝国銀行」とし，資本金2億円，新たな本店を第一銀行本店とした。頭取に万代順四郎，会長に明石照男が就任した。総預金残高が56億円という大銀行が生まれることとなった。財閥とは企業的関連をもたない，純然たる国家公共の機関として生まれ変わったのである。

(3) 三井・第一の合併は政府当局主導によるものか

1943（昭和18）年4月に実行された「三井銀行と第一銀行」と「三菱銀行と第百銀行」の大銀行同士の合併は，戦時期の国家レベルの膨大な軍需資金ニーズに応えんとするものであって，受動的に実現したものであるという見方がある。すなわち，直接的には1942年5月に施行された金融事業整備令を背景とした政府当局の半ば強制的な指導によるものであるという考え方である。たとえば，第一勧業銀行の元頭取井上薫は，帝国銀行の設立について次のように述べている。

「当時の私は調査部の課長代理でしたが，日銀総裁の結城さんその他からの強い要請もあって，結局『ご時勢だなあ……』（石井健吾第一銀行相談役）ということで，明石さんと万代さんが納得されたと聞いています。つまり，両行が自由な意志で相手選びをしたわけではなかったんですね。そして，この『ご時勢だなあ』という石井相談役の言葉は，そのまま帝国銀行の悲劇を予言していたとも言えるわけです。（中略）そもそも合併の背景には戦時中の政府の要請があった。したがって合併に伴う準備，対応が双方で十分になされていなかったのですね」（『月刊金融ジャーナル』1980年増刊号）。

つまり，井上は「三井銀行と第一銀行」の合併は銀行が主体的に企図したものではなかったとしている。

万代は，「莫大なる預金に対して全責任を負わなければならない銀行業を，他に各種の有力なる事業を直営せる三井家としては，これを経営する意義はだんだん薄弱となったばかりでなく，むしろ危険も相当あり，しかもその傾向は，今後社会が複雑化するに伴い一層顕著となるよう予測できますので，いろいろ熟慮し，結局，銀行はもし適当の機会がありましたならば，直営から分離する方が大局的に三井のために有利である」（佐々木編［1964］）と考えていた。池田成彬にその考えを話したところ，池田も非常に賛成したので，合併の準備に取り掛かり始めたのである。

　小倉［1990］は，1937年3月に取締役会長に就任後，数カ月して勃発した日中戦争の反動恐慌を強く懸念したことが，万代が分離・合併を構想する契機となったとしている。すなわち，国策に協力して軍需産業貸出の中枢機関に転じれば貸金が長期固定化するのみでなく，戦後の反動恐慌の影響を受けて銀行の経営内容が悪化し，三井家の破綻を呼び起こすことを懸念した。さらには，三井銀行の従来からの営業方針を変更して，英国のように多数の支店と多額の資金を擁して民衆的に営業する銀行への転換を図ろうとしたとしている。

　池田は，「いずれの財閥，少数株主の支配下にも属さない，また国家権力の拘束を受けないで，産業の発達のみに貢献することを使命とすることが銀行の理想」（池田成彬伝記刊行会編［1962］）とした。万代はこの銀行のあるべき姿を志向して合併に臨んだのであり，万代の意思が強く働いた合併だったといえる。

　当時，住友銀行の筆頭常務であった大島堅造は，次のように証言している。

　「（前略）この合併構想（三井・第一の合併——引用者注）の発案者は，三井銀行の今は故人となられた万代会長である。万代氏とは，私は同氏の大阪支店長時代からの知り合いで，実に立派な人と思った。三井銀行八十年史によると，氏は国家の力がしだいに金融統制に向かっていることに鑑み，個々の銀行が思い思いの経営をするよりも，互いに合同して力を結集し，大きな資力をもって国策に協力することが肝要だと考えた。その意見を結城日銀総裁に諮ったところ，その賛成を得たので，話を進めて結局実現することになったのである。この真相が判明するまでは，私は合併論の根拠は結城総裁にあるとばかり考えていたが，それは総裁にとってはむしろパッシブで，運動のオリジンは当時組織された七大銀行懇談会といおうか，その指導役であった万代氏にあったことが判明したのである。今にして思えば，結城総裁が古田

住友総理事の合併拒否に対し，重圧を加えなかった理由はそこにあるのではないかと思う」（大島［1990］）。

大島の言にあるように，住友銀行と三和・野村両行との合併話においても，結城は金融事業整備令を盾に合併を強制することはなかった。政府当局には銀行統合への意向はあったものの，「三井銀行と第一銀行」の合併は，万代の自発的意思によるものだったのである。万代の強い意思がなかったならば「三井銀行と第一銀行」の合併はなかったであろうし，万代の主体性がなければ結城による提案による他の銀行との合併という成り行きも考えられたのである。

(4) 帝国銀行のその後

三井・第一の合併によって設立された帝国銀行は，その後1944（昭和19）年8月に十五銀行を吸収合併したが，戦後の48年10月に金融史上例をみない分離ということとなり，新「帝国銀行」（三井と十五）と第一銀行として再スタートすることとなった。万代・明石の両首脳の融和への努力は報われることはなかった。

分離となった理由としては，第1に，両行には経営方針・営業機構・人的構成・気風といった点で相反するものがあって，拠り所となる新たな経営方針や理念形成への努力が容易に結実しなかったこと。第2に，行員の年齢層に不均衡があり，有能者の配置が必ずしも合理的に運ばれなかったことが挙げられる。このため行風の沈滞，能率の低下を招き，預金の増勢も鈍化した。そして第3には，ドッジ・ライン下の金詰まりの中で両行固有の取引先への資金配分が困難を極めたことが挙げられる。

当時，経済力の集中を排除し，民主的な経済再建への基礎をつくろうとする過度経済力集中排除法において金融機関を除外するかどうかの論議が盛んになる中で，分離の機運が醸成されていった。分離の要望が，旧第一銀行側の本部課長あるいは支店長連名で出され，さらには従業員組合の要求にまで発展したことから，1948年1月の帝国銀行取締役会で佐藤喜一郎頭取が分離案を提議し，分離が確定した。旧十五銀行は，この分離に対し原則反対であったことから，分離を主張した旧第一側に合流せず，1948年10月以降，旧三井とともに新「帝国銀行」として行動することとなった。

万代にとって帝国銀行の設立は，軍需生産に必要な巨額の資金を供給すると

いう国家的要請に応えつつ，銀行の独立性と財閥にとらわれない大衆に開かれた企業金融の構築を理想として企図したものであった。しかしながら，万代の退任後，現実には終戦後の経済の混乱と経済の民主化の進展の中で，店舗の喪失，軍需補償打切りによる特別損失の計上など，幾多の困難が山積し難局に直面して，設立後わずか5年半で分離を余儀なくされることになった。帝国銀行の設立は，万代と明石の理想に基づくところが大であったが，その二人が同行を退職したことによる拠り所の喪失により，分離への流れは変えられなかった。

4 万代順四郎の銀行観

万代は，公職追放になる前の1946（昭和21）年12月，自発的に会長を辞任している。彼は，戦争保険の支払いを急ぎ，事業会社に更生の機会を与えて一日も早い生産再開を実現して民生の安定を図ることを当局に主張した。しかしながら，ついに実現せず，帝国銀行の再建には株主と預金者に犠牲を強いることになることへの経営者としての責任から銀行を去る決意をしたといわれる。退職後，万代は大企業からのあらゆる招きをいっさい断って，津久井（現在の横須賀市郊外）に引っ込んで最後まで百姓として自給自足の生活を送り，聖書の研鑽につとめている。

大企業の招きを断った万代であったが，特筆すべきは，当時，役員室など雨漏りがして傘をさして重役会議を開かなければならないほどの貧乏会社だった東京通信工業の若き経営者井深大・盛田昭夫に惚れ込んで相談役に就任していることである。万代は，1953年には取締役会長になって，逝去する59年3月まで支援を惜しまなかった。

万代の銀行家としてのあり方は，苦学の経験，本多庸一の教え，英国出張での学び，金融恐慌の体験といったところに依っている。万代は，派手なパフォーマンスをすることなく，寡黙だが真摯に銀行のあるべき姿を追求した。目先の利益を追求するのではなく，また財閥にとらわれることなく，「利他の精神」をもって信頼できる経営者を最後まで支援し，企業を育成することが銀行の社会的貢献であり，ひいては長期的にも銀行の成長に繋がると考えたのである。それは，戦前・戦中・戦後にわたって一貫した万代の銀行観であり，生粋の銀行家としての生き様であったと思われる。

加藤 武男
三菱伝統のサウンド・バンカー

加藤武男　略年譜

年	年齢	
1877（明治10）年	0歳	栃木県に誕生
1901（明治34）年	24歳	慶應義塾大学部卒業
		三菱合資会社銀行部入社
1908（明治41）年	31歳	神戸支店
1914（大正3）年	37歳	欧米出張
		大阪支店副長
1915（大正4）年	38歳	京都支店長
1917（大正6）年	40歳	大阪支店長
1919（大正8）年	42歳	本店総務課
		三菱銀行常務取締役
	この間	明治生命取締役
		東京海上監査役
		三菱社監査役等を兼任
1938（昭和13）年	61歳	三菱銀行会長
	この間	東京海上取締役を兼任
1943（昭和18）年	65歳	三菱本社取締役理事
		三菱商事監査役
		三菱重工業監査役
		三菱化成監査役
		三菱鉱業監査役
		三菱銀行頭取
1945（昭和20）年	68歳	三菱銀行頭取辞任
	この間	三菱本社理事等各社役員を辞任
1947（昭和22）年	69歳	公職追放
1952（昭和27）年	74歳	吉田内閣経済最高顧問
1963（昭和38）年	86歳	死去

CASE **10**　財閥銀行の歴史的大型合併に関わった銀行家

1 生い立ち──三菱合資会社銀行部入社まで

　加藤武男は，1877（明治10）年，栃木県上都賀郡落合村（現・日光市）に，栃木県長者番付1位という素封家であり名望家，父昇一郎の長男として生まれた。加藤家は代々の庄屋で広大な山林を所有していた。昇一郎は，県会議員となり議長を務めるかたわら，郷土である日光の美しい土地を保存するための団体である"保光会"の会長も引受けていた。政界から足を洗ったのち農工銀行の役員に就任していたが，最も力を入れたのは醋酸石灰を製造する日本醋酸製造株式会社の経営であった。自ら所有する山林の工業的活用として醋酸石灰を製造し，東京の化学工業会社に出荷して東京の実業界にもつながりができ，地方政治の有力者から転身して中央実業界に進出するようになった。会長には馬越恭平（のちの大日本麦酒社長）が就任している。

　加藤武男は，地元小学校から宇都宮中学に進学したが「家のせいか，自分の力か，とにかく威張って過ごした」という。勉強はあまりしなかったが，裕福な家庭であったから小遣いにも恵まれ，やたら好きな本を買ってよく読んだという。大学は，父が福沢諭吉を尊敬していたため，父の勧めで慶應義塾大学部理財科に入学した。慶應では，野球部のマネジャーや応援団長を買って出るなど，学生生活を謳歌したが，概して平凡であった。ただ，仲間の信望を集めて中心になると，これと見込んだ相手には親しく応援を惜しまなかった。就職先の第一志望は海外志望から横浜正金銀行であったが，慶應の先輩であり三菱合資会社初代銀行部長であった豊川良平へ学校からの推薦があり，また父も勧めた同社へ1901年に就職することになった。

2 銀行業務における加藤の足跡──三菱銀行発足まで

(1) 三菱合資会社銀行部の設立から三菱銀行の発足へ

　三菱合資会社銀行部は，後の三菱銀行である。三菱財閥は岩崎弥太郎が明治初年に土佐藩の海運事業を譲り受けて発足したこともあって，銀行部門の設立は三井よりも立ち遅れた。1880（明治13）年，郵便汽船三菱会社から独立して三菱における銀行業の萌芽となる三菱為換店が創設されたものの，1885年の

恐慌のため同年廃止となった。しかしながら、日清戦争のあと事業勃興熱が起こり三菱系の鉱山、炭鉱、造船などの事業が拡張発展したため資金を要することとなったことから、傘下に置いていた第百十九国立銀行に取って代わって、ようやく 1895 年 7 月銀行部が設立されたのである。

　第一次世界大戦は、日本経済を大いに興隆させた。三菱合資会社の事業の発展は、目覚ましいものがあり、すでにすべての事業を合資会社で運営することが困難になった。また、岩崎家個人の資本によって賄うことも不可能となってきたので、岩崎小弥太は各部門を分離独立させることにした。すなわち、1917 年、造船・製鉄部門を独立させて三菱造船、三菱製鉄とし、また鉱山・炭鉱および営業部門を三菱鉱業、三菱商事として独立させた。また合資会社自体も、翌年、持株会社に転換した。さらには、1919 年 8 月に銀行部門も独立することとなり、三菱銀行の発足となったのである。

(2)　三菱合資会社銀行部における加藤武男の足跡

　加藤は、1908（明治 41）年 10 月に銀行部本店から神戸支店へ転勤となった。31 歳のときである。それから三菱銀行設立準備のため 1919 年 5 月銀行部本店総務課に転勤となるまで、欧米出張を挟んで約 10 年間を関西で過ごすこととなる。1914 年神戸支店から欧米に 11 カ月間出張、帰国して大阪支店副長、15 年 10 月に京都支店開設と同時に初代支店長、17 年 10 月に大阪支店長となって 19 年 5 月に本店に戻っている。加藤にとって、働き盛りの 31 歳から 42 歳までの関西での銀行業務は充実していた。「地方から本店を眺めてはじめて自分の銀行の様相というか、地位を知り、また三菱の全体の所在が明らかになったような気がした」（岩井［1955］）と述べている。関西での加藤の銀行業務における足跡をたどってみたい。

　当時の三菱銀行は預金集めに勧誘に出ることはなく、貸出もきわめて消極的で、貸出に際しても神戸では倉荷証券等の担保付が貸出の条件といったきわめて堅い取引姿勢であった。そういった中で、神戸支店に配属された加藤は、船舶金融を積極的に推進した。辰馬吉左衛門（辰馬汽船）や岡崎藤吉（岡崎汽船）らへの船舶融資がその先鞭となり、本格的な船舶金融への端緒となった。その後、海運業は第一次世界大戦の勃発とともに飛躍的発展を遂げることとなったが、三菱の神戸造船所が建造した最初の船舶は、加藤が注文をとった辰馬の

"綾羽丸""呉羽丸"（進水年は1917年および18年）という姉妹船であった。辰馬汽船はその後，三菱の大得意先となり，預金も三菱のみに預けることとなった。

　1914年1月，加藤は海外銀行視察の命を受けシベリア経由でまず英国に出張した。出張中の加藤は仏伊国境の小駅で第一次世界大戦の勃発を体験している。出張の目的は定かではないが，当時，三菱においても銀行部を三菱銀行として独立させ預金銀行として再発足すべきかどうかという問題が浮上していたことから，その予備的調査の位置づけであることが想像できる（岩井［1955］）。

　1914年11月，欧米出張から帰国後，加藤は大阪支店副長となった。着任当初の頃は，第一次世界大戦中であったが，いまだ大戦景気というものはなかった。しかし，加藤の着任前頃から徐々に貸出が膨らみつつあって，預金を上回るオーバー・ローンの状況を呈していた。当時の三菱銀行部の店舗は，本店のほか大阪，神戸，中之島，深川の5店舗で，少ないといわれた三井の13店舗に比べてもさらに少なかった。したがって，預金獲得にはきわめて不利な状況にあった。そこで支店の増設がテーマとなったが，第一候補に挙がったのが京都であり，京都支店の開設が加藤の大きな仕事となったのである。三菱銀行部は，三菱合資会社の一部門として与信・受信ともに三菱財閥系の企業との取引がほとんどを占めていた。京都には三菱合資会社の店はなく，京都支店は三菱系企業以外の取引先の開拓を使命として1915年10月開業した。初代支店長には加藤が就任している。

　当時の京都には個人商店が多く，企業では公共事業である電灯会社，ガス会社のほか奥村電機，島津製作所といったところが大手企業であった。すでに三井（今井利喜三郎支店長）・第一（明石照男支店長）といった都市大銀行が先行出店しており，取引先開拓は難航した。そこで，まず株式担保で証券業者に貸出を行った。その後，三井物産と取引があった郡是製糸に対して，本店の反対を押し切って生糸資金を貸し出して突破口を開くなど，加藤は相当思い切った融資を行っていった。紆余曲折があったものの，やがて同社の株まで取得し大メーカーに成長させたが，その間，再三，危機に見舞われ，さすがの加藤も肝を冷やしたと述懐している（朝比奈［1955］）。また，島津製作所から日本電池が分離独立した際，島津源蔵からの出資要請に対して三菱としての出資を取りまとめるべく社内調整を行い，その要請にも応えるなど，島津源蔵を支援し，島

津製作所の大成に貢献している。

　一方では，当時，羽振りのよかった奥村電機の専務であり代議士の加藤小太郎が，いわゆる「見せ金」で他社の手形割引を迫ったが拒絶している。筋が通らない取引については毅然として謝絶する加藤の姿勢が読み取れる。その後，同社は破綻することとなり，同社工場は日本電池が買い取るという巡り合わせとなった。

　京都支店は，三菱関係事業の拠点のない店での預金吸収の可能性を重視した出店でもあったが，順調に預金残高を伸ばしたことが，後に名古屋支店開設への弾みとなった。

　京都支店長時代に続き，加藤の大阪支店長時代は大戦ブーム真っ盛りであった。綿業中心の関西では，東洋棉花，日本棉花といった専門商社が大きく成長し，また三菱神戸造船所では修繕主体から新造船主体へと転換するなど，隆盛を極めた。その隆盛ぶりは，大阪・京都では染料成金，神戸では船成金と成金が輩出し，ある成金の宴会では，引き物に金の箸を配ったこともあったという（加藤［1953］）。

　大阪支店長としての加藤の活動も多彩であった。京都支店開設の成功もあって名古屋にも支店をつくることとなり，加藤にとって名古屋支店開設は大きな仕事となった。加藤は，三菱の敷地前の破綻した北浜銀行の名古屋支店が売りに出されているのを知り，早速，大阪の北浜銀行本店と掛け合い，買取りを決定している。名古屋支店は，1918年10月開設の運びとなった。

　取引関係では材木商石井定七と取引があり，土佐銀行の定期預金証書を担保に額面の2倍ほどの手形割引を行っていた。加藤が定期預金期日を過ぎても書換えが行われていないことを不審に感じ，割引枠をしだいに狭め最後には取引を解消している。それは，土佐銀行の行員と結託して偽造した定期預金証書だった。石井定七は，のちに大阪・堂島の米穀取引所を舞台に米相場，あるいは材木相場で活躍し，最後には鐘紡の新株を巡る仕手戦で敗北していった有名な相場師であった。

　加藤は積極的に貸出を行い，事業育成の面でも事績を残している。東洋紡，大日紡，東洋棉花，日本棉花，江商と取引をした他，電鉄では阪急，阪神，高野山鉄道（現・南海電鉄）とも取引を深耕していった。

3 三菱銀行の発足と常務・会長としての加藤の活躍

　第一次世界大戦における日本経済の興隆の中で，三菱合資会社の事業の発展は目覚ましく，すべての事業を合資会社で把握することが困難になった。各部門が三菱合資会社から分離独立することとなり，銀行部も1919（大正8）年8月三菱銀行として発足し，加藤は常務取締役に就任した。

　1920年には第一次世界大戦後の反動恐慌を経験したのち，23年9月関東地区は大震災に見舞われ，27（昭和2）年3月には金融恐慌に突入することになった。その間，1921年3月には，前述した"石井定七事件"が起きている。機関銀行である高知商業銀行が破綻したほか，この一介の相場師のために42行が損失を蒙り，その中には住友銀行を筆頭に第一・十五・野村といった大銀行が含まれていた。三菱銀行の場合は，先に述べたように加藤の機転で巧妙に取引関係を解消して難を逃れている。

　関東大震災のときには，東京市内に現存していた多くの銀行本支店が消失・類焼した。本店が無事であった銀行は，三菱のほか興銀・勧銀・小池および麴町の5行だけであった。このときに加藤の発案で三菱は率先して帝都復興院へ100万円の寄付を行ったが，のちに三井・住友の両行も追随している。取引関係先に対しても復興資金を融資しているが，中でも大きな打撃を受けた富士紡績に対しては，加藤は救済整理案を考案し復興資金の提供を行って復興を成功に導いている。

　金融恐慌の際には，加藤は取付けの煽りを受けて資金難に陥った多くの中小銀行に対して，取引の有無に関係なく救済を行った。その数は森村銀行・東京中野銀行をはじめ二十数行に及んだ。度重なる恐慌の結果，小銀行の合同，有力銀行による小銀行の合併，有力銀行間の合併により銀行が整理されていったが，大銀行の中でも消長がはっきりし五大銀行の支配が確立したのはこの時期であった。すなわち，国債引受シンジケート団のうち十五・近江・加島・台湾・第百・鴻池といった銀行の凋落の結果として，三井・三菱・住友・第一・安田のいわゆる"ビッグ・ファイブ"の金融界支配が確立することとなった。1929年5月，三菱は24年以来，経営参加していた森村銀行を買収しており，同行にとっては最初の合併事例となった。

金融恐慌後輸出の不振，物価の低落，為替相場の動揺などにより経済界は不振を続けていたが，1929年10月ニューヨーク株式市場の暴落，30年1月の金輸出解禁を契機に景気はいっそう深刻な状況となっていった。1931年12月には早くも金輸出再禁止が断行されたが，その間いわゆる「ドル買い」が非難の的となり，軍部・右翼等から三井財閥を中心に財閥批判が展開された。その後，1937年7月に勃発した日中戦争を契機に，軍需産業向けの資金需要が高まり，軍部と財界は一体となって戦時体制に突入してゆくこととなる。

4　三菱銀行による第百銀行の吸収合併

(1)　太平洋戦争の勃発から政府による金融統制の強化へ

　1938（昭和13）年4月に国家総動員法が施行されて以降，政府当局の統制が厳しくなり，41年12月太平洋戦争に突入したことによって，立ち遅れていた金融部門への統制がいっそう強められていった。1941年7月に発表された財政金融基本方策要綱の線にそって42年に入り日本銀行法，戦時金融金庫法，南方開発金庫法，金融統制団体令，金融事業整備令といった法令が公布されて金融統制強化の体制が打ち立てられるにいたった。金融界も"新体制"へ急速に具体化されていったのである。

(2)　店舗の増設および預金増強の方針

　加藤は，1938（昭和13）年3月瀬下清の後を継いで会長になったが，会長となって第1回の支店長会議で店舗数が他行に比して非常に少ないことを取り上げ，今後，店舗の増設を方針とすることを決めている。1937年12月末の店舗数は27店舗にすぎなかったが，相次ぐ新設および買収（金原銀行・東京中野銀行）などの結果，42年12月末には67店舗に膨張し，この間40ヵ店舗の増加となった。この増加数は，六大銀行中トップであり，加藤の店舗増設方針どおり着実に実行されたのである。しかしながら，預金については1937年12月末の預金残高9億3300万円に対して42年12月末は27億7400万円となり，その伸び率は297％であったが，三井銀行より高いものの，他行と比較してとりわけ高い伸び率とはならなかった（前掲表1参照）。

　その後，預金の増強額の多くを国債消化に向けざるをえなくなり，他方，時

局重点部門の事業資金貸出ならびに金融債,会社債引受などの要請も強烈で,預金増強の必要は一段と高まった。預金増強対策の実行にあたっては,時局の緊迫化とともに物資や人員の面から制約が多く,とくに従来効果的であった新支店の設置は,この点からほとんど望みがなくなっていった。このような事態に直面して,官民間に銀行合同による問題の解決,すなわち合併により経営の合理化を行い,人員,設備の節約を図り経費を節減しつつ預金増強の実効を挙げんとする考え方が台頭するにいたった(三菱銀行編 [1954])。

(3) 第百銀行吸収合併の経緯

1936(昭和11)年の2.26事件を転機とするわが国経済の戦時体制化は,銀行合同政策に変化をもたらした。すなわち,従来の銀行合同は主として預金保護の見地から,弱小銀行の救済整理を目的としたのに対し,新たに低金利政策,国債消化,貯蓄増強などの見地から積極的に金融機構の整備強化をめざすこととなった。この政策は「一県一行主義」ともいわれ,地方銀行の合同となって現れた。さらに1940年以降は軍需産業を中心とした重点主義生産の強行による企業の再編成過程を通じて,地方金融機関の整理は一段と促進され,普通銀行数は36年の424行から41年末には186行へと激減し,減少の9割は合同によるものだった(三菱銀行編 [1954])。

1942年5月施行の金融事業整備令は,政府が金融機関に対し金融事業の整備を図るために必要ありと認めたときは,金融機関に対し事業の委託・受託・譲渡もしくは法人の合併をなしうることを定めたものであり,政府が強権をもって行うことが可能となった。また,全国金融統制会は普通銀行に対して預貯金の増加額に対する国債買入割当ての標準比率を定め,これに基づく消化計画を強行したほか,貯蓄目標を設定して遂行を勧奨し,また軍需産業資金供給の斡旋調整に当たるなど,銀行業務の細部にわたって統制を加えた。このような状況下,全金融機関は政府の統制下に置かれることとなった。

三菱銀行が第百銀行を吸収合併するようになった経緯は,どのようなものだったのだろうか。当事者の発言から確認してゆくと,次のようになる。万代によれば,1942年12月に第一と合併する意向がある旨を結城日銀総裁に伝えた際,結城は「もし三井と第一の合併が実現すれば,そのとき一緒に第百を三菱に合併させる(後略)」(佐々木編 [1964])と語ったという。また,三菱銀行の

会長であった加藤は，次のように述べている。

「あの大合同は，結城日銀総裁がわれわれのところへすすめて来たのである。大銀行も日銀からどんどん金を借りるようになって来ると，どうしても力を強くしておかなければいけないという理由からである。そうした気配を私は察知したので，三菱としては第百を合併しようと考えた。というのは第百銀行はさきに川崎銀行，第百銀行が合同して出来たものであるし，その時に日本銀行から天降り重役が入ったりして，云わば寄り合い世帯である。従って三菱と合併しても馴染み易いだろう。また第百は店舗も多いし，この点からも三菱の相手としては申分ない。そこで私は積極的に，合同せねばならぬのならば第百と一しょになりたいと，意思表示したのである」（岩井[1955]）。

すなわち，加藤は持論であった預金増強と比較的スムーズな合併を想定して結城日銀総裁が慫慂した第百銀行との合併を受け入れたというのである。『三菱銀行史』の合併に関する記述を見ると，「銀行合同に関する当局の意向もあり昭和17年12月当行は結城全国金融統制会長の斡旋に依って第百との合併を決定するに至った」と淡々としたものとなっている。万代は，「三菱に第百を合併させるということは，その当事者には考えがなかったので，特に三菱のほうは驚いたようだ」（佐々木編[1964]）とも述べている。

三井・第一と三菱・第百の合併について，谷口大蔵次官は，「（前略）これらの諸銀行は何れもその歴史も古く，わが国屈指の大銀行であるが，現下内外の情勢に顧み，一層国家の要請に即応して国策への協力に遺憾なきを期せんがため，自発的に合併を決意したものであって金融界のため誠に喜ばしいところである。この際国家の必要のため多年の伝統とか行掛りとかに拘ることなく，断乎この措置に出られたこれら銀行当事者に対しては深く敬意を表する次第である」（三菱銀行編[1954]）との談話を発表し，2つの合併行動に賛辞を贈った。

(4) 三菱・第百の合併成果

1943（昭和18）年4月，三菱銀行は第百銀行を吸収合併し，公称，資本金1億3500万円，預金48億円を擁する大銀行となった。第百銀行は，商業金融中心の銀行であり，また中小企業を主な取引先としていたことから三菱銀行の営業を補完し，より幅広い取引展開ができるようになったことは大きな成果であ

った。『三菱銀行史』は，合併の成果について次のように総括している。

「当行は営業網を従来の二倍以上に拡大し，一意(いちい)預金の増強に努めることができ，或いは国債の消化に，又時局会社を主軸とする巨大な資金需要に応じ得て，国策に沿い戦時下金融業務を完遂するを得た。而して他方合併後地域的に重複している店舗の整理を漸次実行に移し，事務の簡捷(かんしょう)も行って，多数の従業員を時局産業の職場に送り出し，当時の言葉で言えば人的，物的資源を直接生産面に転換し尚且つ滞りなく業務を遂行し得たのである。これ等は合併によって始めてなし得たことであって，特に昭和一八年以降戦局は日を逐って苛烈となり当局の金融部門に対する要請も国家総動員体制樹立の一環として益々強烈化し，そのため重点産業への融資，国債の消化，店舗の整理，行員の職場転換等が強行された事実に鑑みるとき一入(ひとしお)その感が深い」。

戦局が不利な情勢となり，国内の諸施策も行きづまりの様相を呈することとなってゆく中で1943年10月，政府は軍需会社法を制定し，さらには軍需省を設置して経済の総力を挙げて航空機等増産の集中体制がとられた。軍需会社法に基づく軍需会社の指定は，1944年1月以降翌年にかけ数次にわたって行われ，結局，指定総数が六百余社に上った。その所要資金を賄うために軍需融資指定金融機関制度によって指定された金融機関が主幹事行として「適時，迅速かつ適切に」融資を行うようになった。三菱銀行は1次，2次の指定総数が73社となった。

戦局の熾烈(しれつ)化によって，また指定軍需会社の増加に伴って普通銀行の貸出増加は顕著で，一方では国債の大量消化も強く要請されたため，三菱においては合併による預金増強の効果はあったものの，貸出金の増加に伴い資金が逼迫し日銀からの借入は増加した。三菱銀行の1945年3月期の貸出金および借用金の増加額はそれぞれ40億2600万円，20億5100万円で，貸出増加額のうち23億4500万円が指定軍需会社に対する貸出によるものだった（表2参照）。このような傾向は他の普通銀行も大同小異で，日銀借入は帝国銀行の27億円を最高に，三菱の20億円超のほか各行とも10億円を超えた。

加藤は，1944年8月幹部との打合会の席上，日銀借入をもって貸出・公債の買入に対処することは正道ではないことを指摘し，預金の増強を要請している（三菱銀行編［1954］）。軍需会社に対する資金の供給による金融機関の損失については，政府によって保証されたことから融資はとかく放漫に流れがちで

表2　三菱銀行主要勘定推移

(単位：百万円)

	預金	貸出金	うち指定軍需融資	有価証券	うち国債	借用金
1944年3月末（A）	5,857	3,229	601	2,333	1,860	100
9月末	6,757	4,584	1,554	2,502	2,084	790
1945年3月末（B）	8,390	7,255	2,946	2,772	2,418	2,151
増加額（B－A）	2,533	4,026	2,345	439	558	2,051

出所：三菱銀行編［1954］より作成。

あったが，加藤は軍需会社に対する貸出についても慎重な姿勢をとり「サウンド・バンカー」（健全性と安全性重視の銀行家）たる矜持を失わなかった。すなわち，三菱の行員で応召して経理将校となっている人に軍需会社の実状を確認するなど，工夫をして債権の保全，回収の万全を期すための努力を怠ることはなかったのである（岩井［1955］）。

5　加藤武男の銀行観

　加藤は，1919（大正8）年，三菱銀行創設と同時に常務となっているが，翌年の反動恐慌に始まり関東大震災，金融恐慌，満州事変，金輸出再禁止等激動の時代に身を置き銀行の経営に携わってきた。決して平坦な経済環境にはなかったはずであるが，加藤は振り返って「銀行家というものは，やはり石橋を叩いて地道にやっていかねばならない。自分の人生は平々凡々，ちっとも面白味なんかないよ」（岩井［1955］）と述べている。

　一方で加藤は，「（見込みがある経営者には――引用者注）多少の目先の不安には目をつぶって貸し，見込みがない場合は相手の表向きがいかに整然としていても速やかに金を引き揚げる」（加藤［1961］）という覇気が必要だとも述べている。一見，矛盾しているようであるが，銀行家として激動の時代を泳ぎ切ってきた「サウンド・バンカー」の真髄が見てとれる。神戸支店時代のパイオニアとしての船舶金融，京都支店長時代の郡是製糸への本店の反対を押し切ってまでの積極的な融資と，一方では機転による材木商石井定七との取引の早期解消といった事例は，一流の銀行家としての才覚の証左であろう。

また，加藤は常務就任時に合資会社にも席をもちながら三菱重工業，三菱商事，三菱製紙等，三菱系企業の株式公開に携わってきた。その思いは，「岩崎家の資本だけでは事業の拡張はできないし，また三菱に入ってくる新入社員にとっても岩崎家への奉公人に過ぎなくなってしまう。社員が一生懸命働けば会社も大きくなるし日本経済のためにも，自分のためにもなる」（同上）というものだった。加藤は，一貫して三菱系企業に関わりながらも，三菱系企業にとどまらない開かれた発想で企業の発展を考えた銀行家であった。

❏ おわりに

　三井財閥に君臨し，日銀総裁，大蔵大臣・商工大臣も歴任した池田成彬は，万代順四郎と加藤武男を大いに評価している。池田は加藤に惚れ込み，その縁で実妹は加藤夫人となっている。また万代については，三井銀行にあってどちらかといえば池田成彬より米山梅吉（三井銀行常務，三井信託銀行を設立して初代社長）に近い存在であったが，池田は万代を大阪支店長に抜擢し，三井銀行のトップに押し上げるきっかけをつくった。

　同時代に生きた銀行家として，万代と加藤は出自・育ちも好対照であったが，国を支える企業を育成しようとする気概は共通であった。二人の生き様は，現代のバンカーに無言で語りかけるものがある。

　二人の共通点は，寡黙であり決して華やかな立ち居振る舞いをする銀行家ではないが，いぶし銀の魅力ある人物と見受けられる。銀行のあるべき姿を求めた生粋の銀行家という姿が浮かんでくるのである。二人の取引企業に対する取組み姿勢をたどってみると，銀行家として経営者を見る眼識をもち，惚れ込んだ経営者に対しては最後まで支援を惜しまないという企業育成に度量の大きな銀行家であることが判明する。

　ただし，戦時期の大型合併に際しては，三井の万代は主導的役割を果たし第一との対等合併により帝国銀行を設立したのに対して，三菱の加藤は結城豊太郎日銀総裁の提案を受入れるかたちで意中の第百銀行を吸収合併することとなったが，合併後の両行のパフォーマンスは，明暗を分けることとなった。

　帝国銀行においては両行支店の多くは都市部に存在し，また重複が多かったため整理統合をせざるをえなくなり，預金吸収の効率性では難があった。また，前述のように行内におけるコンフリクトの影響から能率は上がらず分離という結末を迎えた。

　一方，三菱銀行による第百の合併は，三菱銀行の支店数を約3倍に増加させるとともに，地域的にも支店網を東北地方を除く日本全国に拡大し，戦時下における同行の成長の基盤を与えた。そして，第百銀行から継承した支店は，その後ほぼ一貫して三菱銀行の預金の約40％を集め，預金増加に寄与した。また，第百銀行からの継承店は資金供給源として機能し，銀行内部の資金循環を通して，本店に集約された重点産業への融資と国債投資に大きく寄与すること

となった（岡崎［2011］）。

　戦後においては，万代はひっそりと津久井（現・神奈川県横須賀市）で自給自足の生活を送りながらも，市民生活に役立つテープレコーダーなど民生品の成長を期待して東京通信工業に対しては最後まで支援の力を緩めなかった。万代は，1959 年 75 歳で逝去したが，池田成彬は晩年の万代を"操守の人"としてその生き様に敬服した。

　一方，加藤は戦争直後まで三菱財閥系各社の要職を兼任し，銀行家の立場で各社の業況を見守った。財閥解体にあたっては，財閥が永年苦心して築き上げてきた三菱系事業の中に残っている莫大な資産，技術，人間，組織力など，国家的な財産を維持育成していかなければならないことを訴えた（加藤［1953］）。また，三菱銀行相談役として，三菱商事の海外活動，三菱地所の株買占め事件解決，三菱油化の設立などに関係し大きな役割を発揮した。三菱系企業各社の再編時には，加藤は再編運動の要のような立場で三菱系事業を見守り続け，1963 年 86 歳で逝去した。

　万代・加藤ともに，最後まで国益を考え，生粋の銀行家として生涯を終えたのである。

★参 考 文 献
- テーマについて
    池田成彬［1951］『私の人生観』文藝春秋新社。
    池田成彬伝記刊行会編纂［1962］『池田成彬伝』慶應通信。
    池田成彬［1990］『財界回顧』図書出版社。
    大島堅造［1990］『一銀行家の回想』図書出版社。
    岡崎哲二［2011］「太平洋戦争期における三菱銀行の支店展開と資金循環」『三菱史料館論集』第 12 号。
    後藤新一［1968］『本邦銀行合同史』金融財政事情研究会。
    第一銀行編・刊［1958］『第一銀行史（下巻）』。
- 万代順四郎について
    小倉信次［1990］『戦前期三井銀行企業取引関係史の研究』泉文堂。
    佐々木邦編［1964］『在りし日——人としての万代順四郎』万代トミ。
    石川英夫［1984］『種蒔く人——万代順四郎の生涯』毎日新聞社。
    三井銀行編・刊［1957］『三井銀行八十年史』。
    青山学院大学編・刊［2010］『青山学院大学五十年史』。
- 加藤武男について
    朝比奈元［1955］「『三菱財閥』論」『中央公論』第 70 巻第 1 号。

岩井良太郎［1955］『各務鎌吉伝・加藤武男伝』東洋書館。
加藤武男［1953］「金融界の回顧」『金融』（全国銀行協会連合会）第 78 巻，第 79 巻。
加藤武男［1961］「わが一筋の道——経済人の自画像」『中央公論』第 76 巻第 8 号。
三菱銀行編・刊［1954］『三菱銀行史』。

◆ 編者紹介

宇田川　勝（うだがわ　まさる）
　　1968年　法政大学経営学部卒業
　　1975年　法政大学大学院社会科学研究科経済学専攻博士課程修了
　　現　在　法政大学経営学部教授，経済学博士（専攻：日本経営史）

主要著作
『新興財閥』日本経済新聞社，1984年。
『失敗と再生の経営史』（共編）有斐閣，2005年。
『日本経営史（新版）』（共著）有斐閣，2007年。
『日本を牽引したコンツェルン』芙蓉書房出版，2010年。
『企業家に学ぶ日本経営史』（共編）有斐閣，2011年。
『財閥経営と企業家活動』森山書店，2013年。

ケースブック日本（にほん）の企業家（きぎょうか）──近代産業発展（きんだいさんぎょうはってん）の立役者（たてやくしゃ）たち
Casebook　Entrepreneurs in Japan

2013年3月30日　初版第1刷発行

編　者　宇　田　川　　勝
発行者　江　草　貞　治
発行所　株式会社　有　斐　閣
　〔101-0051〕東京都千代田区神田神保町2-17
　　　　　電話　(03)3264-1315〔編集〕
　　　　　　　　(03)3265-6811〔営業〕
　　　　　http://www.yuhikaku.co.jp/

組版・BIKOH／印刷・萩原印刷株式会社／製本・大口製本印刷株式会社
© 2013, Masaru Udagawa. Printed in Japan
落丁・乱丁本はお取替えいたします。
★定価はカバーに表示してあります。
ISBN 978-4-641-16405-5

|JCOPY| 本書の無断複写(コピー)は、著作権法上での例外を除き、禁じられています。複写される場合は、そのつど事前に、(社)出版者著作権管理機構(電話03-3513-6969、FAX03-3513-6979、e-mail:info@jcopy.or.jp)の許諾を得てください。